新/闻/传/播/学/丛/书
主编·李珮

北宋主流意识支配下的文人论兵和相关问题研究

刘大明 / 著

中国传媒大学出版社
·北京·

编委会

主　任：李希光　欧阳宏生
编　委：李希光　欧阳宏生　李　珮　罗小萍
　　　　　李　韧　蒙晓阳　贺　艳　王　炬
　　　　　陈笑春　裴永刚　屈永刚　赵文丹
主　编：李　珮
副主编：李　韧　罗小萍

总　序

西南政法大学新闻传播学院是重庆市第一所经教育部正式批准建设的新闻学院，筹建于1994年，1995年开始面向全国招生。

学院在办学之初提出了"主新辅法"的培养模式，形成新闻学和法学相结合的独特学科交叉优势，并整合了法学、哲学、文学、管理学等学科资源，形成"媒介视野、法律正义、社会责任"三者并重的办学特色。

学院2010年更名为"全球新闻与传播学院"，这是学院保持发展法制新闻特色办学15年之后的一次理性拓展，力求充分整合国际国内优势资源，培养具有全球视野的新闻与传播人才。

2015年是学院成立二十周年，为总结我院办学经验，醇化学术氛围，提升学术影响力，从2014年起，我院陆续向社会呈献西南政法大学"新闻传播学系列丛书"。

第一套丛书共11部作品，已经于2014年5月由法律出版社出版。这11部作品分别为：《新闻侵害人格权研究》（蒙晓阳教授著）、《中国电视娱乐文化批评》（李林容教授著）、《法律的电视虚构生产——中国当代法律题材电视剧研究》（陈笑春教授著）、《1903年：上海苏报案与清末司法转型》（蔡斐副教授著）、《中国出版物版权输出竞争策略研究》（裴永刚副教授著）、《媒体是信任危机的帮凶吗？》（郭晓科副教授著）、《关于"家"的想象与叙述：20世纪90年代以来家庭伦理电视剧的叙事文化研究》（贺艳副教授著）、《三峡工程纪实影像传播史》（郑微波副教授著）、《重庆都市报发展史》（赵文丹副教授著）、《关注热点：特定议题新闻报道研究》（陈丽丹副教授著）、《地理影响与文化表征——重庆电视纪录片研究》（周松博士著）。

这11部作品分别代表了我院教师，尤其是青年教师在新闻与法治研究、国际新闻研究、影视与新媒体研究、政治传播研究等四个研究方向的代表性成果，也是我院新生代学术实力的一次整体亮相。

即将面世的这套丛书共15本，是我院面向社会推出的第二套丛书。该套丛书的作者主要以我院的青年博士为主，也是我院青年教师在新闻与法治研究、国际新闻研究、影视与新媒体研究、政治传播研究等四个研究方向所取得的最新成果。

李珮教授等所著的《网络环境下突发事件传播与管理研究》，旨在通过对我国网络环境下突发事件案例的剖解、反思，以及引入政治经济学、社会心理学等学科的研究方法，从系统论视角出发，勾勒突发事件在网络环境下的"异化"以及不同诉求传播主体间的博弈、妥协与共谋。李珮教授根据网络环境下突发性事件发展的新形势，提出"网络舆情事件"的概念，并据此指出相应管理制度的缺失和法制建设的盲区，在此基础上，进一步深度思辨突发事件政府应急管理陷入的误区，并尝试在"中国特色"框架之下给出网络环境下加强突发事件管理的对策建议。

陈笑春教授所著的《影视作品里的中国法治进程》，主要以法治题材的电影电视作品为对象，探讨了虚构的影视作品对于现实法治进程的再现及其社会语境。该书以法治题材影视作品发展的滥觞、发轫、兴起、多元和转型这五个时期为分野，每一个部分中选取了具有典型意义的影视作品进行具体分析。影视作品对个体生活的再现，令法治领域与其他社会领域之间的关系在微观故事中变得具体而多样，诠释了法治内涵的现实性和丰富性。

贺艳副教授所著的《媒介表征与城市形象：以重庆为例》以重庆为研究个案，从较为宽泛的媒介界定出发，试图探讨以下问题：在文学作品、报纸、电视、电影、网络等多种媒介所传播的内容之中，重庆呈现为怎样的形象？重庆的这些形象又是怎样被建构的？媒介所呈现的重庆形象还存在着哪些问题？

蔡斐副教授所著的《戈公振新闻思想研究》，以中国新闻传播史奠基人戈公振先生为研究对象，以历史的眼光和翔实的史料剖析了戈公振新闻本位、新闻法制、新闻教育、自由主义、新闻编辑、媒体经管等新闻思想的各个维度，全面展示了戈公振新闻思想的丰富内涵和时代特征。

谷李副教授所著的 *Intellectual Constellations*（1980—2008），提出文学、电影文本和文化经济政策及其讨论、批评作为知识分子聚集并集中表达和建构自身与世界关系的场域。通过对 20 世纪 80 年代初到 21 世纪初的个案分析，该书勾勒出一种可称之为后社会主义情感结构的现象的一些侧面。

杨婷副教授所著的 *Effects of SNS Uses on International Students' Socialization: Focusing on Chinese Students In Korea*，研究了在韩中国留学生的社会化状况。分成两个阶段，第一阶段为定量研究阶段，通过自填式问卷调查，对社会化结果（包括学习动机、社会融入程度等六个变量）以及社交媒体的使用对于各个变量产生的影响进行了调查；在第二个阶段，运用深层访问法，分三个阶段（期盼阶段、遭遇阶段、习得与改变阶段）对被访者的社会化状况进行了分析。

刘娟副教授所著的《疫病防治与健康传播：重庆的天花灭绝实践（1891—1952）》，在挖掘大量民国时期原始材料的基础上，从阶级基础、社会组织、文化建构及行为模式等方面，以 19 世纪以来天花防治为背景，截取重庆开埠直至宣告天花灭绝为时间切片（1891—1952），描述牛痘接种的信息从传播到扩散，最终改变民众防疫行为的过程。本研究的价值在于以历史的视角拓展了"创新扩散理论"在健康传播中的运用，认为阶级基础是重庆乃至中华人民共和国成立后迅速扑灭以天花为代表的烈性传染病的重要原因，以期为当下疫病防控提供本土经验。

屈永刚博士所著的《儒家政治正当性观念发展研究——从孔子到董仲舒》，以西汉初期之前儒家政治正当性观念为研究对象，以孔、孟、荀正当性观念为基点，上溯殷周时期，下及西汉初期（以董仲舒为代表），对西汉初期以前儒家政治正当性观念的渊源和发展做出了系统的梳理。

赵莹博士所著的《我国民间商事借贷立法研究》，基于民间借贷的商法属性探讨其立法体系的构建，认为在我国应建立规范民间商事借贷的统一立法。

刘大明博士所著的《宋代新闻传播与政治文化研究》，主要从新闻史的角度研究了宋代邸报的新闻活动，从传播史的角度研究了谣言传播以及宋代出版传播活动、从政治史的角度讨论了宋代文人谈兵论战的时代背景、具体策略以及兵学文化繁荣等系列议题。并且，刘大明博士通过个案的描述来分析，使读者能够认识宋代新闻传播的具体运作逻辑和构成方式，从而提高解析当今社会问题的能力。

申可君博士所著的《城市社区居民参与机制研究》，试图通过分析居民参与要素的新特点，构建一套有效促进居民参与社区建设的六个二级参与机制，并剖析该机制的形成、分类及其影响因素。同时，作者提出推动居民参与机制运行的保障条件，以期能助力基层政府摆脱长久以来居民参与不足的困境。

廖宇翃博士所著的《大众传媒对城乡统筹发展的作用研究》从经济学、管理学和传播学相结合的新角度研究了城乡二元结构和城乡统筹发展的问题，通过实证研究发现了知识和信息在城乡之间的不均衡分布是城乡差异的基本原因，提出了缩小城乡差异的新途径是改变知识和信息在城乡之间的供需失衡状态。

刘必华博士所著的《转型社会中的大众传媒与公共利益》提出当代中国社会转型的复杂性与矛盾冲突的尖锐性，要求建立以公共利益为基本取向的传媒体系。该书从体制、话语与实践三个层面考察了中国传媒服务于公共利益的表现，并从传媒治理、职业道德和受众参与等方面提出了建议。

任正安讲师所著的《走出现代的尴尬——边缘民族传统文化与现代传播的土家族样本》观察了在新传播环境下西部少数民族地区社会沟通与媒介使用现状与变迁，将文化传播和媒介教育相结合，以少数民族媒介素养教育为出发点，探讨如何更好地在少数民族集中的西南地区提升媒介教育，进而提高其媒介素养，传播本民族文化，探索传播效果的有效提升。

徐金讲师所著的《解码与编码——广告创意实务》旨在从符号学和结构学视角对经典广告进行分解，寻找出独特可行的广告创作思路，总结出广告思维及创作规律，并通过广告创作实例展示广告创意及创作方法的运用。

这套丛书集中体现了西南政法大学新闻传播学的传承和创新，也是我院新生代学术实力的再一次整体亮相。

甲戌年间建经纬，荏苒岁月二十载。
日钟两江之灵秀，月沐法府之鸿光。
法治新闻创特色，全球视野开新章。
心系天下得清誉，五湖九州望徜徉。

我们真诚地期待着学术界对我院新闻传播学系列丛书提出宝贵的意见和建议。

是为序。

李珮
2015 年 12 月于毓秀园

自　序

　　经过这些年的学术研究与教学转型，笔者始终难以放下对历史的这份情感与牵挂。因此，在撰写本书的过程中，一些问题一直萦绕在笔者的脑海里，如"历史是什么？""历史是否是一个可以任人打扮的女孩子？"等等。这些问题都是在追问历史的真相。关于对历史真相的探寻，笔者想谈一谈其中的一点感悟。

　　任何一段历史都难以回避现实问题，关注现实问题才能更好地寻找历史的本来面目。汉代史学家司马迁曾说过："居今之世，志古之道，所以自镜也，未必尽同。"[①] 唐代李翰在《通典》序文中强调："今《通典》之作，昭昭乎其警学者之群迷欤！以为君子致用，在乎经邦，经邦在乎立事，立事在乎师古，师古在乎随时。必参古今之宜，穷始终之要，始可以度其古，终可以行于今，问而辩之，端如贯珠；举而行之，审如中鹄。夫然，故施于文学，可为通儒，施于政事，可建皇极。"[②] 事实上，这些学者通过"古今""师古"的论证，回答了既要关注"经邦"，又要探寻"古今"的关系，实现了史学的经世致用的目的。因此，史学研究必须拥有强烈的现实关怀，这样才能思考如何应对未来发展所面临的各种挑战。准确利用历史资源，把握人类社会发展的基本趋势和客观规律，这才是史学研究的首要责任。

　　如何进行史学论著的撰写工作？这是史学研究必须回答的问题。史学研究可以采取一个取巧的方式，即运用大量零碎的史料，拼凑出一个宏观性的长时间图景。针对这个取巧的方式，必须具备史学训练的基础能力：其一，广泛搜罗史料的能力；其二，以文字勾勒逻辑关系的能力。侯外庐先生指出："不管研究什么个别历史实例或社会生活问题，都必须首先充分地掌握一切有关的材料；即使是研究某个具体的细节问题，也必须这样做。大量地占有材料，这是科学研究工作的出发点。只有在大量材料的基础上，科学研究工作才能'有的放矢'，才能获得成果；从分析大量材料中得出的结论，才会是正确的、有根据的。"[③] 因此，史料搜集与整理是非常重要的，只有广泛占有一手材料，才有可能勾勒出历史本来的面目。

　　除占有史料外，还需要科学地解释历史现象。这是因为"历史是一个选择的体系……他从大量的因果关系中抽绎出因果关系，也仅仅是这些因果关系才具有历史意义；历史意义的标准是：历史学家能使这些因果适合其合理说明与解释模式的能力"[④]。所以，在史学解读方面，每位研究者的水准是有差异的，而这种差异来自视角对准度。如果史学研究采

---

① 司马迁. 史记 [M]. 北京：中华书局，1959：878.
② 郭锋. 杜佑评传 [M]. 南京：南京大学出版社，2004：199.
③ 侯外庐. 在严格要求下从事科学研究工作 [M] // 张岂之. 侯外庐著作与思想研究：第24卷. 长春：长春出版社，2016：833.
④ 卡尔. 历史是什么？[M]. 陈恒，译. 北京：商务印书馆，2008：205.

取陈旧、落后的视角对史料进行分析，就有可能导致处理时间成本较高，吃力不讨好。因此，史学研究离不开新的解读。近年来，不少学人热衷于各种"历史书写"的议题，很明显是为了拓展和提高史学研究的深度与高度。这种深度与高度的拓展与提高需要时间和磨炼。我们与其探寻新的文献记载轨迹，不如从旧有的文献着手，把握历史脉络，通读前贤的学术成果，进而探微索隐。

  史学研究还离不开"耐得住寂寞、坐得住冷板凳"的心态与境界。范文澜先生曾讲过，"板凳要坐十年冷，文章不写半句空"。同样，王国维先生在《人间词话》中指出："古今之成大事业、大学问者，必经过三种之境界：'昨夜西风凋碧树。独上高楼，望尽天涯路。'此第一境也。'衣带渐宽终不悔，为伊消得人憔悴。'此第二境也。'众里寻他千百度，蓦然回首，那人却在灯火阑珊处。'此第三境也。"[①]

  这些前贤指出了做学问需要具备一种"耐得住寂寞、坐得住冷板凳"的超脱境界。然而，这份艰辛与执着不是所有人都能习得的，就像笔者在史学探寻之路上因其崇高而陡峭，不得不在中途退出。因此，学术研究需要具备这种超脱境界，不惧困难，保持高昂的斗志，最终才能实现理想中的学术目标。

---

① 王国维. 人间词话新注[M]. 滕咸惠，校注. 北京：北京出版集团，2014：205.

目　录

绪　论 ……… 001

第一章　北宋文人论兵现象形成的时代背景 ……… 009

第二章　北宋主流意识支配下的文人战争论
　　　　——以宋与周边民族政权的战争为例 ……… 023

第三章　北宋主流意识支配下的文人军队建设论
　　　　——以驭将、兵制及军备后勤为例 ……… 049

第四章　北宋文人论兵群体的军事素养及实践活动 ……… 076

第五章　北宋文人论兵在兵学史上的价值和历史地位 ……… 098

结　语 ……… 119

参考文献 ……… 122

致　谢 ……… 131

绪 论

一、问题的提出和选题的意义

在中国历史上，文人士大夫屡屡掀起谈兵论战的高潮，其产生的直接驱动力，往往与国家、民族的危机相关。追溯千年，我们不难发现，在所谓"内忧外患""积贫积弱"的北宋王朝，一批具有责任感和使命感的文人士大夫为了挽救国家和民族的危亡，努力攻读兵书战策、钻研兵法、著书立说，逐渐推动了兵学研究的勃兴。因此，对这一现象进行探讨具有多方面的意义。

宋代是中国历史上一个重要的时期。在这一时期，传统兵学在许多方面取得了长足的进步。[①] 其中一项重要成就是宋代的兵书数量超过以往的所有朝代，[②] 这在中国兵学史上占有一定分量。从兵书作者身份来看，文人士大夫承担了宋代谈兵论战的责任。因此，笔者对这个"声容盛而武备衰"[③] 时代的文人士大夫肩负起谈兵论战的使命产生了兴趣，也逐渐有了一些疑问。一是北宋王朝对文人论兵所起到的作用。北宋立国伊始，太祖、太宗等帝王为矫正唐末五代以来的武将专权之弊，采取"兴文教、抑武臣"等举措，维护其专制主义中央集权统治。在这种情况下，以科举出身为主体的文人士大夫重新获得了崇高的政治地位，成为朝廷各项事业的中坚力量。正如蔡襄所说："今世用人，大率以文词进。大臣，文士也；近侍之臣，文士也；钱谷之司，文士也；边防大帅，文士也；天下转运使，文士也；知州郡，文士也。虽有武臣，盖仅有也。"[④] 然而，内忧外患的交替始终困扰着北宋王朝，不仅给人们带来了深重灾难，而且对专制统治构成了极大威胁。面对这种情况，宋廷不得不起用文人士大夫，让他们率兵征战，或组织他们整理兵书，或鼓励他们著书立说。正是在内外环境的双重作用下，文人谈兵论战、著书立说逐渐成为一种风尚。通

[①] 许多学者认为宋代处于中国古代兵学发展史上的高潮阶段。主要论著有：谢国良. 中国古代军事思想概论 [J]. 军事历史研究，1995（1）；刘庆. 论中国古代兵学发展的三个阶段和三次高潮 [J]. 军事历史研究，1997（4）；赵国华. 中国兵学史 [M]. 福州：福建人民出版社，2004：9.
[②] 刘庆. 文人论兵与宋代兵学的发展 [J]. 社会科学家，1994（5）：59.
[③] 欧阳玄. 进宋史表 [M] //纪昀，永瑢，等. 文渊阁四库全书. 影印本. 台北：台湾商务印书馆，1986：147.
[④] 赵汝愚. 上英宗国论要目十二事 [M] //赵汝愚. 宋朝诸臣奏议：下. 上海：上海古籍出版社，1999：1695 - 1696.

过这种风尚，我们可以看到宋廷一边鼓励文人谈兵论战，一边压制其发展。这两种做法是同时存在的，只是在不同时期，所表现出来的特点有所不同。在这种矛盾的情况下，北宋文人如何在专制体制运作下参与论兵？如何从专制制度顶层设计方面为解决这种矛盾提出一种合理的解释？二是文人谈兵论战的实际效果问题。北宋时期，文人士大夫不仅撰写了大量、各种类型的兵书和文章，而且介入各种军事活动，但没有达到改变北宋王朝"内忧外患"的现状。这为我们思考北宋文人论兵的实践价值和评价文人论兵在兵学史上的地位，提供了研究方向。

基于这些疑问，笔者认为选择北宋文人论兵作为研究对象，可以解决某些问题，如认识北宋专制制度顶层设计、官僚政治体制运作及文武关系等。学界围绕文人论兵相关问题进行了初步研究，也为本课题研究提供了有益的借鉴。因此，笔者研究这一课题的基本思路是将文人论兵现象置于北宋时期的政治、军事、社会、文化背景之下，对其进行历史的、系统的、深入的考察，进而探讨北宋文人论兵的时代背景、文人对战争的态度、军队建设与专制政治体制的关系，以及文人的军事实践活动与政治权力运作的关系，并对其时代价值、历史地位等问题进行界定。

此外，北宋文人论兵作为一个历史学和军事学的交叉课题，其研究意义可以归纳为以下几点。一是有助于加深学界对北宋文人士大夫群体的研究。学界以往以文人为对象的研究多集中于政治才能、道德风气、学术文化等方面，而在军事方面仅限于重要的兵书、军事思想等。因此，笔者选择这一课题进行研究，对于全面、深化北宋文人士大夫的研究有重要意义。二是有助于加深我们对北宋专制制度的顶层设计及官僚体制运作层面的认识。北宋文人论兵现象的产生有其复杂原因，这既与北宋王朝长期推行和贯彻的政策方针有关，也与当时的社会背景密切相关。因此，本课题选择以专制体制为视角，考察文人论兵的行为及内容，有助于加深我们对北宋政治制度、权力运作、文武关系等方面的理解。三是有助于加深我们对中国传统文化的认识与理解。兵学是中国传统文化的重要内容之一，而我们通过对北宋文人论兵的研究，有助于加强对北宋时期学术文化史的研究。

二、文献综述

从 20 世纪后期开始，学界才逐渐关注宋代文人论兵现象。到目前为止，学界对宋代文人论兵现象有一定程度的关注，取得了丰硕的学术成果。以笔者搜集到的资料来看，大致可分为以下几个方面。

（一）概括性、总结性的兵学研究

学者对宋代文人论兵研究进行专论，取得了一些有价值的学术成果。其中，不少有关军事方面的著作对文人论兵做了概括性、总结性的研究，主要有糜振玉的《中国军事学术史》[1]、军事科学院的《中国历代军事思想》[2]、孙建民的《中国历代治边方略研究》[3] 等。

---

[1] 糜振玉. 中国军事学术史 [M]. 北京：解放军出版社，2008.
[2] 中国军事史编写组. 中国历代军事思想 [M]. 北京：解放军出版社，2007.
[3] 孙建民. 中国历代治边方略研究 [M]. 北京：军事科学出版社，2004.

其中，谢祥皓的《中国兵学：宋元明清卷》[①]具有代表性。该书的北宋部分以兵学撰著为线索，详细地阐述了梅尧臣、王皙、何氏、张预、许洞、曾公亮、丁度、苏洵、何去非等学者在《孙子兵法》及其他兵书方面的成就，并穿插武学兴起、"武学七经"校正等时代背景，拉出一条北宋兵学著作发展的主线。基于这些著作，不少学者能比较准确地把握宋代文人的军事思想主线。

其他的中国兵学史著作也大多涉及宋代文人论兵问题。笔者认为赵国华先生的《中国兵学史》[②]一书对中国兵学的发展过程做了系统论述，其中涉及宋代文人研究兵学的问题，主要表现在两个方面。一是突出宋代兵学研究的历史地位。[③]他根据中国传统兵学的发展过程，做了阶段性分析，并认为宋代兵学是中国兵学发展过程中的第二次高潮。这时期兵学经过逐步演变，从私学过渡到官学，形成了一个新的局面。[④]二是对宋代文人的兵学著作、思想和理论体系，做出宏观性的论述。赵国华先生将历史学与军事学结合起来，从论述著作编纂体例到观点，视角新颖，推动了中国古代兵学史的研究。也可以说，这部学术著作对宋代兵学研究起到了非常重要的作用。不过，藏知非先生这样评价该书："就兵学的发展来看，宋朝是我国兵学发展的第二个高潮期，但是，两宋在中国历史上恰恰是一个对外'积弱'的时期。其原因何在？作者尽管在评述宋代兵学成就时，借宋人之口进行过分析，但显然是不够的，如果从兵学与政治、军事实践互动的层面进行适当说明，则更能体现兵学的发展及其历史作用，同时也能更全面地揭示兵学在历史发展过程中的作用及其所需的条件。"[⑤]姜国柱先生的《中国军事思想通史：宋元卷》[⑥]也是一部兵学力作。该书从思想史角度出发，在北宋部分重点研究了具有代表性的文人军事思想，如许洞、王皙、梅尧臣、王安石、苏洵、苏轼、苏辙、程颢、程颐、张载、曾巩、李纲等人的军事思想。或许有人要问，北宋时期为何会出现一批文人士大夫谈兵论战的现象？姜国柱先生在书中做了回答："面对这种'内忧外患''积贫积弱'的严峻形势，宋代许多军事家、哲学家、思想家，为了解救国家之危，排除民族之患，挽救一旦之忧，而努力攻读兵书战策，深究历代兵法，揭发宋代军事积弊，故使宋代兵学大盛。"[⑦]

除著作外，还有不少学者的论文涉及这方面的研究。谢国良在《中国古代军事思想概论》[⑧]一文中，对宋代军事思想发展情况进行了论述，突出了这一时期军权思想高度集中的特点。他特别指出，这一时期论兵的文人很多，如苏洵、苏轼、苏辙、梅尧臣、张预、张载、辛弃疾、陈亮等。黄朴民的《中国历代军事思想的演化大势及其特征》将中国军事思想递嬗的历程划分为先秦、两汉至隋唐五代、宋元至清（前期）、清（后期，1840—

[①] 谢祥皓. 中国兵学：宋元明清卷[M]. 济南：山东人民出版社，1998.
[②] 赵国华. 中国兵学史[M]. 福州：福建人民出版社，2004.
[③] 刘长林. 中国军事学的创新之作——赵国华教授《中国兵学史》[J]. 军事历史研究，2005（3）：183. 也有不同的观点，如"有学者对两宋军事学术是中国军事学史发展高峰的提法有不同意见。他们认为，宋代偃武修文，文官至上，人们普遍轻视武备，再加上朝廷以文官领兵，使宋代在战争中始终处于劣势。另外，宋代官修兵学著作之中，多是对前代兵学的集成，在军事理论上没有任何创新。大量文人论兵，多是纸上谈兵，他们既没有军事经验，也不是真的想研究军事，大多数人只是兴之所至，且观点陈腐，没有任何理论价值。所以，宋代绝对不是中国兵学的高峰"。资料来源：张功. 首届中国军事史学术研讨会综述[J]. 中国军事科学，2005（2）：146。
[④] 赵国华. 中国兵学史[M]. 福州：福建人民出版社，2004：9.
[⑤] 藏知非. 一部填补学术空白的兵学史专著——赵国华《中国兵学史》读后[J]. 南都学坛，2005（6）.
[⑥] 姜国柱. 中国军事思想通史：宋元卷[M]. 北京：中国社会科学出版社，2006：1.
[⑦] 姜国柱. 中国军事思想通史：宋元卷[M]. 北京：中国社会科学出版社，2006：9.
[⑧] 谢国良. 中国古代军事思想概论[J]. 军事历史研究，1995（1）：102-105.

1912）四个阶段。该文涉及宋代的军事思想论述，并指出"文人论兵在中国具有悠久的传统，然而在宋元明清时期，这一传统得到了更充分的发扬光大……这种文人对军事的强烈参与意识的凸显，从一个侧面显示了军事思想发展过程中的泛社会化倾向的确立"[①]。蔡勇等人的《中国古代军事思想发展渐变诠释》一文也涉及宋代军事思想分期问题以及战略战术特点。该文认为在宋代高度集中的兵权思想之下，练兵、练将思想日益规范化、系统化。[②] 高润浩在《以儒统兵：儒学对传统兵学的整合》中认为，在中国传统文化结构中，儒学是占据统治地位的理论形态。西汉时期，儒学成为中国古代社会普遍接受的正统学说。此后，儒学对兵学的整合成为传统兵学嬗变和发展的主要内容。值得一提的是，宋代是传统兵学"以儒统兵"理论格局确立的时期，也是兵儒之争和儒学对兵学攻讦最为激烈的时期。[③] 基于上述论述，笔者认为宋代文人论兵问题主要表现为两方面：一是确立宋代兵学或军事思想的分期地位；二是围绕文人论兵问题做了概括性、总结性的研究。

（二）具体的、专题式的兵学研究

从目前的研究资料可见，学界所关注的主要问题集中在宋代文人论兵现象、兵学思想及军事技术等方面。

其一，宋代文人论兵现象研究。王瑞明先生在《宋儒风采》[④]一书中，从文化角度对宋儒的军事谋略做了精彩的论述和多层次的研究，肯定了宋儒"喜从兵、乐从戎"。刘庆先生在《文人论兵与宋代兵学的发展》[⑤]一文中，从宋代文人论兵现象出发，论述了宋代兵学的特点及内容，认为文人论兵具有积极意义，主要表现在三个方面：一是明确划分了宋代文人论兵现象出现的阶段；二是对宋代文人论兵群体的划分；三是对文人的论兵著作进行分类。此外，戴伟华先生在《北宋文士与兵学关系述略》[⑥]一文中，以兵学为线索，重点分析了北宋文人与兵学的特点，主要有三：一是将北宋文人与兵学结合起来研究；二是北宋文人对兵学研究的贡献，如论兵学、论兵事及人物传中的兵事等方面；三是明确指出宋代文人注解兵法乃形势需要，具有现实意义。刘春霞在《李元昊"僭号"与北宋中期文人谈兵论析》[⑦]一文中，分析了西夏李元昊称帝叛宋事件与北宋中期文人谈兵现象的关系，明确指出立足战争现实谈论具体的用兵策略，具有一定的现实意义。此外，该文重点分析了文人谈兵的特点及其对社会的影响。

其二，文人的军事思想研究。第一，王安石的军事思想研究。从目前来看，多数学人

[①] 黄朴民. 中国历代军事思想的演化大势及其特征 [J]. 浙江社会科学，1997 (5)：89.
[②] 蔡勇，史光辉，王自焰，等. 中国古代军事思想发展渐变诠释 [J]. 军事交通学院学报，2011 (2)：70-71.
[③] 高润浩. 以儒统兵：儒学对传统兵学的整合 [J]. 中国军事科学，2003 (1)：122-126.
[④] 王瑞明. 宋儒风采 [M]. 长沙：岳麓书社，1997.
[⑤] 刘庆. 文人论兵与宋代兵学的发展 [J]. 社会科学家，1994 (5)：56-60.
[⑥] 戴伟华. 北宋文士与兵学关系述略 [C] //沈松勤. 第四届宋代文学国际研讨会论文集. 杭州：浙江大学出版社，2005：161-172.
[⑦] 刘春霞. 李元昊"僭号"与北宋中期文人谈兵论析 [J]. 兰州学刊，2008 (11)：198-197.

把王安石的军事思想混入政治研究,[①] 也有从其他方面进行论述的。[②] 邓广铭在《王安石对北宋兵制的改革措施及其设想》[③] 一文中,从政治制度、变法等方面论述了北宋时期兵制的主要特征;在《王安石统一中国的战略设想及其个人行藏》[④] 一文中,论述了王安石在变法期间提出的吞灭西夏、契丹,统一中国的战略设想,以及其初步实践到破灭的过程。毛元佑在《王安石变法中的军事改革》[⑤] 一文中,主要从变法角度出发,分析了王安石的军事改革原因、内容及其经验、教训、影响等方面。王天顺、杜建录在《论王安石的御夏方略》[⑥] 一文中,认为王安石的御夏方略是根据国力强弱和当时民族政治对峙形势来制定的,具有一定的可行性。第二,范仲淹的军事思想研究。就目前来看,关于范仲淹军事思想方面的研究,多着墨于其在宋夏战争或庆历变法中的军事思想及措施。高锦花在《论范仲淹的边防思想》[⑦] 一文中,从宋夏战争角度出发,论述了范仲淹对战争及陕西民众生活状况的了解,以及其形成以守为主的务实边防思想的过程。论述范仲淹军事思想的论文及著作不止于此[⑧],如李直的《范仲淹的军事思想浅析》[⑨]、刘春霞的《范仲淹军事思想探析》[⑩]、武香兰的《范仲淹的"育将观"》[⑪] 等。第三,"三苏"的军事思想研究。苏洵、苏轼、苏辙父子三人历来是学界研究的热点人物,其军事思想也不乏被论述。[⑫] 这些学者通过不同角度,论述了苏洵、苏轼、苏辙父子三人的军事思想。有的论述了他们的边防策略,有的考察了苏洵兵书,[⑬] 有的考察了苏轼军事思想的变化过程,有的将苏轼与同时代重要人物的军事思想进行对比考察。[⑭] 此外,朱盛昌在《李觏军事思想简论》[⑮] 一文中,论述了北宋思想家李觏针对军事制度上的种种弊端,提出了军队建设、兵器制造等建议。

---

① 邓广铭. 北宋政治改革家王安石 [M]. 北京:生活·读书·新知三联书店,2007:78;王瑞明. 中国古代史考论 [M]. 香港:香港华夏文化艺术出版社,2007:140.
② 这些文章认为,王安石的军事思想表现在散见的文论中,体现在变法的主张里。王安石提出的"省兵法""将兵法""兵农合一"等军事思想,具有进步的历史意义和现实价值。资料来源:张富祥. 王安石的军事思想 [J]. 军事历史研究,1991 (1);姜国柱. 王安石的军事思想 [J]. 南昌大学学报(人文社会科学版),2004 (1);杨澜,等. 王安石军事思想初探 [J]. 齐齐哈尔大学学报(哲学社会科学版),2004 (2).
③ 邓广铭. 王安石对北宋兵制的改革措施及其设想 [M] //邓广铭. 邓广铭治史丛稿. 北京:北京大学出版社,2010:60-91.
④ 邓广铭. 王安石统一中国的战略设想及其个人行藏 [J]. 传统文化与现代化,1997 (2).
⑤ 毛元佑. 王安石变法中的军事改革 [J]. 历史教学,1994 (8).
⑥ 王天顺,杜建录. 论王安石的御夏方略 [J]. 中州学刊,1996 (4).
⑦ 高锦花. 论范仲淹的边防思想 [J]. 西北民族大学学报(哲学社会科学版),2008 (4):28-33.
⑧ 以下著作均涉及范仲淹的军事思想:吴季恒. 范仲淹 [M]. 台北:名人出版社,1970;汤承业. 范仲淹研究 [M]. 台北:编译馆,1976;陈荣照. 范仲淹研究 [M]. 香港:三联书店,1978;程应镠. 范仲淹新传 [M]. 上海:上海人民出版社,1986;李涵. 范仲淹传 [M]. 郑州:中州古籍出版社,1991.
⑨ 李直. 范仲淹的军事思想浅析 [J]. 军事历史,1994 (3).
⑩ 刘春霞. 范仲淹军事思想探析 [J]. 安康学院学报,2011 (1).
⑪ 武香兰. 范仲淹的"育将观"[J]. 贵州文史丛刊,2007 (3).
⑫ 以下著作均涉及"三苏"的军事思想:曾枣庄. 苏洵的军事思想 [J]. 湖北师范学院学报,1983 (3);谢其祥. 浅说苏轼的军事思想 [J]. 广西师范学院学报,1988 (2);杨胜宽. 苏轼兄弟的军事思想及边防策略 [J]. 乐山师范学院学报,2004 (7);潘良炽. 苏轼军事思想与实践述论 [J]. 青海师范大学学报,2003 (5);唐瑛. 苏轼军事思想转变原因初探,2011 (6);庆振轩. 苏轼元祐时期军事思想探论 [J]. 乐山师范学院学报,2011 (2).
⑬ 魏鸿.《权书》与《孙子兵法》异同探论 [J]. 军事历史研究,2006 (2).
⑭ 何晓苇,邹晓玲. 苏轼与王安石军事思想比较研究 [J]. 乐山师范学院学报,2011 (6);杨胜宽. 苏轼与司马光军事思想异同论 [J]. 乐山师范学院学报,2011 (1).
⑮ 朱盛昌. 李觏军事思想简论 [J]. 江西师范大学学报(哲学社会科学版),1986 (1).

张玉璞在《尹洙及其论兵之文》①一文中，通过对尹洙的个人经历分析，认为他属于善论兵的文人士大夫，其论兵之文不同于普通书生之论，并分析其文章的行文风格。刘春霞在《张方平其人及其谈兵之文》②一文中，通过分析张方平的性格特征，论述了他在"谈兵之文"中的军事思想及其儒学特色。任树民在《沈括的边防筹策与他的边区木版立体图》一文中，阐述了沈括基于"知己知彼，百战不殆"的军事认识，有针对性地提出了北宋国防战略中存在的具体问题。③从上述成果来看，笔者认为从20世纪80年代末以来，学界在研究重要人物的军事思想方面，无论在研究视野、史料解读上，还是在研究方法上均取得了较大进步。

其三，以《孙子兵法》为主的兵书研究。受严峻的边防形势所迫，宋代朝廷曾多次组织人员编修以《孙子兵法》为首的系列兵书。另外，许多学者围绕《孙子兵法》进行注解工作，如梅尧臣、王晳等人，这促进了宋代兵书研究的繁荣。针对宋代孙子兵学的繁荣，当代学者从多个方面做了深入研究。魏鸿的《宋代孙子兵学研究》④一书，将宋代孙子兵学与文人论兵现象结合起来，探讨了孙子兵学在宋代的成就、特点及影响等。从总体上来看，该书是一部有价值的军事学术史著作，但也有不足之处。例如，作者虽然谈到探讨宋代孙子兵学要结合时代背景，但也存在就兵书而论兵书的问题，缺乏深入探讨。可喜的是，有些学者已经走出就兵书而论兵书的路子，逐渐能与宋代的时代特征结合起来，这推动了兵学研究的进步。王军营的硕士论文《北宋文人论兵与〈何博士备论〉诸问题研究》⑤，深深地抓住了北宋时期"崇文抑武"政策的主线，论述了文人论兵思潮形成的原因。然后，作者以个案《何博士备论》分析北宋时期的文人论兵主题。尽管该文抓住了时代特征这条主线，但是其选取的个案单一。退一步来说，作者以一部兵书为例难以说明北宋文人论兵的整体情况。王联斌在《宋代兵书及其军事伦理思想》⑥一文中认为，外族入侵、军事失利以及北宋的灭亡等，刺激了一些文臣武将对边防的关注，从而将兵法的研究和兵书的整理著述推向高潮。该文作者认为，这些宋代兵书有一个鲜明的军事伦理特点，即以史为鉴，以爱国主义为核心，以议和与抗战为焦点，以继承和发扬传统武德精神为主导的价值取向。

其四，在战术、军制、兵器等方面，取得了可喜成就。有些论著不仅做了宏观判断，而且从人物、事件等微观方面进行梳理，如对宋代兵制、武将群体、战争史等方面的研究，乃是对当时的政治军事史实的解读，因而具有非常重要的意义。例如，王曾瑜先生在《宋朝军制初探》一书中，对军队的编制、装备、通信、后勤、战略战术等重大问题做了专门的、系统的介绍，其叙述详于北宋，略于南宋。⑦陈峰先生在《北宋武将群体与相关问题研究》中认为，"北宋时期武将群体受到极大的束缚和压制，其用兵作战能力无法得到正常发挥，武将角色应有的自信、勇敢精神日益萎缩，军队上下弥漫着惧战风气。'崇文抑武'的风尚和价值观在社会上的盛行，导致从军报国的意识没有得到应有的地位。于

---

① 张玉璞. 尹洙及其论兵之文 [J]. 苏州大学学报（哲学社会科学版），2000 (3).
② 刘春霞. 张方平其人及其谈兵之文 [J]. 船山学刊，2009 (2).
③ 任树民. 沈括的边防筹策与他的边区木版立体图 [J]. 西北民族研究，2001 (1).
④ 魏鸿. 宋代孙子兵学研究 [M]. 北京：军事科学出版社，2011.
⑤ 王军营. 北宋文人论兵与《何博士备论》诸问题研究 [D]. 西安：西北大学，2009.
⑥ 王联斌. 宋代兵书及其军事伦理思想 [J]. 军事历史研究，1996 (2).
⑦ 王曾瑜. 宋朝军制初探 [M]. 增订本. 北京：中华书局，2011.

是，秦汉以来那种勇于进取、积极开拓及尚武的精神失落了。正因为如此，北宋时期虽然不乏朝臣和文士'谈兵''议边''选将'的议论，但终究是隔靴搔痒，无济于事。这便必然会在一个重要方面降低军队战斗力，从而对北宋边防造成了严重损害，致使其在辽夏金的战争中长期处于被动挨打的境地"①。在宋辽、宋夏战争史领域，吴天墀、王天顺、李华瑞、江天健等大批学者深入研究，成果丰硕。特别是有些学者在宋辽、宋夏战争史方面做了学科交叉研究的尝试。曾瑞龙先生的两部著作《经略幽燕：宋辽军事灾难的战略分析》《拓边西北：北宋中后期对夏战争研究》，以独特的视角将现代军事战略理论运用到宋辽战争的分析中，对学科交叉研究做了有益的探索。这两部著作摆脱了就战争论战争的局限，从军事战略学的高度对宋辽、宋夏战争进行了重新审视。"不难看出，从现代军事战略学的角度来解释战争有利于拓宽战争史与军事史研究的空间，从而实现研究方法的创新，作者的这一努力值得我们称道和借鉴。"②

还有一些与兵器相关的论著。王光春在《宋代军事手工业》③一文中认为在赵宋政权同北方辽夏金等少数民族政权的战争中，各方为了在战争中战胜对方，都在努力创办军事手工业，试制新式武器，这对边疆战争发展起到了重要作用。王树连在《宋代军事测绘》一文中认为宋代重视军事地图的收集与测绘，除了职司编绘地图外，朝廷大臣、边防将帅、地方官员与学者主动绘制的地图也很多，如著名的科学家沈括在绘制《守令图》时继承和发扬了裴秀的制图六体。④这些均反映了文人对军事用途的工具研究已经达到了较高的水平。叶鸿洒在《浅探北宋兵器之一——"枪"的种类及其用途》一文中，对北宋兵器——"枪"的种类、功能进行分析，并指出"在北宋冗杂的各类兵器中，枪既不是最重要的一种，也不是制造数量最多的一种。但由于它是在短兵相接作战时十分有效的伤敌武器，而又携带方便，因此，无论是在骑兵或步兵阵营中，都有它的实用价值"⑤。

其五，在武举制度、军事教育方面有了较系统的、深入的研究。在武举武学研究方面，学界取得了丰硕成果。文定旭在《宋代武举弊端浅析》一文中认为，尽管武举形成于宋代，构建起了一套严密制度，但是从现存的材料来看，宋代武举考试举行过77次，却没有选拔出一位名将。作者推究原因，认为这种弊端与当时的武举制度化操作有关。⑥此外，中国台湾学者在这方面也做出了卓越贡献，例如，郑国铭发表了《北宋武学初探》《再论宋代武学》《宋代庆历武学设置过程探讨——公元960年—1044年》⑦等文。龙炳峰在《宋代武举制度之探究》一文中，分析了宋代武举制度的详细内容，研究了武举及第仕途和人名，并探讨了武举制度对当时国家武力的影响。⑧

综上所述，学界对北宋文人论兵的相关研究还存在某些不足。一是对文人论兵现象的

---

① 陈峰. 北宋武将群体与相关问题研究[M]. 北京：中华书局，2004.
② 何玉红. 宋夏战争史研究的新视角——《拓边西北：北宋中后期对夏战争研究》评介[J]. 宁夏大学学报（哲学社会科学版），2009（2）.
③ 王光春. 宋代军事手工业[J]. 国防科技工业知识，2001（1）.
④ 王树连. 宋代军事测绘[J]. 军事历史研究，2002（3）.
⑤ 叶鸿洒. 浅探北宋兵器之一——"枪"的种类及其用途[J]. 中国历史学会史学集刊，1984（16）.
⑥ 文定旭. 宋代武举弊端浅析[J]. 贵州文史丛刊，2000（5）.
⑦ 郑国铭. 北宋武学初探[J]. 体育学报，1996（21）；郑国铭. 再论宋代武学[J]. 体育学报，1997（22）；郑国铭. 宋代庆历武学设置过程探讨——公元960年—1044年[J]. 东师体育，1998（5）；郑国铭. 宋代武学制度延续的过程与内容[J]. 东师体育，2000（7）.
⑧ 龙炳峰. 宋代武举制度之探究[J]. 体育学报，2002（3）.

研究较少。二是从研究方法上来看，针对单个文人的军事思想评论，多为就事论事，缺乏与时代背景的结合。三是在资料挖掘上，宋人有关论兵的奏议、诗词、墓志铭等材料运用不多。基于此，本研究将文人群体或个体置于当时的政治环境下，摆脱史料文本的束缚，并结合军事学等相关理论，如从战争观、战略战术及国防建设等方面来考察文人论兵现象，把握这一时期的政治发展脉络。

（三）概念界定、重点与难点、研究方法

1. 概念界定

（1）文人：在中国历史上，有关文人的概念，向来阐释甚多。为了研究方便，笔者认为界定北宋文人概念时，既要考虑时代特征，[①] 又要着眼于研究的需要。因此，本文研究中所涉及的书生、士人、文人、士大夫、学士大夫等概念，均纳入文人层面加以讨论。

（2）兵：关于兵的概念理解起来较为复杂。雷海宗先生认为古代兵的概念，可以指军队，兵的纪律，兵的制度，兵的风气怎样，兵的心理怎样，等等。[②] 魏鸿认为，在中国古人的概念体系之中，兵书、兵家、兵学是三位一体的，以著作而言即为兵书，以学派论即为兵家，以学术称则为兵学。[③] 据《新华字典》，"兵"指武器、战士、军队，是与军事或战争有关事物的统称，包括兵法、兵家、兵机、兵衅、兵书、兵谏等。为了便于研究，本文倾向于"兵"的泛指，即古代军事知识、军队、制度及北宋时期的具体军政事务。

2. 研究重点与难点

（1）本书研究的重点是在专制主义中央集权体制下，对北宋文人的谈兵论战行为进行解读，并考察他们对战争、战略及军队建设等方面的认识及军事实践的表现，以便我们深入了解北宋文人谈兵论战的价值及历史地位。

（2）本书研究北宋文人论兵势必会遇到以下难点：一是探讨文人论兵与北宋专制主义中央集权制度、权力运作方式的关系。我们只有将文人论兵与北宋专制制度、权力运作恰当地结合起来，避免就兵书而论兵书，才能在具体问题论证的基础上得出较令人信服的结论。二是评价文人的论兵地位。北宋文人谈兵论战必然受到多方面因素的影响，对其论兵地位的评价，也必然会涉及纵向与横向角度的问题。三是在学科交叉性研究中，史学与军事学要恰当结合，避免过分套用军事学理论解释历史。

3. 研究方法

本研究以历史学实证研究为主，并辅之军事学等学科；在具体的研究方法上，整体把握和典型分析相结合；在操作方法上，采用比较、归纳等方法。

[①] 邓小南老师认为，具备明确的主体意识、道德责任感，兼具才学识见与行政能力的新型士大夫群体，是11世纪的前中期才出现的。邓小南. 祖宗之法：北宋前期政治述略 [M]. 北京：生活·读书·新知三联书店，2006：148.
[②] 雷海宗. 中国文化与中国的兵 [M]. 北京：商务印书馆，2001：2.
[③] 魏鸿. 宋代孙子兵学研究 [M]. 北京：军事科学出版社，2011：1.

第一章
北宋文人论兵现象形成的时代背景

与以往其他朝代相比，北宋文人士大夫的谈兵论战现象在中国历史上更引人瞩目。这是因为，北宋文人论兵现象产生、发展既有严重的外患根源，又有其特殊的政治因素，归根结底与北宋王朝所建立起的适合本朝需要的专制政治运作模式密切相关。因此，本章拟通过北宋专制政治运作模式及"积弱"的军事态势，考察文人论兵现象形成的时代背景。

一、专制统治秩序的重建与"重文抑武"的政策

后周显德七年（960）正月，禁军统帅赵匡胤趁周世宗去世、"主少国疑"、"政出多门"之际，阴谋制造了"点检作天子"的政治谣言，[①] 精心策划了"黄袍加身"的陈桥兵变，建立宋朝，史称北宋。北宋建立伊始，太祖虽然先后平定了地方节度使李筠、李重进的叛乱，但觊觎皇位的还大有人在，如禁军将帅、强势的地方节度使等。如何从根本上杜绝重演唐末五代时禁军将帅与地方强藩不断发动兵变事件，保证政权的长治久安，成了宋太祖所要解决的首要问题。从唐末到宋初这段时期，专制统治秩序的重建与解决中央禁军、地方藩镇的问题交织在一起，这成了这场政治斗争的主线。所以，赵宋统治集团便从收兵权开始这场专制统治重建过程。因为"在专制时代，军队是政权的根本保障，也是皇位的根本保障。失去军权也就等于失去君权。北宋的中央集权和君主独裁程度超过了以往任何朝代，其中尤以军权的集中为甚"[②]，故而实现兵权集中化，解决"腹心之患"，已成为宋初统治者治国的首要问题。

宋太祖对禁军将领难以驾驭的担心，在陈桥兵变之际，就已经产生了。他发动陈桥兵变时，首先要求将领严明军纪，进入开封禁止抢劫。即位初，太祖面对那些骄兵悍将的种种行为，显得心有余而力不足。京城巡检王彦升半夜到宰相王溥家里勒索钱财。[③] 事后，宋太祖得到王溥密报，忍痛将心腹王彦升贬斥。更有甚者，竟然跑到皇宫后苑题诗索钱，迫使太祖不得不赏赐他们。[④] 对于这些从龙功臣的骄横跋扈，宋太祖日益感到"为君不

---

① 顾吉辰. 论后周末年的一场政治谣言——兼论赵匡胤上台［J］. 学术月刊，1994（1）：74.
② 贾海涛. 北宋"儒术治国"政治研究［M］. 济南：齐鲁书社，2006：5.
③ 脱脱，等. 宋史：卷二五〇［M］. 北京：中华书局，1977：8830.
④ 程颢，程颐. 伊川先生语八下［M］//程颢，程颐. 二程集：河南程氏遗书. 北京：中华书局，2004：301-302.

易"。"自即位,(太祖)数出微行,或过功臣之家,不可测。"这种心理总要祸及他人,如若将这种人格与帝王意识结合起来,危害尤为严重。太祖经常派心腹史珪、石汉卿等人刺探情报,尤其在获知对其有救命之恩的大将张琼违法的情报后,太祖命人将张琼以"铁挝乱下,气垂绝,曳出,遂下御史案鞫之……赐死于城西井亭"①。在处理功臣将领的方式上,太祖面临着强烈的道德冲突,承受着巨大的精神压力,感到"为君实难",故而自"即位,欲阴察群情向背",并大造"帝王之兴,自有天命"②的舆论。当面对曾经朝夕相处的从龙功臣时,他撕下了华丽的"天命论"外衣,直接表达出内心的担忧。先来看看耳熟能详的"杯酒释兵权"。

> 乾德初,帝因晚朝与守信等饮酒,酒酣,帝曰:"我非尔曹不及此,然吾为天子,殊不若为节度使之乐,吾终夕未尝安枕而卧。"守信等顿首曰:"今天命已定,谁复敢有异心,陛下何为出此言耶?"帝曰:"人孰不欲富贵,一旦有以黄袍加汝之身,虽欲不为,其可得乎?"守信等谢曰:"臣愚不及此,惟陛下哀矜之。"帝曰:"人生驹过隙尔,不如多积金、市田宅以遗子孙,歌儿舞女以终天年。君臣之间无所猜嫌,不亦善乎。"守信谢曰:"陛下念及此,所谓生死而肉骨也。"明日,皆称病,乞解兵权,帝从之,皆以散官就第,赏赉甚厚。③

不难看出,"杯酒释兵权"只是太祖缓解道德冲突与精神压力的一种方法,却在无意之中大大鼓舞了他解除其余将领兵权的信心。然而,率性而为的宋太祖在收兵权的过程中,并没有像"杯酒释兵权"中说得那样轻松。他曾经一时冲动,想让符彦卿统管军事,最终因赵普的提醒,才放弃决定。

宋太祖把禁军的权力抓到自己手中,以位卑易于驾驭的将领来驱使,这只能消除禁军对皇权的潜在威胁,却无法控制地方藩镇势力。宋初,地方藩镇将领虽然不是全部都像五代成德节度使安重荣那样,敢于放言"天子,兵强马壮者当为之,宁有种耶"④,但对北宋专制主义中央集权进程仍构成了严重威胁。宋太祖问计于赵普:"吾欲息天下之兵,为国家长久计,其道何如?"赵普答道:"陛下之言及此,天下人神之福也。此非他故,方镇太重,君弱臣强而已。今所以治之亦无他奇巧,惟稍夺其权,制其钱谷,收其精兵,天下自安矣。"语未毕,上曰:"卿勿复言,吾已喻矣。"⑤ 可见,宋太祖对铲除藩镇势力一直难以下定决心,而赵普的一席话,才点透了他心中的症结。对于这条方略,宋人李攸给予高度评价:"太祖既纳赵韩王之谋,数遣使者分诣诸道,择选精兵,凡其材力伎艺有过人者,皆收补禁军,聚之京师,以备宿卫,厚其粮赐。居常躬自案阅训练,皆一以当百。诸镇皆知兵力精锐非京师之敌,莫敢有异心者,由我太祖能强干弱支,致治于未敌故也。"⑥ 赵宋统治者对那些骄兵悍将产生猜忌是很正常的,因为除了本身经历过兵变外,与"从中唐以来藩镇之所以成为割据势力,所恃的首先是军队,其次便是财赋"⑦也是密切相关的。赵

---

① 脱脱,等. 宋史:卷二九五[M]. 北京:中华书局,1977:6478.
② 李焘. 续资治通鉴长编:卷一[M]. 北京:中华书局,2004:30.
③ 脱脱,等. 宋史:卷二五〇[M]. 北京:中华书局,1977:8810. 此外,宋人"杯酒释兵权"的案例颇多,其是否可信仍存有疑问,但宋太祖通过不流血的手段解决了将领的兵权问题,却得到了学界的公认。
④ 薛居正. 旧五代史:卷九八[M]. 北京:中华书局,1976:1301.
⑤ 李焘. 续资治通鉴长编:卷二[M]. 北京:中华书局,2004:49.
⑥ 江少虞. 卷第一:祖宗圣训[M]//江少虞. 宋朝事实类苑. 上海:上海古籍出版社,1981:6.
⑦ 关履权. 论北宋初年的集权统一[J]. 华南师范学院学报,1980(4).

宋统治者后来完成专制统治权力结构的重建，正是依此方略进行的，即把兵权高度集中在自己手里，严密监视任何威胁王朝统治的人。

宋初统治者认识到仅靠收兵权、制钱谷等举措，并不能有效解决王朝的长治久安问题，必须建立一套防微杜渐的军政制度，以避免唐末五代兵变的历史重演。太祖、太宗等帝王为此以防弊为指导方针，从人事任用到制度管理方面，逐步建立起一套相互制衡的军事体制。第一，初步构建了枢密院——三衙统兵体制。宋人对这种体制评价甚高："祖宗制兵之法，天下之兵本于枢密，有发兵之权而无握兵之重；京师之兵总于三帅，有握兵之重而无发兵之权，意深矣远矣。历数百年而无兵患，可为法于天下，后世愈久而愈无弊也。"① 可见，枢密院具有发兵之权，三衙具有统兵之权，双方之间相互牵制，共同维护北宋王朝的长治久安。第二，推行"强干弱枝"政策，将军队分为禁军和厢军。乾德三年（965）八月，朝廷下诏"令天下长吏择本道兵骁勇者，籍其名送都下，以补禁旅之缺"②，从此各地的精兵被选送到京师，组成中央禁军，而留在地方的军队只是一些老弱、专做杂役及维持治安的厢军，自然不能与精锐的中央禁军抗衡。这一举措的主要目的是使"京师之兵，足以制诸道，则无外乱；合诸道之兵，足以制京师，则无内变"③，这就是所谓的"强干弱枝"政策。第三，为了防止兵将勾结叛乱，朝廷采取"更戍制"与"屯驻"相互结合的制度，即朝廷经常调动驻守地方的兵将，使将不知兵，兵不知将，这样可以防止他们建立亲密关系，消除将帅依靠威望鼓动兵变的隐患。第四，实施"将从中御"之法，牵制将帅的战场指挥权。宋太祖派亲信李处耘征荆南时，"遂以成算授之"，开创了北宋"将从中御"的先例。④ 第五，让文臣参与军事事务，以制衡武将的权力。宋太祖为了防范武将，让文人参与军事指挥，并行使伺察武将的职能。开宝五年（972）十二月，太祖问宰相赵普："儒臣有武干者何人？"赵普推荐知彭州、左补阙辛仲甫为西川兵马都监。事后，太祖告诉赵普用文臣参与军事的原因："五代方镇残虐，民受其祸，朕今选儒臣干事者百余，分治大藩，纵皆贪浊，亦未及武臣一人也。"⑤ 这段话道出了宋太祖对武将拥兵自重的担心，为后来"以文驭武"制衡体制的形成埋下了伏笔。事实上，宋初皇帝重建军政制度过程，主要以"防"为核心而展开，强化了其对兵权的绝对控制。诚如邓广铭先生所说："赵匡胤在即位之后，在政治、军事和财政经济诸多方面的立法都贯串着一个总的原则：以防弊之政，为立国之法。"⑥

除制度建设外，赵宋统治者还对功臣武将们的"尚武"思想进行改造，使其忠君而不敢生异心。自唐末五代以来，武将们大多文化素质不高，往往自以为是，根本瞧不起那些舞文弄墨的文人，并嘲笑他们为"毛锥子"⑦，高喊自己"以战斗取富贵"⑧。直到宋初，这种状况仍然没有多少改变。史载"宋初诸将，率奋自草野，出身戎行，虽盗贼无赖，亦厕其间，与屠狗贩缯者何以异哉"⑨。为了保证统治集团的长久运转，宋太祖大力提倡武将

---

① 引自《范太史集》（卷二六）的《论曹诵札子》。
② 李焘. 续资治通鉴长编：卷六［M］. 北京：中华书局，2004.
③ 朱弁. 曲洧旧闻：卷九［M］. 北京：中华书局，2002：213.
④ 范学辉. "将从中御"始于宋太祖考［J］. 安徽师范大学学报（人文社会科学版），2006（1）：20.
⑤ 佚名. 宋史全文：卷二［M］. 北京：中华书局，2004：73.
⑥ 邓广铭. 宋朝的家法和北宋的政治改革运动［M］//邓广铭. 邓广铭治史丛稿. 北京：北京大学出版社，2010：100.
⑦ 李纲. 次韵叔易《得水晶笔格》赋诗［M］//李纲. 李纲全集：卷二二. 长沙：岳麓书社，2004：283.
⑧ 脱脱，等. 宋史：卷二五二［M］. 北京：中华书局，1977：8859.
⑨ 脱脱，等. 宋史：卷二七五［M］. 北京：中华书局，1977：9383.

们多读书，借以改造其"尚武"观念，从而转到"文治"的轨道上面。建隆三年（962）二月，太祖说："今之武臣欲尽令读书，贵知为治之道。"① 显然，太祖把武将读书看作处理君臣伦理纲常、稳定政局关系的重要砝码。实际上，当时整个统治集团的文化素质并不是很高，因此君臣们表现出强烈的读书治国之心。据记载，"太祖尝谓赵普曰：'卿苦不读书，今学臣角立，隽轨高驾，卿得无愧乎？'普由是手不释卷，然太祖亦因是广阅经史"②。经过太祖等帝王的大力倡导，唐代以来浓重的尚武风气逐渐得到扭转，这昭示着一种"重文"的政治倾向，如"作宰相当须用儒者"③、"彼谓国家事皆由汝书生耳"④，等等。

通过多年的专制统治秩序重建，禁军将领、地方节度使威胁皇权的可能性基本上消除了。开宝九年（976）十月，太祖之弟赵光义登上皇位，⑤ 即宋太宗。为了巩固统治，他采取一系列措施来安抚宗室及朝野官员。同时，为了建立功业，提高政治威望，他不顾实际情况，发动数次北伐战争，均以失败告终。之后，宋太宗告诉大臣："国若无内患，必有外忧；若无外忧，必有内患。外忧不过边事，皆可预为之防。惟奸邪无状，若为内患，深可惧焉。"⑥ 从此，太宗朝的政治重心逐渐从对外战争转向内政治理，太宗明确提出"兴文教、抑武事"政策，并对太祖遗留下来的防弊措施加以实施与完善。一方面，太宗除继承太祖重用、优待文人的措施（如不杀文臣的誓约）外，还进一步改革科举制度及恩荫制度，并通过放宽录取标准及扩大录取数量，来调整统治集团的人才结构。太宗即位之初，就有通过科举取士扩大统治基础的想法。

> 天下州县阙官，朕亲选多士，忘其饥渴，召见临问，以观其才，岂望拔十得五，但十得三四亦岩穴无遗逸，朝廷多君子矣。朕每见布衣搢绅，间有端雅为众所推举者，朕代其父母喜，或召拜近臣，必择良日，欲其保终吉也。朕于士大夫无所负矣。⑦

到太宗末年，大批通过科举取士的文人士大夫已进入朝廷，成为政治舞台上的一股主要力量。诚如柳开所说："至于今，上凡八试天下士，获仅五千人，上自中书门下为宰相，下至县邑为簿尉，其间台省郡府、公卿大夫，悉见奇能异行，各竞为文武中俊臣，皆上之所取贡举人也。"⑧

另一方面，宋太宗继续抑制武将，以免威胁专制统治。宋太宗大量起用亲信主掌枢密院，以保持不生事的状态。如潜邸旧吏张宏任枢密副使，当用兵之际，"循默备位"⑨。潜邸旧吏周莹"居枢近，无他谋略，及莅军旅，历藩镇，功业无大过人者"⑩。到太宗后期，文臣开始掌管枢密院，这为之后的"文臣掌枢密"⑪ 奠定了基础。同时，太宗继续对那些主战将领予以一定程度的排斥。武将呼延赞"有胆勇，骛悍轻率"，并在身上纹刻"赤心

---

① 李焘．续资治通鉴长编：卷三［M］．62．
② 文莹．玉壶清话：卷二［M］．北京：中华书局，1984：19．
③ 江少虞．卷第一：祖宗圣训［M］//江少虞．宋朝事实类苑．上海：上海古籍出版社，1981：3．
④ 江少虞．卷第一：祖宗圣训［M］//江少虞．宋朝事实类苑．上海：上海古籍出版社，1981：19．
⑤ 邓广铭．宋太祖太宗皇位接受问题辨析［M］//邓广铭．邓广铭治史丛稿．北京：北京大学出版社，2010：379．
⑥ 江少虞．卷第二：祖宗圣训［M］//江少虞．宋朝事实类苑．上海：上海古籍出版社，1981：16．
⑦ 钱若水．太宗皇帝实录：卷二六［M］．四部丛刊三编本．上海：上海书店，1985．
⑧ 柳开．与郑景宗书［M］//曾枣庄，刘琳．全宋文：卷一二三，第6册．上海：上海辞书出版社，2006：329．
⑨ 脱脱，等．宋史：卷二六七［M］．北京：中华书局，1977：9218．
⑩ 脱脱，等．宋史：卷二六八［M］．北京：中华书局，1977：9228．
⑪ 李全德．从宦官到文臣：唐宋时期枢密院的职能演变与长官人选［M］．载荣，新江．唐研究：卷一一．北京：北京大学出版社，2005：456．

杀贼"的字样，甚至连家人和奴仆也不例外，尤其是他的儿子们在耳后刺字曰："出门忘家为国，临阵忘死为主"①。然而，他这些违背统治政策的好战行为，遭到了宋太宗的厌恶。到晚年，太宗对于这些驾驭"骄兵悍将"的举措颇为得意，并说："今之牧伯，至于士卒，尽识朕意，苟稍闻愆负，固无矜恕之理，所以人人各务检身也。"② 经过太祖、太宗等帝王多年的努力，唐末以来出现的武将动辄反叛的情况，在北宋王朝一去不复返了。

在重建专制统治秩序的过程中，北宋王朝始终潜移默化地推行"重文抑武"③ 政策。至少有以下几个重要因素对改变以往长期存在的武将集团影响政治传统以及文人论兵活动产生了微妙而复杂的深远影响。

第一，文人士大夫群体在协助统治者打压武将的过程中，逐渐掌握了战略决策权和军事指挥权，"以文驭武"的军事制衡格局形成。在统治者的猜疑和防范下，武将们不得不学会自保，以免遭到政治打击。建隆四年（963），禁军将领杨信突然变成哑巴，反而获得太祖信任，太祖称其为"真忠臣也"④。杨信在临死前又突然说话了，太宗听到这个消息后非常震惊。在这种情形下，武将们几乎丧失了以往的豪气，唯有躲在一边发些牢骚，如悍将曹翰赋诗曰："曾因国难披金甲，不为家贫卖宝刀。"⑤ 更有甚者，对朝廷使者唯命是从，不敢争辩，不敢质疑其身份真伪。秦州节度判官李若愚之子李飞雄，无恶不作，为非作歹，冒充朝廷使者，勒索秦州府的马匹，并以巡边为名，欺压当地武将。在统治者及文官集团的猜疑、防范与打压下，武将的社会地位极为低下。⑥

我们应该看到，在北宋武将群体政治地位下降的同时，文人士大夫群体逐渐成为维护主强臣弱、主尊臣卑的专制统治的重要力量。宋真宗想看望病重的大将高琼，却遭到宰相的阻拦。⑦ 又如，寇準瞧不起武将出身的枢密副使曹利用。当议事不合时，寇準讥讽道："君一武夫耳，岂解此国家大体！"⑧ 当大臣弹劾武将石普为非作歹时，王旦更是落井下石地指责道："普武人，不明典宪，恐恃薄效，妄有生事。必须重行，乞召归置狱。"⑨ 可见统治者的"抑武"心理逐渐被士大夫参透，成为扼杀优秀将领的重要导向。武将狄青因战功卓著受到宋仁宗的擢拔，进入最高统治集团，却遭到文人士大夫群体的不断打击，一场"重文抑武"的政治悲剧由此酿成。正如罗家祥先生所说："名将狄青的悲剧从上演到落下帷幕，始终有一个文臣群体在不断推动和运作。"⑩

通过不断贯彻"重文抑武"政策，文人士大夫群体逐渐取代了武将参与战争决策、指

---

① 脱脱，等. 宋史：卷二七九 [M]. 北京：中华书局，1977：9489.
② 李焘. 续资治通鉴长编：卷三二 [M]. 北京：中华书局，2004：710.
③ 学界对"重文轻武""崇文抑武""重文抑武"等提法进行了深入研究，取得了丰硕成果。主要论著有：邓广铭. 邓广铭治史丛稿 [M]. 北京：北京大学出版社，2010；顾全芳. 重评北宋重文轻武的历史作用 [J]. 学术月刊，1984（4）；陈峰. 宋代军政研究 [M]. 北京：中国社会科学出版社，2010；罗家祥. 宋代政治与学术论稿 [M]. 香港：香港华夏文化艺术出版社，2008. 在以上学术研究的主要提法中，笔者认为罗家祥先生的"重文抑武"之说比较符合宋朝的历史事实，因而在本书中采用该说法。
④ 脱脱，等. 宋史：卷二六○ [M]. 北京：中华书局，1977：9016.
⑤ 脱脱，等. 宋史：卷二六○ [M]. 北京：中华书局，1977：9016.
⑥ 丁传靖. 狄青 [M] //丁传靖. 宋人轶事汇编：卷七. 北京：中华书局，1981：324.
⑦ 脱脱，等. 宋史：卷二八九 [M]. 北京：中华书局，1977：9693.
⑧ 司马光. 涑水记闻：卷七 [M]. 北京：中华书局，1989：132.
⑨ 脱脱，等. 宋史：卷二八二 [M]. 北京：中华书局，1977：9550.
⑩ 罗家祥. 欧阳修与狄青之死——宋代文臣与武将关系的个案考察 [M] //罗家祥. 宋代政治与学术论稿. 香港：香港华夏文化艺术出版社，2008：152.

挥的位置。从宋初的军事行动可以看出，统治者出于对武将猜忌、防范的心理，尝试用文臣参与军事决策、治理军务。雍熙北伐后，文臣开始参与朝廷战争决策与地方治军，干预武将统兵系统。太宗时期，四川的王小波、李顺发动起义，起义军连续攻占多座城池，引起了太宗及朝野的震惊。赵昌言劝说太宗不要放弃四川，并主动要求前往安抚。于是，太宗命赵昌言为川峡五十二州招安行营马步军都部署。到真宗时期，真宗急召大臣商议辽军南侵、李继迁叛乱等军情。枢密使曹彬说："此狂寇，当速发兵诛讨斩决而已，止用强弩若干，步骑若干足矣。"然而，朝廷的军政事务措置多遵从枢密副使向敏中。① 澶渊之盟前后，武将在朝廷参与战争的决策权受到严重限制。宋真宗在以宰相寇准为首的大臣的左右下，做出亲征澶渊的决策。当时，寇准询问策殿前都指挥使高琼："事当奈何，太尉胡不一言？"高琼谨慎地说："相公谋之庙堂，琼何敢与知？"由此可见，武将们除了被统治者及文人士大夫排出战争决策外，还对文人士大夫群体持有恐惧心理，生怕触犯他们，不敢说话。

  宋仁宗即位后，从根本上改变了武将出任都部署统帅军队的体制，将"以文驭武"方针贯彻于各地统军系统之中。② 宋夏战争全面爆发后，许多武将率军作战接连失利，导致宋朝西北边防频现危机。定川寨之战前，韩琦料知大将葛怀敏毫无军事才能，"若取其谋智，则怀敏非夏竦之比；若藉其勇战，则怀敏生平未识偏伍，亦与一书生无异"③。所以，朝廷不得不大量任用文臣兼任都部署，经略西北边防地区，如知庆州范仲淹兼管勾环庆路部署司事、知渭州王沿兼泾原部署司事、知延州庞籍兼鄜延路部署司事。从此，武将沦落至属从地位。诚如刘挚所言："臣窃闻祖宗之法，不以武人为大帅专制一道，必以文臣为经略，以总制之。武人为总管，领兵马，号将官，受节制，出入战守，唯所指麾。"④ 从根本上来说，赵宋统治者重用文人并非因为真正爱其博通古今的才华，而是因为他们认为文人威胁统治的程度比武将低得多。

  总体来看，为了防范武将势力的东山再起，赵宋统治者必须将文人士大夫放在与武将相等或有所超越的地位上，借以达到牵制的目的。只有这样，赵宋统治者才能维护主强臣弱、主尊臣卑的专制统治原则。同样，文人士大夫为了维护其地位，也会不遗余力地推行和贯彻"重文抑武"政策，最终成为统治者掌控局面的棋子。诚如王夫之所说："自赵普之谋行于武人，而人主之猜心一动，则文弱之士亦供其忌玩。"⑤

  第二，科举制、文化教育制度为北宋王朝长期推行和贯彻"重文抑武"政策做了支撑，从客观上抑制了武人从军习武的热情。在"重文抑武"的大环境下，科举制日趋完备，能充分体现公开考试、平等竞争、择优录用的原则，足以选拔出经世致用的人才。⑥ 因此，读书做官几乎成了当时文人必经之路。司马光认为："今之举人，发口秉笔，先论性命，乃至流荡忘返，遂入老庄。纵虚无之谈，骋荒唐之辞，以此欺惑考官，猎取名第。禄利所在，众心所趋，如水赴壑，不可禁遏。"⑦ 宋人尹洙说："状元登第，虽将兵数十万，

---

① 李焘. 续资治通鉴长编：卷四四［M］. 北京：中华书局，2004：945.
② 陈峰. 都部署与北宋武将地位的变迁［M］//陈峰. 宋代军政研究. 北京：中国社会科学出版社，2010：158.
③ 李焘. 续资治通鉴长编：卷一二六［M］. 北京：中华书局，2004：2995.
④ 赵汝愚. 上哲宗论祖宗不任武人为大帅用意深远［M］//赵汝愚. 宋朝诸臣奏议. 上海：上海古籍出版社，1999：724-725.
⑤ 王夫之. 太宗［M］//王夫之. 宋论：卷二. 北京：中华书局，1964：46.
⑥ 张希清. 澶渊之盟新论［M］//张希清，田浩，等. 澶渊之盟新论. 上海：上海人民出版社，2007：329.
⑦ 司马光. 论风俗札子［M］//司马光. 司马温公集编年笺注：卷四五. 李文亮，笺注. 成都：巴蜀书社，2009：123.

恢复幽蓟，逐强虏于穷漠，凯歌劳还，献捷太庙，其荣亦不可及也。"① 可以看出，当时社会上已形成了以通过科举走上仕途为荣、以从军为将为耻的风气。文人王尧臣登第之日，名将狄青还是一个普通士兵。王尧臣"唱名自内出，传呼甚宠，观者如堵。狄公与侪辈数人立于道旁，或叹曰：'彼为状元而吾等始为卒，穷达之不同如此。'狄云：'不然，顾才能何如耳。'闻者笑之"②。又如，文人韩琦出任定州边帅时，把违法的将领焦用抓起来。狄青前去求情，韩琦驳斥道："东华门外以状元唱出者乃好儿，此岂得为好儿耶？"然后当着狄青的面将焦用杀掉，这场面令狄青惶恐不安。韩琦说："总管站好久了。"狄青这才敢离开。此后，狄青做事虽然有所收敛，却未能完全领悟到北宋王朝专制制度的微妙之处。狄青做枢密使时，因家里进水搬到相国寺暂住，他穿着浅黄袄子坐在殿上指挥士卒，后来京师盛传这件事。当他家中起火时，韩琦问救火人："尔见狄枢密出来救火时著黄袄子否？"事后，狄青对别人说："韩枢密功业官职与我一般，我少一进士及第耳。"③ 可见，在北宋专制政治体制运作下，科举制作为一个巨大杠杆，撬动了武将群体的社会政治地位。当时，许多将门子弟为了政治前途，纷纷选择弃武从文。正如苏辙所说："今之武臣，其子孙之家往往转而从进士矣。"④

在文化教育方面，文人士大夫协助统治者倡导诵读儒家经书，借此改造武将的知识结构。唐末五代以来，许多武将善于奇门遁甲之术，用它来用兵作战或装神弄鬼。如将领孙行友依靠奇门异术作战，名闻一时。有的武将本身精通这种异术，张永德就是典型的例子。他曾经宴请宾客幕僚，有人来报辽军侵扰管辖境界。张永德用《太白万胜诀》占卜后，告诉宾客："彼虽以年月便利，乘金而来，反值岁星对逆，兵家大忌，必败。"⑤ 不久，部下折御卿前来报捷，于是众人均为他料事如神所叹服。然而，武将研习奇门异术被宋统治者忌惮。宋太宗读"兵法《阴符经》，叹曰：'此诡诈奇巧，不足以训善，奸雄之志也。'至论《道德论》，则曰：'朕每读至兵者不祥之器，圣人不得已而用之，未尝不三复以为规戒。王者虽以武功克敌，终须以文德致治。'"⑥。武将们注意到统治者的"重文"导向后，不再去研读兵书战策，而是努力学习儒家的经典著作。真宗时期，禁军将领冯守信"数以《孝经》《论语》为人进说，人尚以儒者止之"。名将郭逵早年每天怀揣两个饼，在京师苦读《汉书》，"饥即食其饼，沽酒一升饮，再读书。抵暮归，率以为常"⑦。所以，文人杨亿发出了"本朝武人多能诗"之叹。此外，武举、武学已成为北宋君臣贯彻武将习文策略的重要方式。王安石指出，"武举复试墨义，则亦学究之流，无补事"⑧。甚至有些士大夫提出按照儒家的经典著作来培养武将。元祐元年（1086）五月，程颐要求礼部削减"武学"教材中的《三略》《六韬》《尉缭子》等兵书，增添《孝经》《论语》《孟子》《左传》等儒家经书，以便"武勇之士能知义理，比之汉明帝令羽林通《孝经》，唐太宗使飞骑受经，尚未足为迂阔"⑨。由此可见，武将们的尚武思维完全被从科举制中受惠的士大夫阉割，武

---

① 田况.儒林公议[M]//朱易安,傅璇琮,等.全宋笔记：一编五.郑州：大象出版社,2003：88.
② 丁传靖.狄青[M]//丁传靖.宋人轶事汇编：卷七.北京：中华书局,1981：325.
③ 丁传靖.狄青[M]//丁传靖.宋人轶事汇编：卷七.北京：中华书局,1981：324.
④ 苏辙.进策五道[M]//苏辙.苏辙集.北京：中华书局,2004：1298.
⑤ 脱脱,等.宋史：卷二五五[M].北京：中华书局,1977：8917.
⑥ 江少虞.卷第二：祖宗圣训[M]//江少虞.宋朝事实类苑.上海：上海古籍出版社,1981：20.
⑦ 邵伯温.邵氏闻见录：卷八[M].北京：中华书局,1983：83.
⑧ 脱脱,等.宋史：卷一五七[M].北京：中华书局,1977：3680.
⑨ 程颢,程颐.论礼部看详状[M]//程颢,程颐.二程集：河南程氏文集 卷七.北京：中华书局,2004：572.

将也成为不文不武的异类。

第三，通过推行和贯彻"重文抑武"政策，士大夫的现实境况发生了改变，他们成了政治舞台上的主体，树立了以天下为己任的信心，其精神面貌、行为方式等也随之发生了变化。作为从五代走来的文人，他们迫切需要一个稳定的社会环境，以实现其"治国平天下"的儒家理想，恰好北宋统治者推行的"重文抑武"政策，为他们实现理想提供了机遇。因此，在维护王朝长治久安的共同前提下，统治者与士大夫达成了政治合作。特别是在"食君之禄，担君之忧"的儒家思想影响下，士大夫中间涌现出不少杰出的人物。宋人称赞道："国朝祖宗以覆天下，而不右武事。然垂二百年，更夷狄之变者三，皆得人以任其事。景德契丹之变，寇莱公任之；康定元昊之变，范文正公、韩忠献公任之；靖康金虏之祸，比是二者尤巨，而丞相陇西李公亦慨然以身当其变。盖天之佑宋，不于其兵，而于其人。是数君子者之事君，不于其躬，而于其国。其事之济否，则有命与数在焉，要之，皆忠烈英特之士也。"① 这些豪迈之士在"重文抑武"的环境下，以天下为己任，树立了空前的时代使命感和责任感，成为当时士大夫所崇敬的精神榜样。这也对大批士大夫参与谈兵论战起到了不可忽视的启示作用。

首先，文人士大夫的忠君报国意识融入了儒家的政治理想。士大夫以巩固王朝统治的热情，参与北宋专制制度的顶层设计，体现了他们富于时代责任感的追求与认识，从侧面也折射出一种具有前瞻性的政治理想。许多士大夫对收复燕云地区充满信心，"其间英主贤臣欲图收复，功垂成而辄废者三矣，此豪杰之士每每深嗟而痛惜"。著名文人柳开曾打算"结客白万德，使说其酋豪，将纳质定誓，以为内应，掩其不备，疾趋直取幽州"②。无独有偶，文人张咏曾向朝廷表达欲转为武职，带上三千人粮草，"亲募拳勇之士自卫，以备出战"③ 的意愿。到北宋中期，北宋王朝涌现出一大批具有忠君报国意识的士大夫，如韩琦、范仲淹、富弼、司马光、王安石等人。他们意气风发，专注于忠君报国，不以私利伤害国家利益。据记载，"韩魏公（韩琦）作相，温公（司马光）在言路，凡事颇不以魏公为然，魏公甚被他激挠。后来温公作魏公祠堂记，却说得魏公事分明，见得魏公不可及处，温公方心服他。记中所载魏公之言曰：'凡为人臣者，尽力以事君，死生以之，顾事之是非何如耳。至于成败，天也，岂可豫忧其不成，遂辍不为哉！'公为此言时，乃仁宗之末，英宗之初，盖朝廷多故之时也"④。然而，在论兵内容中不适宜地渗入一种儒家的政治理想主义，也是造成北宋文人论兵实效性贬值的重要原因之一。

其次，士大夫具有强烈的政治参与意识。文人通过科举考试步入仕途后，走向不同道路。余靖曾说："近世以诗赋取士，士亦习尚声律，以中其选。署第之后，各图进取，或以吏才成绩，或以民政疚怀，或因簿领之烦，或耽燕私之乐，回顾笔砚，如长物耳。"⑤ 范仲淹曾经劝导士人读书要通古今，"为台谏官，则遇事敢言。出当藩方，则有事敢断，识者知公之事业有源深矣"⑥。可见，以范仲淹为代表的文人士大夫的那种以天下为己任的精神得到了发扬。尤其在关乎文人士大夫的切身利益时，他们会毫不犹豫地提出自己的主

---

① 李纲. 奏议原序 [M]//李纲. 李纲全集：上册. 长沙：岳麓书社，2004：1.
② 王辟之. 渑水燕谈录：卷九 [M]. 北京：中华书局，1981：111.
③ 田况. 儒林公议 [M]//朱易安，傅璇琮，等. 全宋笔记：一编五. 郑州：大象出版社，2003：97.
④ 黎靖德. 朱子语类：卷一〇六 [M]. 北京：中华书局，1986：2653.
⑤ 余靖. 武溪集：卷三 [M]//纪昀，永瑢，等. 文渊阁四库全书. 影印本. 台北：台湾商务印书馆，1986：28.
⑥ 龚鼎臣. 东原录 [M]//龚鼎臣. 丛书集成新编：第11册. 台北：新文丰出版公司，1985：239.

张。程颢与神宗谈论人才问题时，神宗说："朕未之见也。"程颢曰："陛下奈何轻天下？"神宗耸然曰："朕不敢！朕不敢！"① 显然，这跟士大夫群体那种"国家兴亡，匹夫有责"的责任意识有关。②

最后，士大夫普遍具有救亡图存意识，推动了兵学研究的繁荣。在北宋中期内忧外患的严峻形势下，大批文人士大夫受到那种以道自任、胸怀天下和为帝王师的主体精神的感召，凭借着一腔忠君报国的热血，努力攻读兵书战策，深究历代兵法，揭示宋朝军政弊端，从而推动了北宋兵学研究的繁荣。正如苏辙所说："天下既安，先世老将已死，而西寇作难。当此之时，天子茫然反顾，思得奇才良将以属之兵，而终莫可得。其后数年，边鄙日蹙，兵势日急，士大夫始渐习兵。"③ 南宋的晁公武也谈到了这个现象，"仁庙时，天下承平久，人不习兵。元昊既叛，边将数败，朝廷颇访知兵者，士大夫人人言兵矣"④。这场边疆危机促使士大夫逐渐思考救国除弊之策，以实现其忠君报国的抱负。诚如尹洙所说："直谓临国家事，不当更顾身。"⑤ 张载明确提出了"为天地立心，为生民立命，为往圣继绝学，为万世开太平"的志向。李纲发出了为国赴死的豪言壮语："祖宗疆土，当以死守，不可以尺寸与人。"⑥ 而这一切的出现，与北宋王朝长期推行的"重文抑武"政策是密切相关的。

这里并不是为了肯定"重文抑武"政策，而是要通过这个政策看到文人士大夫如何依附在专制主义中央集权体制的大树上，以奴性化方式进行维护专制统治的活动。换言之，他们这种维护专制统治的行为不是凭借着理想主义的儒家道德精神，而是一场以赤裸裸的权力和利益关系为主的政治交易。⑦ 对"重文抑武"政策及"以文驭武"方针所带来的弊端，宋人也有深刻的认识。范仲淹明确指出："皇朝罢节侯，署文吏，以大救其弊，立太平之基。既而四夷咸宾，忘战日久，内外武帅，无复以方略为言。唯文法钱谷之吏，驰骋于郡国，以克民进身为事业，不复有四方之志。一旦戎狄叛常，爰及征讨，朝廷渴用将帅，大患乏人，此文之弊也。"⑧ 显然，在"重文抑武"政策的指引下，北宋王朝一旦遇到战事，长期积累的种种弊端就会暴露出来。

二、"守内虚外"战略与"积弱"的军事态势

前辈学者曾论断："宋朝开国，在中国历史上是稀有的弱国。他冷淡地开国，平静地过日子，弱得开国就没有了力量收复燕云十六州。"⑨ 这并不是说北宋王朝没有收复燕云地区的想法，而是宋朝在数次宋辽战争中均以失败告终，从此缺乏了收复的勇气。除国家政策方针及军事指挥体制等因素制约外，北宋王朝的军事实力也不及处于上升时期的辽国。

---

① 程颢，程颐. 别本拾遗 [M] // 程颢，程颐. 二程集：河南程氏外书 卷七. 北京：中华书局，2004：397.
② 吕变庭. 北宋士大夫的人格特征 [J]. 北方论丛，2005 (2)：70.
③ 苏辙. 进策五道 [M] // 苏辙. 苏辙集：卷七. 北京：中华书局，1990：1298.
④ 晁公武. 郡斋读书志校证 [M]. 上海：上海古籍出版社，1990：634.
⑤ 朱熹. 八朝名臣言行录：卷九 起居舍人尹公 [M] // 朱熹. 朱子全书：第12册. 上海：上海古籍出版社，2002：290.
⑥ 脱脱，等. 宋史：卷三五八 [M]. 北京：中华书局，1977：11242.
⑦ 贾海涛. 北宋"儒术治国"政治研究 [M]. 济南：齐鲁书社，2006：41.
⑧ 范仲淹. 范文正公文集：卷一一 [M] // 范能濬. 范仲淹全集. 南京：凤凰出版社，2004：224.
⑨ 谢鲁. 宋代三百年间之和战问题 [J]. 中国公论，1939 (3)：58.

在宋之前，耶律阿保机统一契丹各部，建立政权后，逐渐使契丹（辽）发展成为北方的军事强国，疆域达到了"东至于海，西至金山，暨于流沙，北至胪朐河，南至白沟，幅员万里"①。因此，五代时期许多有势力的军阀时常与契丹结盟，以便获取更大的政治利益。五代时期著名的军阀石敬瑭为感谢契丹帮助其建立后晋，拱手将燕云十六州送给契丹，这对后来中原王朝的发展产生了深远影响。一是丧失了拖延契丹南下进攻的天然屏障，使后来的中原王朝直接暴露在北方少数民族的铁骑之下。二是对中原王朝的内政产生了深远影响。三是中原王朝失去了实现政治大一统、扩展疆域的机会。正如漆侠先生所说："一些强大的王朝如汉唐，其所以能够同草原民族互争雄长，一是以长城天险为依托，阻御草原民族牧骑南下，以保障中原地区的安全；二是据有一片草原，繁衍马匹，编组为骑兵，主动出击，以机动对机动，以能够支持长期战争的民力为基础，终于战胜对手，成为国势强大之王朝。宋代立国不仅没有像汉唐那样具备上述两个条件，而且长城天险又被契丹占有，国都汴京立处平野，直接暴露在契丹牧骑威胁之下。"② 在这种情况下，北宋王朝建立后，君臣们曾经围绕是"先南后北"还是"先北后南"的统一战略方案展开讨论，经过太祖与大臣们的慎重分析后，他们最终确定了"先南后北"的战略方针，将收复燕云计划让位于结束五代以来的分裂割据局面。据记载：

> 一夕大雪，（赵）普谓上（太祖）不复出矣。久之，闻叩门声异甚，普亟出。则上立雪中，普皇恐迎拜。上曰："已约吾弟矣。"已而，开封尹光义至。即普堂中，设重裀地坐，炽炭烧肉，普妻行酒，上以嫂呼之。普从容问曰："夜久寒甚，陛下何以出？"上曰："吾睡不能着，一榻之外，皆他人家也，故来见卿。"普曰："陛下小天下耶？南征北伐，今其时也，愿闻成算所向。"上曰："吾欲收太原。"普嘿然良久，曰："非臣所知也。"上问其故。普曰："太原当西北二边，使一举而下，则二边患我独当之，何不姑留，以俟削平诸国，彼弹丸黑子之地将何所逃？"上笑曰："吾意正尔，姑试卿耳！"于是用师荆、湖，继取西川。③

可见这个先南后北、先易后难的战略方案，是太祖和大臣们经过深思熟虑才制定出来的。这也比较符合当时的实际情况，避免了宋朝先占领北汉而过早地与辽国形成对峙，一旦如此，胜负的结果将是难以预料的。而北宋暂时的妥协无疑是一种处理统一战争矛盾的上策，这也完全符合兵法中"上兵伐谋，其次伐交"的基本原则。

随着统一战争的顺利进行，宋太祖曾数次打算收复燕云地区，却因大臣们的竭力劝说而放弃。据记载，"太祖一日以幽、燕地图示中令（赵普），问所取幽、燕之策。中令曰：'图必出曹翰。'帝曰：'然。'又曰：'翰可取否？'中令曰：'翰可取，孰可守？'帝曰：'以翰守之。'中令曰：'翰死孰可代？'帝不语，久之，曰：'卿可谓远虑矣。'帝自此绝口不言伐燕"④。根据当时的情况，赵普的意见是比较合理的。如果宋太祖直接冒险北伐，所带来的后果很难确定，毕竟当时宋军还处于统一战争进程中，难以实行南北两线作战。不过，太祖对契丹的实力有清醒的认识，所以采取了和平的赎买手段，解决了燕云地区的领土遗留问题。据记载，"太祖初削平诸伪国，得其帑藏金帛，以别库储之，曰'封桩库'，

---

① 脱脱，等.辽史：卷三七 [M].北京：中华书局，1974：438.
② 漆侠.宋太宗第一次伐辽：高梁河之战——宋辽战争研究之一 [J].河北大学学报（哲学社会科学版），1991（3）：2.
③ 李焘.续资治通鉴长编：卷九 [M].北京：中华书局，2004：204-205.
④ 邵伯温.邵氏闻见录：卷六 [M].北京：中华书局，1983：53.

本以待经营契丹也。其后三司岁终所用，常赋有余，亦并归之。尝喻近臣，欲候满三五百万，即以与契丹，以赎幽、燕故土；不从，则为用兵之费，盖不欲常赋横敛于民"①。当和平手段无法实现时，宋太祖可能会凭武力夺回辽国控制的燕云地区。

从客观上来说，太祖和大臣们采取的是一种以退为进的防守战略，他们在观察辽国的军事动向，等待时机一举收复燕云地区。然而，太祖遽然离世，其弟赵光义继位后，抛弃了先前的和平赎买方案，选择以武力收复燕云地区。当时，宋太宗高估了自己的实力，急于树立个人威望，捞取政治资本。太宗即位初，对齐王赵廷美说："太原我必取之！"② 等平定北汉后，他力排众议独取燕云，唯有大将曹翰支持，并说："所当乘者势也。不可失者时也，取之易。""上谓然，定议北伐。"③ 数次北伐，宋朝均以失败而告终。事后，宋太宗辩解道："治国在乎修德尔，四夷当置之度外。朕往岁既克并、汾，观兵蓟北，方年少气锐，至桑干河，绝流而过，不桥梁。往则奋锐居先，还乃勒兵殿后，静而思之，亦可为戒。"④ 可见，宋太宗反思了这些军事冒险行动后，开始将注意力转向内政治理，这是军事态势的一种转变，即从进攻性态势变为战略防御态势。他之所以专注于战略防御态势即"守内虚外"战略的构建，主要有三点原因。其一，他需要清除宗室潜在的皇位继承威胁。在北伐中发生了将领拥立太祖之子赵德昭事件。其二，文武大臣消极地对待北伐战争，使得朝廷里弥漫着厌战情绪。开国功臣赵普说："兵久则变生，此不可不深虑也。"宰相李昉等人劝说太宗要"弭边尘"。而先前主张兴兵讨伐的张洎更是抛出了不如"唯与之（辽）通好"的言论。更有甚者，如赵孚提出了"欲望朝廷通达国信，近鉴唐高祖之降礼，远法周古公之让地"⑤ 的建议。在北伐前后，文臣们的这种"避战""求和"态度已成为一种主流意识，直接影响着宋太宗以后的战略决策。除文臣外，武将们也带有厌战情绪。北伐战争中，骁将曹翰的部下在掘土时发现蟹，他不但没有利用此事鼓舞士气，反而对他们说："蟹，水物而陆居，失其所也。且多足，敌救将至之象。又蟹者，解也，其班师乎！"⑥ 显然，武将们早已对辽军产生了畏惧感。其三，长期的战争给国内人民带来了沉重的负担，各地抗议不断，直接威胁着新生的政权。其实，"中原王朝的汉族统治者最头疼的是治理百姓和应付自然灾害（旱涝中疫），由于皇朝直接治理的人口十分庞大，征调农民组成的军队需要耗费大量国库资源，所以除了几个开国皇帝外，大多不愿对外用兵"⑦。从此，北宋君臣们失去了独立恢复燕云的底气，在心理上对辽国产生了畏惧感，被迫从先前的战略进攻转向消极防御，即"来则备御，去则勿追为要略"⑧，竭力避免因直接与辽军发生大规模战争，而出现亡国的风险。这一点也标志着北宋君臣们已彻底下定决心，"采取坚守防御主和的这一对辽政策"⑨。在这种政策的影响下，直到景德元年，宋辽签订了屈辱的澶渊盟约，才结束了长期战争的局面。这意味着，北宋失去了收复燕云地区这一天然屏障的机会，其北部边防长期暴露在辽军的铁骑之下，北宋变成了惊弓之鸟，每年不得不花费大量

---

① 叶梦得. 石林燕语：卷三［M］. 北京：中华书局，1984：33.
② 李焘. 续资治通鉴长编：卷二〇［M］. 北京：中华书局，2004：442.
③ 脱脱，等. 宋史：卷二六〇［M］. 北京：中华书局，1977：9026.
④ 李焘. 续资治通鉴长编：卷三四［M］. 北京：中华书局，2004：758-759.
⑤ 脱脱，等. 宋史：卷二八七［M］. 北京：中华书局，1977：9656.
⑥ 李焘. 续资治通鉴长编：卷二〇［M］. 北京：中华书局，2004：457.
⑦ 王桐龄. 中国民族史［M］. 长春：吉林出版集团有限责任公司，2010：15.
⑧ 脱脱，等. 宋史：卷二六七［M］. 北京：中华书局，1977：9211.
⑨ 王晓波. 宋太宗雍熙北失败后的对辽策略［M］//王晓波. 宋辽战争论考. 成都：四川大学出版社，2011：78.

人力、物力"防秋"。

除了河北、河东等地区有军事压力外，北宋王朝还要应对西北地区的军事压力。起初，北宋对西北党项、吐蕃等政权的发展掉以轻心，认为其不足为患。党项族首领李继迁率部族叛宋，也并未引起朝廷的足够重视。宋太宗派大将李继隆、袁继忠、田仁朗等率军讨伐，迫使李继迁投靠了辽国。面对西北地区的严峻局势，太宗再次派河西行营都部署李继隆率大军征讨，俘获李继迁的母亲及其部众。太宗想杀掉李继迁的母亲来震慑李继迁，却遭到宰相吕端的反对，他说："昔项羽得太公，欲烹之，高祖曰：'愿分我一杯羹。'夫举大事不顾其亲，况继迁悖逆之人乎？陛下今日杀之，明日继迁可擒乎？若其不然，徒结怨仇，愈坚其叛心尔。"太宗曰："然则何如？"端曰："以臣之愚，宜置于延州，使善养视之，以招来继迁。虽不能即降，终可以系其心，而母死生之命在我矣。"太宗抚髀称善，曰："微卿，几误我事。"① 北宋君臣对李继迁采取的妥协政策，给党项政权的成长壮大提供了契机。在北宋君臣忙于是否征讨李继迁而展开辩论之际，李继迁抓住时机，继续围困灵州。灵州是北宋控扼西北的重地，对宋、夏双方都具有十分重要的战略意义，② 因此宋太宗在权衡利弊后，决定固守灵州，这才解除了危机。咸平五年（1002），李继迁再次趁北宋君臣犹豫不决之际，攻占灵州，改其为西平府，这为西平府后来成为西夏王朝的都城奠定了基础。经过党项首领李继迁、李德明等人的多年经营，到李元昊称帝时，西夏疆域辽阔，幅员千里，与辽国"复相交构，夹困中国"③，迫使北宋不得不防御来自西北的强大军事力量。如果西夏突破陕北、关中地区这道防线，整个中原地区及宋朝都城开封就会完全暴露在西夏的铁骑之下，北宋王朝将疲于应付这个劲敌。

从威胁程度上来看，辽国对北宋的威胁程度远大于西夏，毕竟辽国既具有强大的军事实力，又有进军中原地区的野心（至少在宋人看来）。西夏虽实力不如辽国，却让北宋疲于应付，使其被迫长期重兵屯驻西北，增加了国内负担。余靖曾说："臣观今天下，自西陲用兵以来，国帑虚竭，民间十室九空。""天下之民，皆厌赋役之烦。不聊其生，至有父子夫妇携手赴井而死者，其穷至矣。"④ 对于西夏而言，其不但无法撼动北宋的专制统治，通过战争掠夺到的财富，也无法弥补其国内的损失。另外，北宋长期的经济封锁，使西夏丧失了以往宋朝所赐的岁币、茶、绢等物品，还失去了榷场、盐类的贸易收入。景德初年，李继迁兵败，为潘罗支射伤，自度孤危且死，告诉其子李德明归顺宋朝，并说："一表不听则再请，虽累百表，不得请勿止也。"⑤ 李继迁死后，李德明归顺宋朝，其根本目的，在于向宋朝索取经济利益，然后腾出手来征服四周蕃部，开拓疆域。对于北宋来说，其通过赠予西夏金帛岁币，换取西北边疆安全，以掩饰其长期因一味姑息而造成的严重后果。直到仁宗时期，李元昊称帝后，这种短暂和平的局面才被打破。从此，北宋陷入与西夏等周边民族政权的战争泥潭里无法自拔，赵宋王朝长期处于被动挨打的局面。众所周知，北宋王朝在军事上所暴露的这些弱点，正是逐渐积累而成的，且变得日益严重起来，最终形成了这种边防上"积弱"的军事态势。

---

① 脱脱，等.宋史：卷二八一 [M].北京：中华书局，1977：9515.
② 李蔚.略论北宋初期的宋夏灵州之战 [J].宁夏社会科学，1992 (6)：56.
③ 范仲淹.范文正公尺牍 [M] //范能濬.范仲淹全集.南京：凤凰出版社，2004：586.
④ 李焘.续资治通鉴长编：卷一五〇 [M].北京：中华书局，2004：3633-3634.
⑤ 脱脱，等.宋史：卷二八二 [M].北京：中华书局，1977：9555.

首先，宋朝与辽夏的历次战争中，以宋战败居多，宋不得不选择签订屈辱的和约，交纳大量的金帛岁币，来换取苟且偷安的和平环境。虽然这些和约给双方人民带来了和平，但也使北宋朝君臣们形成了一种不思进取的苟安心理。① 只要遇到战争恐吓或直接威胁，他们首先寄望于和谈，并对用金钱买平安抱有很大的幻想。庆历元年（1041）十月，辽国陈兵于北宋边境，欲索取关南地区。朝廷马上想到的是派出使者前往媾和，而不是积极备战解决问题。宋仁宗派富弼出使辽国，和谈中同意向辽国增加岁币二十万。辽国虽然没有侵略北宋，但是这次增币事件助长了它以后向北宋勒索的野心，也让我们清楚地看到北宋已经丧失了对辽言战的勇气。清人王夫之针对这种情况指出："宋之君臣，可以虚声恐喝而坐致其金缯，姑以是胁之，而无俟于战也。则挟一索赂之心以来，能如其愿而固将引去，虏主之情，将士之志，三军之气，胥此焉耳矣。"②

其次，北宋边境守军处于有防无备的状态，其唯恐被辽夏抓到口实，借此挑衅，故而对军队调动、训练及城池修缮等备战措施置之不顾。随着澶渊之盟的缔结，北宋王朝越来越暴露出严重的边防弊端，这引起了许多士大夫的批评。富弼批评澶渊之盟："当国大臣论和之后，武备皆废。以边臣用心者，谓之引惹生事；经缙绅虑患者，谓之迂阔背时。大率忌人谈兵，幸时无事，谓敌不敢背约，谓边不必预防，谓世常安，谓兵永息。恬然自处，都不为忧。"③ 当时朝廷主和派不但不整军备战，反而压制主战力量，致使宋军的战斗力衰弱。对夏战争时，宋军久不经战阵的弊端暴露无遗，"沿边屯戍骑兵，军额高者无如龙卫，闻其间有不能披甲上马者；况骁胜、云骑、武骑之类，驰走挽弓，不过五六斗，每教射皆望空发箭，马前一二十步即已堕地。以贼甲之坚，纵使能中，亦不能入，况未能中之！"④ 在兵无强兵、将无良将的情况下，宋真宗感叹道："将帅才难。今文武中固亦有人，盖不经战阵，无由知之。虽天下无事，然兵不可去，战不可忘，古之道也。"⑤ 天圣七年（1029），宋仁宗说："近边内地州郡，多是儒臣知州，边事武略，安肯留意。"⑥ 但是，北宋统治集团明知兵将懦弱无能、久不经战阵的弊端，却缺乏整军备战的勇气。

最后，为了防范辽夏撕毁条约后的战争风险，朝廷不得不花费大量人力、物力、财力来供给边防军队，这造成国家财政匮乏，人民负担加重，暴露了北宋长期执行"守内虚外"战略所带来的"积弱"弊端。造成这种"积弱"的军事态势，不是因为北宋的综合国力弱于辽、夏等周边民族政权，而是因为其军事实力的运用方面出现了问题，如"重文抑武""守内虚外""强干弱枝"等政治、军事政策制约其军事实力发挥。对此，司马光一针见血地指出："切见国家所以御戎狄之道，似未尽其宜。当其安靖附顺之时，则好与之计校末节，争竞细故，及其桀傲暴横之后，则又从而姑息，不能深讨。是使戎狄益有轻中国之心，皆厌于柔服，而乐为背叛。"⑦ 显然，消极的国防战略直接造成北

---

① 陶晋生. 宋辽间的平等外交关系：澶渊盟约的缔订及其影响［M］//陶晋生. 宋辽关系史研究. 北京：中华书局，2008：29.
② 王夫之. 宋论：卷三［M］. 北京：中华书局，1964：61.
③ 赵汝愚. 上仁宗河北守御十三策［M］//赵汝愚. 宋朝诸臣奏议：下. 上海：上海古籍出版社，1999：1501.
④ 赵汝愚. 上仁宗兵策十四事［M］//赵汝愚. 宋朝诸臣奏议：下. 上海：上海古籍出版社，1999：1469.
⑤ 李焘. 续资治通鉴长编：卷七三［M］. 北京：中华书局，2004：1660.
⑥ 李焘. 续资治通鉴长编：卷一〇八［M］. 北京：中华书局，2004：3513.
⑦ 赵汝愚. 上英宗乞戒边臣阃略细故［M］//赵汝愚. 宋朝诸臣奏议：下. 上海：上海古籍出版社，1999：1522.

宋长期处于"积弱"的军事态势，这在客观上也为北宋文人论兵的勃兴、发展提供了条件。

综上所述，经过北宋初期的专制主义中央集权统治秩序重建，赵宋王朝虽然成功地避免了唐末五代以来的短命危机，却造成了长期"积贫积弱""内忧外患"的局面。而赵宋王朝奉为圭臬的"重文抑武""守内虚外"等治国方略，就是造成这一局面的背后推手。更重要的是，这些治国方略一直到北宋灭亡之前，仍旧没有多大改变。一群具有强烈的国家、民族使命感的文人士大夫即使对此做出了相应的改革，也基本上沿袭了北宋立国的历史特点及其维护专制统治的根本目的。

第二章 北宋主流意识支配下的文人战争论
——以宋与周边民族政权的战争为例

众所周知,在与周边民族政权的战争中,北宋陷入长期被动挨打的局面。为了扭转这种局面,许多文人积极地投入到战争研究及其实践中,围绕和战、攻守等基本问题展开了深入探讨,对宋与周边民族政权的战争产生了深远影响。而造成北宋被动挨打局面的根源,除了当时复杂的外部环境,还有宋王朝长期推行和贯彻的"重文抑武"政策以及"守内虚外"消极防御策略。正因如此,文人论兵思维及内容受制于朝廷的政治生活,其战争研究必定会与专制制度结合起来,服务于北宋王朝的统治。诚如克劳塞维茨所说的:"一切战争都可看作政治行为。"① 因此,本章拟在北宋专制政治体制的基础上,探讨文人士大夫对战争的态度和战略观念等问题,并进行较为系统、全面的论述。

一、主流意识支配下的文人战争观

自宋初以来,文人士大夫积极参与制定种种对外的政策方针,留下了很多关于他们对待战争态度与战争策略的议论,这些议论广泛分布于各种材料中。我们在对这些材料进行梳理时发现,文人士大夫多倾向于用"避战求和"的策略应付外患,反对轻易开战,这对北宋战略政策的制定起到了不容忽视的作用。因此,本节将综合分析北宋士大夫、学者及一般文人对战争的理解,② 了解他们对战争的基本态度。

(一) 宋初文人的战争观

自唐末以来,藩镇割据,外族入侵,中原地区陷入长期的动荡之中。在这种情况下,

---

① 克劳塞维茨. 战争论:第一卷 [M]. 中国人民解放军军事科学院,译. 北京:解放军出版社,2012:27.
② 不少前辈学者偏重于从文人士大夫的角度研究有关宋辽、宋夏战争的论著,如陈芳明. 宋初弭兵论的检讨(960—1004)[M] //宋史座谈会. 宋史研究集:第九辑. 台北:国立编译馆中华丛书编审委员会,1977;李涵. 论范仲淹御夏战争中的贡献 [C] //邓广铭,郦家驹,等. 宋史研究论文集. 郑州:河南人民出版社,1984;王明荪. 宋初的反战论 [C] //邓广铭,漆侠. 国际宋史研讨会论文选集. 保定:河北大学出版社,1992;周连弟. 富弼与北宋的御夏政策 [J]. 西北史地,1999 (2);杨胜宽. 苏轼与司马光军事思想异同论 [J]. 乐山师范学院学报,2011 (1);王军营. 北宋主流军事思想与兵学发展分流问题浅淡 [J]. 华夏文化,2008 (2);陈峰. 宋代军政研究 [M]. 北京:中国社会科学出版社,2010;王晓波. 宋辽战争论考 [M]. 成都:四川大学出版社,2011.

恢复和平统一便成为时代的迫切需求。① 面对这个历史任务，后周大将赵匡胤把握时机，建立赵宋政权，终结了长期军阀混战的局面。在这个时期，通过战争手段解决领土争端的意识在朝廷中一直占据着主导地位。随着统一战争的开展，武将们频繁地主张通过战争手段攻取燕云地区。太祖向赵普出示了大将曹翰进献的攻取幽州战略图，却遭到赵普的强烈反对。② 开宝二年（969）五月，太祖派兵攻打北汉，遭到辽军阻拦，战事一度紧张。于是，太祖下诏，令文武大臣言事。太常博士李光赞明确反对通过武力收复北汉，"蕞尔晋阳，岂须亲讨！重劳飞挽，取怨黔黎，得之未足为多，失之未足为辱"③。赵普从"先南后北"的战略出发，认为"太原当西北二边，使一举而下，则二边患我独当之，何不姑留，以俟削平诸国，彼弹丸黑子之地，将何所逃"④。太祖在文臣们的反对下，被迫放弃此役。这时期，士大夫在政治舞台上的声音很弱，却表现出慎战的态度，对于想实现政治大一统的统治者来说，慎战的声音往往很难获得支持。

太宗即位后，继承了太祖未竟的统一事业。在太平兴国四年，他有意亲征北汉，武将曹彬说："国家兵甲精锐，人心忻戴，若行吊伐，如摧枯拉朽耳。"⑤ 曹彬的言论更坚定了太宗决心。随着宋军顺利收复北汉，太宗听从武将曹翰的建议，放弃先前制定的统一战略方针，致使收复燕云地区失败。随着对辽战争的接连失败，文人士大夫偃武休兵的言论高涨，其中包括缓师、主守、主和等观点，⑥ 这些观点无不反映出他们不赞成对辽使用武力的一番苦心。文臣李昉等人主张暂时停止战争，"严敕边郡，广积军储，讲习武经，缮修攻具，俟府藏之充溢，泊闾里之完富"⑦。张齐贤从"慎战"角度出发，认为宋朝应暂停战争，等其国力强于辽国后，辽国自然会屈服。

> 圣人举事，动在万全，百战百胜，不若不战而胜。若重之慎之，戎虏不足吞，燕蓟不足取。……臣闻家六合者，以天下为心，岂止争尺寸之事，角戎狄之势而已。是故圣人先本而后末，安内以养外。人民，本也，戎狄，末也……此以德怀远，以惠利民，则幽燕窃地之丑，沙漠偷生之虏，擒之与屈膝，在术内尔。⑧

李至则从战争风险出发，大谈"兵者凶器，战者危事，用之之道，必务万全"之论，警示太宗亲征燕云地区存在的风险，理由是：

> 若乃远提师旅，亲抵边陲，北有契丹之虞，南有中原之虑，则曳裾之恳切断鞅之狂愚。⑨

无论如何，这些文人士大夫还是从维持北宋长治久安方面考虑的。雍熙三年（986），赵普劝说太宗停战："陛下非次兴兵，恐因偏听，其奈人多献佞，事久防微。大凡小辈，

---

① 张家驹. 张家驹史学文存[M]. 上海：上海人民出版社，2010：213.
② 邵伯温. 邵氏闻见录：卷六[M]. 北京：中华书局，1983：53.
③ 李焘. 续资治通鉴长编：卷十[M]. 北京：中华书局，2004：224.
④ 李焘. 续资治通鉴长编：卷九[M]. 北京：中华书局，2004：204.
⑤ 脱脱，等. 宋史：卷二五八[M]. 北京：中华书局，1977：8981.
⑥ 陈芳明. 宋初弭兵论的检讨（960—1004）[M]//宋史座谈会. 宋史研究集：第九辑. 台北：国立编译馆中华丛书编审委员会，1977：63.
⑦ 赵汝愚. 上太宗谏北征[M]//赵汝愚. 宋朝诸臣奏议：下. 上海：上海古籍出版社，1999：1416.
⑧ 赵汝愚. 上太宗论幽燕未下当先固根本[M]//赵汝愚. 宋朝诸臣奏议：下. 上海：上海古籍出版社，1999：1417.
⑨ 脱脱，等. 宋史：卷二六六[M]. 北京：中华书局，1977：9176.

各务身谋，谁思国计？或承宣问，皆不实言，尽解欺君，尝忧败事？得之则奸邪获利，失之则社稷怀忧。"① 可见，赵普所关心的正是"事久防微""社稷怀忧"等长治久安的问题，而不是北伐战争的胜败结果。雍熙北伐后，朝廷上弥漫着消极的弭兵言论，这种言论不仅影响了主战者的决心，也迫使太宗做出了下"罪己诏"的决定。对于太宗来说，不仅是关心生灵涂炭、劳民伤财等问题，更是担心"兵久生变"的危机。从此，太宗君臣把防范内部"奸邪"的问题放在突出地位，②对外放弃以武力收复燕云的目标，停止拓边的活动，其军事思想转向保守，积极防御的战略被消极的战略所取代。③

此后，朝廷一遇到边患问题，文人士大夫就表现出怀疑、抵触战争的态度。端拱二年（989），宋太宗下诏令文武大臣商讨备边御戎之策。宰相李昉援引汉、唐故事，"深以屈己修好、弭兵息民为言，时论称之"。户部郎中张洎则从主战转为极力劝说太宗少动干戈，"备御之术，简册具存。或度塞以鏖兵，或和亲而结好，或诱部落以分其势，或要盟誓以固其心，谋议纷纭，咸非得策"④。知制诰田锡提出："欲理外，先理内，内既理则外自安。"⑤ 言外之意，在"内"与"外"权衡之下，政权与皇位的安定是当时的首要目标。王禹偁也认为朝廷应"在外任期，而内修其德"⑥。以李昉为代表的文人士大夫抵触战争的态度被"时论称之"，显然已成为朝廷的主流意识。正因如此，在太宗末年，党项李继迁叛宋，长期围攻灵州。许多文人士大夫延续先前对辽的反战思路，主张以羁縻、姑息为主，影响了统治者的决策，但这并没能换来李继迁的诚心归附。应当说，至此士大夫勿求生事的避战意识在朝廷上下占据了主导地位。

到了真宗时期，面对辽军咄咄逼人的形势，士大夫基本上贯彻了以往"守内虚外"的避战思路。以陈尧叟、王钦若为代表的大多数文人反对宋真宗亲征澶渊，这已成为朝野上下避战求和的主流意识，最后出现了"惟寇準劝亲征"的情形。在这种避战求和的主流意识影响下，宋真宗与大多数文人士大夫无意坚守抗战，抓住宋军战胜、辽国主动求和的机会，以付出经济代价的方式，达成了澶渊之盟。我们通过澶渊之盟后的各种言论发现，士大夫显然从议和中获得了一种以金帛赎买和平的启示。富弼曾称赞澶渊之盟带给北宋的好处，"几四十年不识干戈。岁遗差优，然不足以当用兵之费百一二焉。则知澶渊之盟，未为失策"⑦。这也是太宗以来边防战略转变后朝廷及士大夫主流意识下的现实选择。有些士大夫虽然认为澶渊之盟为城下之盟，反对议和政策，但是不能主导朝廷的政治走向。在某种程度上，澶渊之盟达成了维持赵宋王朝的"祖宗基业，不敢失坠"⑧的目标。宋真宗曾对大臣们说："北狄自古为患，倘思平愤恚，尽议歼夷，则须日寻干戈，岁有劳费。今得其畏威服义，息战安民，甚慰朕怀。"⑨ 显然，真宗很满意澶渊之盟的结果，从此"知兵革

---

① 赵汝愚. 上太宗清班师 [M] //赵汝愚. 宋朝诸臣奏议：下. 上海：上海古籍出版社，1999：1421.
② 漆侠. 宋太宗雍熙北伐——宋辽战争研究之二 [J]. 河北学刊，1992（2）：87.
③ 王晓波. 宋太宗雍熙北伐综评 [M] //王晓波. 宋辽战争论考. 成都：四川大学出版社，2011：61.
④ 李焘. 续资治通鉴长编：卷三〇 [M]. 北京：中华书局，2004：666.
⑤ 李焘. 续资治通鉴长编：卷三〇 [M]. 北京：中华书局，2004：678.
⑥ 李焘. 续资治通鉴长编：卷三〇 [M]. 北京：中华书局，2004：672.
⑦ 赵汝愚. 上仁宗河北守御十三策 [M] //赵汝愚. 宋朝诸臣奏议：下. 上海：上海古籍出版社，1999：1501.
⑧ 李焘. 续资治通鉴长编：卷五八 [M]. 北京：中华书局，2004：1288.
⑨ 李焘. 续资治通鉴长编：卷五八 [M]. 北京：中华书局，2004：1293.

不用，乃圣人本心，自是绝口不谈兵矣"①。在他的影响下，士大夫反对通过战争解决冲突的主张长期占据着朝廷的主导地位，成为朝廷的主流意识，并有意引导社会意识的趋向。②

在这一时期，随着北宋王朝的战略重心转移，士大夫对通过武力解决冲突的态度发生了改变。现取其要者列举如下：

第一，朝廷制定的消极防御战略改变了文人对武力解决冲突的态度。雍熙北伐失败后，为了加强对辽军骑兵突袭的防御，宋廷支持文人孙士龙提出的在河北平原地带修筑防御工程的建议，"令缘边作方田，已颁条制，量地里之远近，列置寨栅，此可以限其戎马而大利我之步兵也。虽使彼众百万，亦无所施其勇"③。澶渊之盟签订后，宋真宗与大臣们忙于"神道设教"的造天书、封禅大典等活动，无暇顾及边防军事防御举措。大中祥符元年（1008）八月癸丑，辽国频繁调动兵马，这引起了河东边民的恐慌。宋真宗却说："近北面亦言戎人闻国家东封，调发辇运，虑因行讨伐，率众坚壁，以打围为名，巡逻境上。且朝廷自与之修好，固无衅隙，若闻其疑扰，即骤增防兵，彼必愈致猜虑。"于是，他下诏令"边臣率如常制，不得生事"④。从此，北宋王朝"武备皆废，以边臣用心者谓之引惹生事，以缙绅虑患者谓之迂阔背时。大率忌人谈兵"⑤，这也对文人论兵产生了消极影响。

第二，朝廷屡屡禁止人们私习兵书，在防范武将谋反的同时，也限制文人谈兵论战的活动。对于统治者来说，私习兵书、天文等术就是犯了他们造谣起家的禁忌。⑥ 开宝八年（975）九月，名人宋惟忠弃市，"坐私习天文，妖言利害，为其弟惟吉所告故也"⑦。太平兴国二年（977）十月甲戌，朝廷禁止民间私习天文相术、六壬遁甲、三命及阴阳等术。⑧ 除重典外，统治者通过语言、行为引导人们放弃谈兵论战。据说，太宗读兵法《阴符经》，感叹道："此诡诈奇巧，不足以训善，奸雄之志也。"⑨ 可见统治者借贬低兵书的手段来压制人们谋反的企图，以达到稳定统治的目的。景德三年（1006）四月己亥，朝廷禁止私习天文、兵书等。⑩ 在专制统治的高压之下，文人很少关注兵事等问题，更不用说研究兵学了。咸平五年（1002），代州进士李光辅因擅长击剑，而遭到真宗批评："若奖用此，民间悉好剑矣。"⑪ 景德初，张宗诲献《安边议》，希望参加武足安边科的考试，却未被朝廷批准。⑫ 不难看出，北宋王朝禁止私习兵书的行为，导致士大夫的论兵活动受到严重限制，进而不利于兵学的发展。

第三，朝廷排斥和打击主战派，大力宣扬"偃武修文"论调，使社会上弥漫着厌战、避战的气息。在这种主流意识支配下，朝廷不但把国家武备建设的责任抛到一边，而且无情地排斥和打击主战派。端拱初期，布衣翟马周击登闻鼓，弹劾李昉身居宰相之位，却

---

① 曹彦约.经幄管见：卷一[M]//纪昀，永瑢，等.文渊阁四库全书.影印本.台北：台湾商务印书馆，1986：36.
② 陈峰.宋代军政研究[M].北京：中国社会科学出版社，2010：27.
③ 徐松.宋会要辑稿：第8册[M].北京：中华书局，1957：7248.
④ 李焘.续资治通鉴长编：卷六九[M].北京：中华书局，2004：1557.
⑤ 赵汝愚.上仁宗河北守御十三策[M]//赵汝愚.宋朝诸臣奏议：下.上海：上海古籍出版社，1999：1501.
⑥ 顾吉辰.论后周末年的一场政治谣言——兼论赵匡胤上台[J].学术月刊，1994（4）：74-79.
⑦ 李焘.续资治通鉴长编[M].北京：中华书局，2004：346.
⑧ 佚名.政事五十一禁约上[M]//司义祖.宋大诏令集：卷一九八.北京：中华书局，1962：731.
⑨ 江少虞.卷第二：祖宗圣训[M]//江少虞.宋朝事实类苑.上海：上海古籍出版社，1981：20.
⑩ 佚名.政事五十二禁约下[M]//司义祖.宋大诏令集：卷一九九.北京：中华书局，1962：734.
⑪ 李焘.续资治通鉴长编：卷五二[M].北京：中华书局，2004：1131.
⑫ 尹洙.故金紫光禄大夫秘书监致仕上柱国清河县开国子食邑六百户食实封一百户张公墓志铭[M]//曾枣庄，刘琳.全宋文：卷五八二，第28册.上海：上海辞书出版社，2006：114.

"当北方有事之时，不为边备，徒知赋诗宴乐"。贾黄中也是"及知政事，卒无所建明"，并告诉太宗："臣职典书诏，思不出位，军国政事，非臣所知。"有些文武兼备的文人，往往受到老成持重的文臣排斥、打击。宰相李昉"和厚多恕，不念旧恶，在位小心循谨，无赫赫称"①。针对真宗"治道何为先"的问题，李沆认为，"不用浮薄新进喜事之人，此最为先"，"如梅询、曾致尧等是矣"②，或"性卞急好进"、"喜言兵"③、"所言刻薄不可行"④等。这一类急于进取的人物，正是李沆所警惕的可能以"生事"破坏祖宗"故事"之人。当王旦有意事功时，李沆批评道："少有忧勤，足为警戒。他日四方宁谧，朝廷未必无事。"此时，李沆担心"边患既息，恐人主渐生侈心耳"，又"不留意声色犬马，则土木、甲兵、祷祠之事作矣"⑤。从李沆的言行可以看出，他对皇帝异常的统治政策的担忧，但又反映了文人士大夫抵制"生事"、严守"防制"的一种主流意识。当时，重文政策为士大夫竭力提倡，统治者也因此对文人士大夫群体的依赖程度进一步加深。

值得注意的是，这一时期朝廷虽然为厌兵的主流意识所左右，但仍有一批文人专注于谈兵论战。例如，柳开、陈贯、何蒙、李垂、许洞、张宗海、毛文捷⑥等人对社会上流行的"和戎为利""息战以安人"及"穷兵黩武"等思想有着强烈抵触。柳开自称"少知兵略，识吴起、孙武之机钤"⑦。雍熙北伐时，他认为建功立业的机会来了，自愿转为武职。安阳人陈贯喜言兵，"有异节，通孙、吴诸兵法，喜议边事"⑧。党项李继迁发动叛乱后，陈贯愤慨地说："吾四十年为国家论边事，会天下久承平，谋讫不用。今老且病，忠力不效，岂非命耶？"⑨ 何蒙献上所著十卷《兵机要类》，被朝廷任命为鄂州知州。⑩ 李垂，咸平中进士第，向朝廷献所撰《兵制》《将制书》。⑪ 卢察景德初中进士，因受其父卢多逊罪名的连累，始终没有获得朝廷重用，故而只好埋头著书，作《孙子注》三卷。⑫ 许洞"幼习弓矢击刺之伎"，咸平三年中进士，解褐雄武军推官。景德二年（1005），许洞为应制举考试，撰写《虎钤经》二十卷，却"以负谴报罢"⑬。无独有偶，张宗海以献《安边议》为由，要求参加武足安边科考试，却遭到朝廷拒绝。⑭ 事实上，在统治者与朝廷关注点转移的情况下，这些论兵文人的政治前途受到严重影响，他们行使政治信念的依据以及建设统

---

① 脱脱，等．宋史：卷二六五 [M]．北京：中华书局，1977：9138.
② 脱脱，等．宋史：卷二八二 [M]．北京：中华书局，1977：9538.
③ 脱脱，等．宋史：卷三〇一 [M]．北京：中华书局，1977：9985.
④ 脱脱，等．宋史：卷四四一 [M]．北京：中华书局，1977：13050.
⑤ 脱脱，等．宋史：卷二八二 [M]．北京：中华书局，1977：9539.
⑥ 曾敏行．独醒杂志：卷二 [M]//上海古籍出版社编辑部．宋元笔记小说大观：第3册．上海：上海古籍出版社，2001：3213.
⑦ 柳开．知邠州上陈情表 [M]//曾枣庄，刘琳．全宋文：卷一一九，第6册，上海：上海辞书出版社，2006：267.
⑧ 尹洙．故朝散大夫尚书刑部郎中直昭文馆上柱国赐金鱼袋陈公墓志铭 [M]//曾枣庄，刘琳．全宋文：卷五八二，第28册．上海：上海辞书出版社，2006：80.
⑨ 尹洙．故朝散大夫尚书刑部郎中直昭文馆上柱国赐金鱼袋陈公墓志铭 [M]//曾枣庄，刘琳．全宋文：卷五八二，第28册．上海：上海辞书出版社，2006：81.
⑩ 脱脱，等．宋史：卷二七七 [M]．北京：中华书局，1977：9444.
⑪ 脱脱，等．宋史：卷二九九 [M]．北京：中华书局，1977：9931.
⑫ 尹洙．故朝奉郎尚书司门员外郎通判河南府西京留司兼畿内劝农事上轻车都尉赠绯鱼袋卢公墓志铭 [M]//曾枣庄，刘琳．全宋文：卷五九〇，第40册．上海：上海辞书出版社，2006：110.
⑬ 脱脱，等．宋史：卷四四一 [M]．北京：中华书局，1977：13044.
⑭ 尹洙．故金紫光禄大夫秘书监致仕上柱国清河县开国子食邑六百户食实封一百户张公墓志铭 [M]//曾枣庄，刘琳．全宋文：卷五八二，第28册．上海：上海辞书出版社，2006：115.

治规范的机会也被剥夺了。

总之，自唐末五代以来高度重视和依赖武力手段解决一切的传统，从雍熙北伐之后已开始转变，强兵意识逐渐被北宋统治者推行的文治政策所代替。所以，当文人士大夫明确了统治者的政治目标后，尽可能采取一切手段避免战争，以求天下安然无事，维护赵宋王朝的稳定。

（二）文人"避战求和"态度的发展与延续

自澶渊之盟之后，朝政腐败，兵多费冗，边防虚弱，社会风气颓废，呈现出"是时天下久安，人不知兵"① 的情况。士大夫也"以恭谨静慎为贤，及其弊也，循默苟且，颓惰宽弛，习成风俗，不以为非，至于百职不修，纪纲废坏，时方无事，固未尝觉其害也"②，唯恐生事，"今之议者，方南北修好，恐边庭生事"③。当时，只有少数士人保持着一定的战争警惕性。景祐年间，蔡州进士赵禹预言西夏李元昊反叛，希望朝廷做好准备。然而，当朝执政者认为赵禹狂言乱语，将其流放到建州。石介对此说："蔡牧男儿忽议兵，谓禹也。"④ 在当时，像赵禹那样对西夏保持警惕的文人毕竟是少数。

宋王朝长期避战求和的态度，终于酿成了西夏李元昊叛乱、辽国索取关南地区的苦果。在客观上，这为北宋中期文人论兵的勃兴提供了契机。

首先，为解决军事人才匮乏的问题，朝廷鼓励文人谈兵论战，参与军事行动。康定元年（1040）正月乙酉，朝廷下诏寻求勇敢智谋之士以备边防的需要，并指出："况关陇之要区，有英豪之旧俗，固多奇略，容有滞材，然伏在草茅，罔能闻达，宜示询求。应陕西州军、有勇敢智谋之士，或谙山川要害、西贼情伪，及知攻取之方。"⑤

其次，设置武举，兴办武学，培养文武兼备的军事人才。康定元年，朝廷命兵部自"今试武举人，以策论定去留，弓马定高下，弓弩不得加斗力，其合格者，免监当与缘边差遣"⑥。庆历二年（1042）十二月壬寅，朝廷命两制举文武官各一员为武学教授。⑦ 庆历三年五月，朝廷在武成王庙设置武学，任命太常丞阮逸为教授。正是这种需要成了兵学发展的动力，促使人们追求、探索武学培养人才的模式。

最后，开放兵书之禁，鼓励文人参与谈兵论战的活动。宋仁宗亲自撰写《神武秘略》，颁赐边臣，以便研习守御之略。景祐二年（1035），尚书工部侍郎、同知枢密院事韩亿"乃请二府各列上才任将帅者数十人，稍试用之。又言武臣宜知兵，而书禁不传，请纂其要授之"⑧。宝元二年（1039）正月，朝廷允许人们研习《孙子》《通典》所引诸家兵法。范仲淹指出当时"孙吴之书，禁而弗学"的情况，援引秦朝灭亡的案例，说明文人研读兵书与国家祸乱没有必然的联系。⑨

---

① 尹洙.故金紫光禄大夫秘书监致仕上柱国清河县开国子食邑六百户食实封一百户张公墓志铭［M］//曾枣庄，刘琳.全宋文：卷五八二，第28册.上海：上海辞书出版社，2006：114.
② 欧阳修.论包拯除三司使上书［M］//欧阳修.欧阳修全集：卷一一二.北京：中华书局，2001：1693.
③ 欧阳修.塞垣［M］//欧阳修.欧阳修全集：卷六〇.北京：中华书局，2001：876.
④ 王辟之.说论［M］//王辟之.渑水燕谈录：卷一.北京：中华书局，1981：6.
⑤ 佚名.政事十九举荐下［M］//司义祖.宋大诏令集：卷一六六［M］.北京：中华书局，1962：635.
⑥ 李焘.续资治通鉴长编：卷一二六［M］.北京：中华书局，2004：2978.
⑦ 李焘.续资治通鉴长编：卷一三八［M］.北京：中华书局，2004：3328.
⑧ 脱脱，等.宋史：卷三一五［M］.北京：中华书局，1977：10298.
⑨ 刘春霞.范仲淹军事思想探析［J］.安康学院学报，2011（2）：58.

在残酷的现实面前，朝廷无法把握战争带给赵宋王朝的气运与兴衰，所能做到的，只是尽量避免战争重演，倾向于通过"以和止戈"的方式解决问题。议和虽然使宋朝蒙受了巨大的经济损失，但是这种损失与无法把握的战争风险相比要小得多。夏竦指出宋廷面临的种种困难，并说："兵者凶器，战者危事，圣人不得已而用之。自昔兵家皆欲先胜而后战，即举无遗策。"① 张方平也认为，"昔之为国者，先为不可胜以待敌之可胜，不可胜在我，可胜在敌，故为国者能为不可胜，不能使敌之必可胜"②。这反映了当时文人反对通过战争解决冲突的基本态度。事实上，他们所谈的战争风险基本上是夸大其词，很难有价值可言。李觏为此批评道："兵盖不祥之器，学者未得其千一，而志意已壮。壮则思用，不用则聚而怨。怨则无不为，是有国者教之叛也。独奈何?"③

宋夏和议、宋辽增岁币后，朝廷出于"防微杜渐"的心理，对社会上文人论兵高潮进行降温。康定二年（1041）三月乙卯，朝廷禁止"举人进献边机及军国大事"④。皇祐元年（1049），朝廷以培养人才少、尚武风气渐浓为由，"废除武学"⑤。庆历元年（1041），宋仁宗明确表示："近有停闲、丁忧、不及第人多游边。停闲者不思己过，致犯律法。丁忧者不执亲丧，唯务经营谒托。不及第者不言文理讹谬，无由进取。凡得聚集，例生怨谤。况国家未宁，宜杜绝此辈，望降指挥三路都转运司辖下州县常切觉察，无令聚集，非土居者，悉禁游边。"⑥

朝廷从"奸邪共济为内患"这一假设出发，对文人士大夫谈兵论战的思想层层设防。范仲淹认为"奸邪"甚于"夷狄"，"自古王者外防夷狄，内防奸邪。夷狄侵国，奸邪败德。国侵则害加黎庶，德败则祸起萧墙。乃知奸邪之凶，甚于夷狄之患"⑦。韩琦则得出了内忧必然产生外患的结论，即"四夷内窥中国，必观衅而后动。故外忧之起，必始内患"⑧。欧阳修提出了类似见解："夷狄者皮肤之患，尚可治；盗贼者腹心之疾，深可忧。"⑨ 在朝廷的主流意识影响下，文人所掀起的第一次论兵高潮回落，这使得兵学研究深受打击。

宋神宗即位初，奋发图强，有志恢复汉唐旧疆，统一中国，却遭到朝野各种保守势力的抵制。据记载，仁宗皇后曹氏讥讽宋神宗身披战甲的行为："汝被甲甚好。虽然，使汝至衣此等物，则国家何堪矣。"⑩ 宰相富弼也对神宗说："愿陛下二十年不谈兵，亦不宜重赏边功，干戈一起，所系祸福不细。"⑪ 保守派人物苏轼在熙宁、元丰间，"著论深戒用兵"⑫。曾巩批评道："吾党耻论兵。"⑬ 这说明北宋统治集团中的保守派势力很强大，他们从思想上到实践中对神宗整军备战的改革横加阻挠，从而增加了改革难度，主要表现在以

---

① 李焘. 续资治通鉴长编：卷一二三 [M]. 北京：中华书局，2004：2911-2912.
② 张方平. 武备论 [M]//曾枣庄，刘琳. 全宋文：卷八一二，第38册. 上海：上海辞书出版社，2006：94.
③ 李觏. 储将 [M]//李觏. 李觏集：卷二二. 北京：中华书局，1981：244.
④ 佚名. 政事四十五诫饬三 [M]//司义祖. 宋大诏令集：卷一九二. 北京：中华书局，1962：707.
⑤ 徐松. 宋会要辑稿：第5册 [M]. 北京：中华书局，1957：4534.
⑥ 李焘. 续资治通鉴长编：卷一三四 [M]. 北京：中华书局，2004：3194.
⑦ 赵汝愚. 上仁宗论时务十一事 [M]//赵汝愚. 宋朝诸臣奏议：下. 上海：上海古籍出版社，1999：1662.
⑧ 赵汝愚. 上仁宗论外忧始于内患 [M]//赵汝愚. 宋朝诸臣奏议：下. 上海：上海古籍出版社，1999：1446.
⑨ 李焘. 续资治通鉴长编：卷一四一 [M]. 北京：中华书局，2004：3388.
⑩ 蔡絛. 铁围山丛谈：卷一 [M]. 北京：中华书局，1983：7.
⑪ 徐自明. 宋宰辅编年录校补：卷七 [M]. 北京：中华书局，1986：380.
⑫ 李纲. 论进兵札子 [M]//李纲. 李纲全集：卷八四. 长沙：岳麓书社，2004：843.
⑬ 曾巩. 秋日感事宗介甫 [M]//曾巩. 曾巩集：卷六. 北京：中华书局，1984：85.

下几个方面。

其一，打着"祖宗之法"的招牌，抑制神宗的富国强兵雄心。许多士大夫将"慎战"思想纳入祖宗家法中，试图抑制神宗拓边的雄心壮志。孙固援引历史经验及兵家术语来打击神宗经略西夏的志向，并指出，"待远人宜示之信，今无名举兵，非计之得。愿以汉韩安国、魏相、唐魏征论兵之略，参校同异，则是非炳然矣。兵，凶器也，动不可妄，妄动将有悔"①。这一时期，文人士大夫的论兵言论多随着政治变化而变化。当宋神宗询问御戎要略时，张方平劝其效法祖宗"不勤远略"，以避免"疆场之臣，乃欲试天下于一掷，事成徼利，不成贻患，不可听也"②的后果。士大夫还以"不知兵"为由来抵制神宗的拓边之志。当范纯仁入对时，神宗问："卿父在庆著威名，今可谓世职。卿随父既久，兵法必精，边事必熟。"范纯仁揣测到神宗急于建功立业的心理，便委婉地拒绝道："臣儒家，未尝学兵，先臣守边时，臣尚幼，不复记忆，且今日事势宜有不同。陛下使臣缮治城垒，爱养百姓，不敢辞。若开拓侵攘，愿别谋帅臣。"③ 神宗对他无可奈何。从上述言论来看，士大夫抵触武力战争的理由，一个是战争消耗大量的人力物力，另一个是怀德服远更有利于国家，最终目标是维护北宋专制统治基础。

其二，抵制神宗设置武举、兴办武学、培养选拔军事人才的举措。熙宁五年（1072），朝廷复置武学，"以广教育，以追成先朝之志"，任命"韩缜判武学，郭固同判"④，教习诸家兵法，编纂历代用兵的得失成败。元丰三年（1080），宋神宗命朱服等人校定《孙子》《吴子》《司马法》《六韬》《三略》《尉缭子》《唐李问对》等七部兵书作为武学教学使用教材，统称"武学七经"。其中，武学教育遭到一些文人的极力反对，刘敞就是代表人物之一。他鼠目寸光地批评武学教育：

> 国家自以边鄙未靖，故立武学，以校骁鸷之士，孙、吴、贲、育之俦。……曾未闻夫武学之制也。夫缦胡之缨，短后之衣，瞋目而语难，按剑而疾视者，此所谓勇力之人也。将教之以术而动之以利，其可得不为其容乎？为其容，可得无变其俗乎？吾恐虽有智者，未易善其后也。而况建博士之职，广弟子之员，本之不知，教化其浸弱矣。⑤

苏轼进一步批评宋神宗所采取的武举、武学等举措，缺乏实用性、有效性，以及对兵学研究产生不利的后果。他指出，"今之论者，以为武举、方略之类，适足以开侥幸之门，而天下之实才，终不可以求得。此二者，皆过也。夫既已用天下之虚名，而不较之以实，至其弊也，又举而废其名，使天下之士不复以兵术进，亦已过矣"⑥。

其三，批评宋神宗的拓边战争行为。神宗在位期间，先后发动了河湟、西夏等战争，多以失败告终。在这种形势下，许多士大夫援引"兵不可好，好兵者，嗜杀人者也""好兵犹好色""兵，凶器，战，危事，不可轻议而妄举也"⑦等论断，指责神宗发动的这些战争为不义之战。王韶发动河湟之役时，除王安石等人支持外，许多士大夫从战争性质上质

---

① 脱脱，等. 宋史：卷三四一[M]. 北京：中华书局，1977：10874.
② 脱脱，等. 宋史：卷三一八[M]. 北京：中华书局，1977：10357.
③ 脱脱，等. 宋史：卷三一四[M]. 北京：中华书局，1977：10287.
④ 徐松. 宋会要辑稿：崇儒[M]. 开封：河南大学出版社，2001：185.
⑤ 刘敞. 与吴九论武学书[M]//曾枣庄，刘琳. 全宋文：卷一二八二，第59册. 上海：上海辞书出版社，2006：129-130.
⑥ 苏轼. 策别训兵旅一[M]//苏轼. 苏轼文集：卷九. 北京：中华书局，1986：275.
⑦ 吕陶. 虑边一[M]//曾枣庄，刘琳. 全宋文：卷一六〇二，第73册. 上海：上海辞书出版社，2006：307.

疑其合法性。文彦博明确指出，"兵出无名，事乃不成。古人用兵须有名"①。司马光基于儒家的"以德怀远"意识，批评神宗对夏战争的行为，"闻王者之于夷狄，或怀之以德，或震之以威。要在使之不犯边境，中国获安则善矣。不必以逾葱岭，诛大宛，绝沙漠，擒颉利然后为快"②。神宗拓边战争失败的原因，程颢和程颐归结为不符合战争的合法性。他们认为，"今日西师，正惟事本不正，更说甚去就！君子于任事之际，须成败之由一作责。在己，则自当生死以之。今致其身，使祸福死生利害由人处之，是不可也"③。对于这些言论，神宗有所顾忌，因而不能完全达到最初的设想。正如王安石对神宗所提出的批评，"岂宜每事尚或依违，牵制流俗，不能一有所立，以为天下长计"④。

在保守派的强烈抵制下，宋神宗、王安石推行的一系列整军备战措施，并没有使宋朝的军事实力产生根本变化。宋人评论道："神宗皇帝挺英武之姿，有并吞西夏之志，不幸所委非人，所建非策，尝兴师深入矣，乃无尺寸之功；尝拓地进垒矣，或有覆军亡将之辱。民苦于转饷，而关陕虚竭；兵疲于征讨，而亡逸自如。倾天下之财，委于一路，如填沟壑。"⑤

自神宗去世后，朝廷中新党与元祐党人之争，新党内部权力之争，甚至朝中大臣以地域结党之争，相互交织在一起，闹得不可开交，他们在政治上几乎没有取得值得称赞的成果。元祐时期，以司马光为代表的保守派协助执掌朝政的高太后，大力消除熙丰变法的影响。司马光以"夫兵者凶器，天下之毒，财用之蠹，圣人除暴定乱，不得已而用之耳"⑥为由，高唱为民请命的赞歌，极力批评神宗整军备战的举措。苏轼也抨击神宗"欲使士大夫尊尚武勇，讲习兵法。庶人之在官者，教以行阵之节。役民之司盗者，授以击刺之术。每岁终则聚于郡府，如古都试之法，有胜负，有赏罚，而行之既久，则又以军法从事"⑦的做法，很难达到朝廷长治久安的目标。除了言论抨击外，司马光、文彦博、苏轼等主张将神宗时期经过血战所取得的战略要地，如安疆、葭芦、浮图、米脂等军事要塞，以"赐还"的形式送给西夏。之后，西夏一直利用北宋消极避战的苟安心理，得寸进尺地扩张宋夏边境。元祐六年（1091）六月，士大夫对夏军入侵边疆的事件争论不休，朝堂上主战派和主和派争论激烈，双方相持不下。蜀党人物苏辙明确反对朝廷用兵西北，而朔党人物刘挚试图平衡"和战两派"的观点，并说："持不用兵之说虽美，然事有须用兵者，亦不可固执。"最后，高太后做出决断，"边防忌生事，早与约束"⑧。于是，这场争论才平息下来。在元祐时期，士大夫的政治态度十分清楚，那就是：为了统治集团的利益，普遍抵触战争。高太后去世后，宋哲宗在新党的鼓动下，决意继承熙宁、元丰的战略方针，一反元祐时期对西夏的屈辱退避政策，重新对西夏采取攻势，并取得了北宋历史上前所未有的胜利。哲宗时期，文人士大夫对待战争态度的反复与高太后和宋哲宗个人的政治因素有直接关系，也与这一时期朝野各种势力的消长有着重大联系。

---

① 李焘. 续资治通鉴长编：卷二三〇 [M]. 北京：中华书局，2004：5596.
② 赵汝愚. 上神宗论纳横山非便 [M] //赵汝愚. 宋朝诸臣奏议：下. 上海：上海古籍出版社，1999：1527.
③ 程颢，程颐. 二先生语二下 [M] //程颢，程颐. 二程集. 北京：中华书局，2004：49.
④ 朱熹. 晦庵先生朱文公文集：卷八三 [M] //朱熹. 朱子全书：第12册. 上海：上海古籍出版社，2002：3903.
⑤ 李焘. 续资治通鉴长编：卷四六九 [M]. 北京：中华书局，2004：11209-11210.
⑥ 赵汝愚. 上哲宗乞议革新法之便者一 [M] //赵汝愚. 宋朝诸臣奏议：下. 上海：上海古籍出版社，1999：1289.
⑦ 苏轼. 策别安万氏五 [M] //苏轼. 苏轼文集：卷八. 北京：中华书局，1986：264.
⑧ 苏辙. 颍滨遗老传下 [M] //苏辙. 苏辙集：卷一三. 北京：中华书局，1990：1034.

宋徽宗继位后，以"绍述先志"为由，宠信蔡京、童贯、王黼等奸臣，打着"丰亨豫大"和"唯王不会"的旗号，开始大肆挥霍，使民怨日深，社会矛盾加剧。而为了与所谓"国富民安、歌舞升平"的"盛世景象"相应，好大喜功的宋徽宗在奸臣蔡京一伙的极力怂恿下，仿效其父兄的拓边政策，炫耀武功于青唐、西夏。经过宋徽宗、蔡京腐败集团的一番折腾，北宋王朝已处于崩溃的边缘，实力大为削弱，倘若再与辽、夏军队交战，根本不容易取胜。许多士大夫对此进行激烈抨击，表示不再以言兵为风尚。诚如宋人所说："三十年间，士大夫多以讳不言兵为贤，盖矫前日好兴边事之弊。"①

士大夫这种反对通过武力解决冲突的态度在北宋末年达到了顶峰。靖康元年（1126），金军攻到开封城下，他们仍在强调攘外必先安内的陈词滥调，对与金和议仍抱有很大的幻想。其中，陈公辅说：

> 至于武备，议者必曰当在所先，而臣独后之者，盖文武以天保以上治内，采薇以下治外。至宣王亦曰，内护卫挺政事，外攘夷狄。今日虽夷狄深入，御之为先，以臣观之，朝廷若法度修举，大臣得人，赏罚无私，风俗归厚，以至下情得通，权纲不失，大略如臣前项所陈，则天下国家无有不治矣。彼夷房自当怀德畏威，望风远遁，岂足忧哉？孙子曰：远人不服，则修文德以来之。孟子曰，王如施仁政，可使制梃，以挞秦、楚坚甲利兵。②

在这生死存亡之秋，士大夫仍在反对通过武力解决冲突，这给宋朝的国防战略带来了极大的消极影响。③ 宋廷过分依赖议和这一手段，轻视武备建设，从而陷入灭亡的境地。

（三）北宋士大夫"避战求和"态度的特点

自古以来，任何战争均带有危害性。只要进行战争，不管是正义的，还是非正义的，都会给国家、社会带来灾难。诚如克劳塞维茨所说："战争无论就其客观性来看还是就其主观性质来看都近似赌博。"④ 综观宋初以来的历史，文人士大夫对待战争，基本上持以和止战的态度，主要表现为以下几点：

第一，强调战争的危害性，主张暂时放弃战争，专修内政。北宋连年战争，耗费了大量金钱，破坏了社会经济，加重了人们负担。所以，文人士大夫常以"兵者，凶器""兵者，不祥之器"等论断，来警告统治者，要求慎战，以避免损害宋朝的国力。欧阳修说："夫兵，攻守而已，然皆以财用为强弱也。"⑤ 苏辙指出，"继以南征交趾，西讨拓跋，用兵之费，一日千金，虽内帑别藏，时有以助之，而国亦惫矣"⑥。他主张因财力有限，应该慎重开边，"其治边也，量力而辟土，故边无不守"⑦。宋廷以夏军击败知保安军杨定为由，准备讨伐西夏。邵亢指出朝廷无财力讨伐西夏："天下财力殚屈，未宜用兵，唯当降意抚

---

① 叶梦得．避暑录话：卷四［M］//上海古籍出版社编辑部．宋元笔记小说大观：第3册．上海：上海古籍出版社，2011：2664．
② 赵汝愚．上钦宗条画十二事［M］//赵汝愚．宋朝诸臣奏议：下．上海：上海古籍出版社，1999：1722．
③ 赵汝愚．上钦宗条画利害［M］//赵汝愚．宋朝诸臣奏议：下．上海：上海古籍出版社，1999：1718．
④ 克劳塞维茨．战争论：第一卷［M］．中国人民解放军军事科学院，译．北京：解放军出版社，2012：23．
⑤ 李焘．续资治通鉴长编：卷一二九［M］．北京：中华书局，2004：3064．
⑥ 苏辙．兀祐会计录叙［M］//苏辙．苏辙集：卷一五．北京：中华书局，1990：1051．
⑦ 苏辙．策问一五首［M］//苏辙．苏辙集：卷六．北京：中华书局，1990：1213．

纳，俟不顺命，则师出有名矣。"最后朝廷终止了这一决策，"中国民力，大事也。兵兴之后，不无倍率，人心一摇，安危所系。今动自我始，先违信誓，契丹闻之，将不期而自合，兹朕所深忧者。当悉如卿计"①。我们从宋夏战争，就可以知道宋朝的战争费用高昂，财政负担沉重。王尧臣取陕西、河北、河东三路未用兵及用兵后岁出入财用之数如下：

> 陕西入一千九百七十八万，出一千五百五十一万；河北入二千一十四万，出一千八百二十三万；河东入一千三十八万，出八百五十九万。用兵后：陕西入三千三百九十万，出三千三百六十三万；河北入二千七百四十五万，出二千五百五十二万；河东入一千一百七十六万，出一千三百三万……以此推之，军兴之费广矣。②

宋夏战争所产生的高昂军费，也成为一些士大夫暂缓战争、积累物资再战的借口。对于北宋暂时求和的解释，一些文人认为战争会造成国库空虚，增加人民负担，引起国内矛盾激化，导致赵宋政权不稳。范仲淹以史为鉴，指出："与戎狄结和通好，礼意甚重，非志不高而力不足也，盖惧边事不息，困耗生民，用兵久之，必生他变，而为社稷之忧。"③他们认识到消灭西夏绝非短期所能实现，故而采用守策，维持目前状况，等待时机，再进行反击。王安石认为，孙子用兵所谓"道""将领""法令"等，均"不及财用足也"，因此指出，"财用足，然后可以用兵"④。对于拓边战争，士大夫更是以军费高昂为由强烈抵触。张舜民指出，"自绍圣二年用兵到今，首尾六年，进筑未毕。覆军杀将，糜军钱粮，不可胜纪。每筑一城，自帅臣已下，增秩赐金，号为赏功"⑤。这反映了当时文人士大夫论兵的基调。

此外，在北宋"祖宗之法"及儒家伦理纲常的影响下，士大夫极力抵制帝王穷兵黩武的行为，以免国家陷入灾难。田锡援引"兵书曰：不尽知用兵之害者，则不能尽知用兵之利"的道理，论证帝王穷兵黩武的后果，故而说："夫动静之机，不可妄举者。动谓用兵，静谓持重。应动而静，则养寇以生奸；应静而动，则失时而败事……帝王之道，忌萌欲心。"⑥ 针对神宗的富国强兵变法，苏轼也一改"昔者先王知兵之不可去也"⑦ 等论断，专注于朝廷"防弊"体制，提出"天下有三患，而蛮夷之忧不与焉。有内大臣之变，有外诸侯之叛，有匹夫群起之祸，此三者其势常相持。内大臣有权，则外诸侯不叛。外诸侯强，则匹夫群起之祸不作。今者内无权臣，外无强诸侯，而万世之后，其尤可忧者，奸民也。臣故曰去奸民。以为安民之终云"⑧。可见，在士大夫心中，内忧始终为"腹心之患"，维护国家稳定的最好办法就是"偃兵息武"。熙宁七年（1074），辽国遣使争夺河东地界，除韩琦、富弼、文彦博、曾公亮等人主张求和避战外，王安石也主张"将欲取之，必固与之也"⑨。有一事足以证明王安石心中反对以武力解决冲突的态度。知雄州张利一说："辽人修城隍，点阅甲兵，必有奸谋，宜先事为备。"王安石质疑道："诚如此。无事而使人疑

---

① 脱脱，等. 宋史：卷三一七 [M]. 北京：中华书局，1977：10337.
② 李焘. 续资治通鉴长编：卷一四〇 [M]. 北京：中华书局，2004：3366.
③ 李焘. 续资治通鉴长编：卷一五一 [M]. 北京：中华书局，2004：3692.
④ 李焘. 续资治通鉴长编：卷二二一 [M]. 北京：中华书局，2004：5377.
⑤ 张舜民. 论进筑非便奏 [M] //曾枣庄，刘琳. 全宋文：卷一八一三，第83册. 上海：上海辞书出版社，2006：273.
⑥ 赵汝愚. 上太宗论边事 [M] //赵汝愚. 宋朝诸臣奏议：下. 上海：上海古籍出版社，1999：1418.
⑦ 苏轼. 策别安万民五 [M] //苏轼. 苏轼文集：卷八. 北京：中华书局，1986：263.
⑧ 苏轼. 策别安万民六 [M] //苏轼. 苏轼文集：卷八. 北京：中华书局，1986：266.
⑨ 邵伯温. 邵氏闻见录：卷四 [M]. 北京：中华书局，1983：36.

之，殆也。若因此更示以缮完点阅之形，则彼以我为真有谋彼之心，更生其计。惟静以待之，彼将自定也。"① 所以说，北宋士大夫对待战争持抵触的态度，与战争伤及朝廷的基本目标是密切相关的。

第二，根据外部环境不利的情况，围绕着长治久安的目标，主动采取以和止战、以德怀远的方略。庆历初年，西夏屡次击败宋军，辽国趁机要求宋朝归还关南之地，志在谋取实利。当时北宋处于"西伐则北助，北静则西动"② 的态势，士大夫不得不选择以和止战的方略。富弼为这次增币事件辩解道："增金帛与敌和，非臣本志也。特以朝廷方讨元昊，未暇与敌角，故不敢以死争耳，功于何有，而遽敢受赏乎！愿陛下益修武备，无忘国耻。"③ 韩琦、范仲淹等人也认为，"为今之谋者，莫若择帅练兵，日计用武之策，以和好为权宜，以战守为实务"④。欧阳修把以和止战看作"兵法所谓不战疲人兵者"⑤。王安石主持改革"数千事"，归纳起来有"五事"："一曰和戎，二曰青苗，三曰免役，四曰保甲，五曰高易。"他把"和戎"列为"五事"之首，并指出，"今青唐洮河幅员三千余里，举戎羌之众二十万献其地，因为熟户，则和戎之策已效也"⑥。他认为，只要与戎狄和睦相处，不通过战争的方式，也可以解决边患。

在外部环境的判断方面，文人士大夫看到宋朝在军事实力上与周边民族政权存在差距，然而为了掩饰其内心的恐慌，故提出以和止战的建议。富弼指出了辽夏不同于以往"夷狄"的原因，"自契丹侵取燕、蓟以北，拓跋自得灵夏以西，其间所生豪英，皆为其用。得中国土地，役中国人力，称中国位号，仿中国官属，任中国贤才，读中国书籍，用中国车服，行中国法令，是二敌所为，皆与中国等。而又劲兵骁将长于中国，中国所有，彼尽得之，彼之所长，中国不及。当以中国劲敌待之，庶几可御，岂可以上古之夷狄待二敌也"⑦。李觏认为，由于"夷夏非古之夷夏也"，不如"先为不可胜以待彼可胜，善矣"⑧。针对这种情况，士大夫发出了"夷夏非古之夷夏"⑨ 的感叹。从上述观点可以看出，士大夫基于对外部环境的判断，对"攘夷"产生了恐惧感，故而千方百计地反对武力战争。苏舜钦根据儒家经义引申出和戎之道，并说："方今之势，不患其来战，患守之道未至耳。"⑩

在惯性思维的长期影响下，士大夫对待战争的态度以避害为主，幻想采取"以德怀远"的手段，令"四夷"归服。田锡说："闻圣人不务广疆土，惟务广德业，声教远被，自当来宾。"⑪ 范仲淹援引《易经》"天险不可升也，地险山川丘陵也，王公设险以守其国"来论证"先王修德以服远人"⑫的思想。可以说，当北宋王朝无法通过战争实现政治目的

---

① 李焘. 续资治通鉴长编：卷二三四[M]. 北京：中华书局，2004：5681.
② 赵汝愚. 上仁宗河北守御十三策[M]//赵汝愚. 宋朝诸臣奏议：下. 上海：上海古籍出版社，1999：1502.
③ 李焘. 续资治通鉴长编：卷一三八[M]. 北京：中华书局，2004：3309.
④ 李焘. 续资治通鉴长编：卷一四九[M]. 北京：中华书局，2004：3598.
⑤ 李焘. 续资治通鉴长编：卷一二九[M]. 北京：中华书局，2004：3064.
⑥ 王安石. 上五事书札子[M]//王安石. 临川先生文集：卷四一. 北京：中华书局，1959：440.
⑦ 赵汝愚. 上仁宗河北守御十三策[M]//赵汝愚. 宋朝诸臣奏议：下. 上海：上海古籍出版社，1999：1502.
⑧ 李觏. 敌患[M]//李觏. 李觏集：卷二二. 北京：中华书局，1981：242.
⑨ 赵汝愚. 上神宗论纳横山非便[M]//赵汝愚. 宋朝诸臣奏议：下. 上海：上海古籍出版社，1999：1527.
⑩ 苏舜钦. 论西事状[M]//苏舜钦. 苏舜钦集：卷一一. 上海：上海古籍出版社，2011：135.
⑪ 脱脱，等. 宋史：卷二九三[M]. 北京：中华书局，1977：9787.
⑫ 李焘. 续资治通鉴长编：卷一一八[M]. 北京：中华书局，2004：3783.

时，文人士大夫只能借助儒家的"以德怀远"论，解决现实中所面临的政治军事困境。诚如程兆奇先生所说："宋人的华夷意识，是与'正统'观念一起，伴随着士人自觉精神的萌发成长和外敌压迫的日益严重而强化的。"①

正因如此，北宋与辽夏等政权战争的长期失利，导致士大夫对待战争越来越慎重，一旦预期的有利形势未能出现，或敌我形势发生对己不利的变化，他们就可能向统治者表达求和避战的观点，来缓解战争带来的政治风险。当时，许多士大夫一遇到战事不利，就往往搬出"兵者，凶器""兵者，不祥之器"等论断来避战，将兵家的"忘战必危"思想抛之于脑后。李纲分析了士大夫"恃安忘战"的问题，指出："国家自澶渊之役，与契丹盟好，承平无事，民不识金革百有余载。至崇宁、大观以来，极炽而丰，文恬武嬉，偷取安逸，兵之阙者不补，卒之惰者不练，将帅之选不精，诛赏之柄不明，干戈朽，铁钺涂地，士大夫闻语战，则魂褫魄丧，色若死灰，惟以逃遁偷生为得计。"②

第三，往往以政治投机的方式谈兵论战，以统治集团的意志为转移，满足其苟且偷安的心理。宋初，太祖想收复辽国占据的燕云地区。善于玩弄权谋的卢多逊猜透了太祖的心思，献策"愿权都镇州，经画攻取，俟恢复汉土则还跸于汴"③。随着澶渊之盟的签订，士大夫们普遍"苟且一时之安""大率忌人谈兵"。④ 尤其是"执政大臣不肯主事，或循嘿，或畏避，大抵皆为自安之计也"⑤。宝元、康定年间，朝廷"急于边用，言利者多捃摭细微，颇伤大体"。仁宗对此持有厌战情绪，于是下诏曰："议者并须究知本末，审可施用，若事已上而验白无状、事效不著者，当施重罚。"因此，投机者"不敢妄言利也"⑥。不可否认，有些文人谈兵确实有政治投机的心理，再加上朝廷缺失甄别，导致"凡有一介之善，必收录之"。吕夷简批评那些"士大夫有口才者，未必有实效，今遽爵之以美官，异时用有不周，即难于进退，莫若且除一官，徐观其能，果可用，迁擢未晚"⑦。欧阳修也批评那些政治投机的文人，如"一曰不忠于陛下者欲急和，二曰无识之人欲急和，三曰奸邪之人欲急和"⑧。可见，士大夫试图以和议来掩饰朝廷逃避战争之心。

神宗时期，执政的变法派大搞整军经武、增修边备等举措，致使"趋时者争献北伐之策"。吕公著认为，宋辽双方相安无事，"惟宜静以镇之"，故此反对保甲法，"被边皆设教场，日鸣金鼓，课人诵战法，声达于敌境"⑨，有可能产生宋辽交战危机。随着政争、党争的日益残酷，许多士大夫不敢谈兵论战或有报国言论，以免被扣上"生事"的帽子，受到政治打击。熙宁二年（1069）三月，范纯仁说："如有亡奏边事，及曾引惹生事之人，不得令在边任，俟有急难，方得用之。"⑩ 王觌指出："自古中国有以致外夷之患者，其端固

---

① 程兆奇. 略论宋代的"恢复"情结 [J]. 史林，2011 (3)：57.
② 李纲. 论立国在于足兵 [M] //李纲. 李纲全集：卷一五〇. 长沙：岳麓书社，2004：1413.
③ 田况. 儒林公议 [M] //朱易安，傅璇琮，等. 全宋笔记：一编五. 郑州：大象出版社，2003：96.
④ 赵汝愚. 上仁宗河北守御十三策 [M] //赵汝愚. 宋朝诸臣奏议：下. 上海：上海古籍出版社，1999：1501.
⑤ 苏舜钦. 咨目七 [M] //苏舜钦. 苏舜钦集：卷一〇. 上海：上海古籍出版社，2011：124.
⑥ 王辟之. 帝德 [M] //王辟之. 渑水燕谈录：卷一. 北京：中华书局，1981：12.
⑦ 魏泰. 东轩笔录：卷一〇 [M]. 北京：中华书局，1983：110.
⑧ 李焘. 续资治通鉴长编：卷一四二 [M]. 北京：中华书局，2004：3403.
⑨ 李焘. 续资治通鉴长编：卷三三五 [M]. 北京：中华书局，2004：8081.
⑩ 范纯仁. 奏乞妄陈边事 [M] //曾枣庄，刘琳. 全宋文：卷一五四八，第71册. 上海：上海辞书出版社，2006：168.

不一也，然大要多因守边之臣贪功生事而侵扰之，积以成衅，其祸乃深。"① 针对徽宗拓边战争所带来的后果，一些士大夫批评道："狂士献说，骤冠三军，进筑生事，不计国费。虚增首级，妄邀厚赏；猥称招降，陷没骁将。"②

北宋末年，许多士大夫带有派系、门户之见，只是追究变法派扩张领土的责任，而不去积极备战、抵御金军，做好保卫京城的准备。胡舜陟认为，熙丰时期的变法派与蔡京、王黼腐败集团应该承担亡国的所有责任。他说：

> 国家自熙宁间王韶建开边之说，王安石主其议，遣将用兵，无岁无之。泸南、广南，勒师远伐。至崇宁以来尤甚，西开青唐以及夏国，南筑溪洞以及丹州，西南则建祺、祥等州。皆不毛之地，非人之境，而驱赤子陷锋镝，死者不计其数，生者竭其膏血，凡五十余年。而又王黼、童贯合谋以弃契丹百年之好，约金人以墟其国，是以上帝震怒，祸我国家。金寇猖獗，莫之能御，屠戮士庶，攻陷城邑，长驱于中原，问罪于都城，亲王实招为质虏廷，犹磨在牙摇毒，搏噬不已。③

杨时也以排挤新党为能，"臣谨按安石挟管、商之术，饰六艺以文奸言，变乱祖宗法度，当时司马光已言其为害当见于数十年之后，今日之事，若合符契。其著为邪说以涂学者耳目，而败坏其心术者，不可缕数，姑即一二事以明之"④。李纲为此指出："士以武弁为羞，而学者以谈兵为耻，至于战卒贱辱之甚，无以比者。"⑤ 这是极其深刻的认识，更是对执迷不悟的文人士大夫的良知的呼唤。

总之，在这种"避战求和"的主流意识支配下，北宋文人士大夫谈兵论战并非真正想通过武力解决与周边民族政权的战争问题，而是试图通过寻找一种兵家与儒家理论上的契合点，为北宋王朝制定求和、避战的方针政策提供可行的理论基础。

二、"防患于未然"与文人战略观

在北宋"重文抑武"治国方略的影响下，文人士大夫站在统治集团的立场上，把战前的各种防范因素纳入抵制外患的考虑范围内，以期达到"防患于未然"的政治目的。诚如范育所解释："御戎之要，防患在于无形，制胜在于未然。患至而后图安，未有不安危者也。"⑥ 在这里，朝廷及文人士大夫要实现"防患于未然"的政治目的，也只有兵家"庙谋""不战而屈人之兵"等学说能契合他们既能抵制外患又可避免内忧的政治心态。正因为如此，他们中的大多数人设想以君臣共同谋划的形式，结合重内轻外的防御政策，以"不战而屈人之兵"方式，即"伐谋、伐交"，来解决北宋的军事问题。因此，本节拟在"防患于未然"的观念下，通过研究北宋专制政治体制运作方式与文人所谈战略的关系，

---

① 王觌. 论吕惠卿违侵扰外界旨奏 [M] //曾枣庄，刘琳. 全宋文：卷一八四二，第85册. 上海：上海辞书出版社，2006：8.
② 韩宗武. 上徽宗答诏论日食 [M] //曾枣庄，刘琳. 全宋文：卷二二七六，第104册. 上海：上海辞书出版社，2006：209.
③ 赵汝愚. 上钦宗论以正六事 [M] //赵汝愚. 宋朝诸臣奏议：下. 上海：上海古籍出版社，1999：1723.
④ 杨时. 上钦宗皇帝疏 [M] //曾枣庄，刘琳. 全宋文：卷二六七五，第124册. 上海：上海辞书出版社，2006：96.
⑤ 李纲. 议战 [M] //李纲. 李纲全集：卷五九. 长沙：岳麓书社，2004：643.
⑥ 赵汝愚. 上哲宗论御戎之要 [M] //赵汝愚. 宋朝诸臣奏议：下. 上海：上海古籍出版社，1999：1573.

探讨北宋文人士大夫作为治事参谋的战争行为、理念。

(一)"庙算"与中枢决策体制

古代兵家们常说"计于庙堂",谓之"庙算",并把制定出来的战略决策称为"庙谋""大计"。这一兵家思想在北宋时期得到了继承与发扬。这是因为,当时的"庙算"思想不但拥有现实的政治基础,即皇帝与士大夫共治天下,而且一批有着思想体系、价值观念的文人士大夫积极参与庙堂谋划,贯彻"防患于未然"的治国意识,以免突发事件的出现。诚如刘敞所言:"为国之道,防患于未然,远嫌于万一,所以安体情、止邪谋也。"① 而这种防患意识,正是士大夫心目中维护庙堂、谋划秩序的理想状态。富弼说:"朝廷有上策,庙堂有奇兵。"② 张预指出:"兵者大事,不可轻议,当惕厉于庙堂之上密治其事,贵谋不外泄也。"③ 为了在庙堂上做好战略决策的顶层设计,除从历史研读中总结得失经验教训外,士大夫还立足北宋王朝的根本利益,参与边防策略的制定。归纳起来,主要体现在以下几个方面。

第一,文人士大夫重视构建以"庙算"为基础的朝廷中枢决策体制。由于古代兵家提倡从大局上谋划,从战略上运筹,故而谋划方案的确定往往非一人所能完成。正因为这样,北宋文人在所谈兵事中采取了群策群力的庙堂决议的方式,即"集众思、广忠益"④。这种庙堂决议方式是伴随着北宋专制体制的完善而变化的。君臣共同决策的朝议在宋初并不普遍,而且受到严格的限制,直到雍熙北伐后,在中枢的战略决策中才被逐渐地采用。宋太宗受侯莫陈利用,被贺令图等人蛊惑,独断专行地发动了北伐战争。田锡以北伐失败为切入点,明确指出那些熟悉体制运转方式、富于行政决断的人员没有参与到战略决策中,并说:"陈谋画策,而宰臣(李)昉等不知。又去年招置义军,札配军分,宰相(赵)普等亦不知之。岂有议边陲,发帅,而宰相不与闻?"⑤ 宰相吕端也对枢密副使寇準抱怨道:"边鄙常事,端不必与知。若军国大计,端备位宰相,不可不知也。"⑥

随着对外战争的频繁失利以及"重文抑武"政策的大力推行,君臣们感到共同制定"庙算"是当时的人心所向、大势所趋,故宋太宗召集大臣商议边防问题,庙堂决策开始呈现雏形。至道初,朝廷派遣洛苑使白守荣等率重兵护粮四十余万,途中却遭遇党项军队的袭击,导致宋军大败,仅白守荣等人逃回。于是,太宗召集宰相商议救援事宜,吕端建言发兵袭击李继迁的巢穴,却没有得到太宗的支持。⑦ 望都之战失利后,真宗对大臣说:"军国之事,无巨细必与卿等议之,朕未尝专断,卿等固亦无隐,以负朕意也。"⑧ 事后,真宗在便殿与辅臣一起商讨自己创制阵图的军事机密,并说:"朕虽画此成谋,以授将帅,尚恐有所未便,卿等审观可否,更共商榷。"⑨ 景德元年,真宗与宰相毕士安、寇準等研究军情,且拟定了亲征澶州的方案。为此,真宗"每得边奏,必先送中书",还告诉近臣,

---

① 李焘.续资治通鉴长编:卷一九三[M].北京:中华书局,2004:4669.
② 赵汝愚.上仁宗论西夏八事[M]//赵汝愚.宋朝诸臣奏议:下.上海:上海古籍出版社,1999:1452.
③ 孙武.十一家注孙子校理.[M].曹操,等注.中华书局,1993:265.
④ 诸葛亮.与群下教[M]//诸葛亮.诸葛亮集:卷二.北京:中华书局,2012:31.
⑤ 赵汝愚.上太宗答诏论边事[M]//赵汝愚.宋朝诸臣奏议:下.上海:上海古籍出版社,1999:1424.
⑥ 脱脱,等.宋史:卷二八一[M].北京:中华书局,1977:9515.
⑦ 夏竦.陈边事十策[M]//曾枣庄,刘琳.全宋文:卷三四六,第9册.上海:上海辞书出版社,2006:57.
⑧ 李焘.续资治通鉴长编:卷四九[M].北京:中华书局,2004:1065.
⑨ 李焘.续资治通鉴长编:卷五四[M].北京:中华书局,2004:1195.

"军旅之事,虽属枢密院,然中书总文武大政,号令所从出",并要求他们"详阅边奏,共参利害,勿以事干枢密院而有所隐也"①。

直到宋夏战争爆发后,许多士大夫开始对以往的朝廷议事体制进行反思与深究。康定元年(1040)二月,丁度认为,中书与枢密院应该适应日益变化的战争形势,"军旅重务,二府得通议之"②。柳植委婉地批评道:"比来上对者所陈两事军机,皆送学士详定,多致传布,有害事机。望只委中书、枢密院详酌施行。"③尹洙在数次谈论兵事中表示,"请便殿召二府大臣议边事,及讲求开宝以前用兵故实,特出睿断,以重边计"④。欧阳修则提出,"今后军国大事不须秘密,请集百官廷议"⑤。

随着文人士大夫地位和作用的提高,原本庙堂上普通的君臣议事行为已成为判断当时战争决策准确与否的重要指标之一。欧阳修认为朝廷应慎重处理宋夏和议之事,并说:"元昊再遣使人至阙,和之与否,决在此行。窃计庙谋,合思成算,臣谓此最大事也,天下安危系之。今公卿、士大夫爱君忧国者,人人各为陛下深思远虑,惟恐庙堂之失策,遂落西夏之奸谋,众口纷纷,各有论议。"⑥可见,士大夫参与庙堂谋划,不仅能保证他们参谋政事的权利相对集中,而且有助于提高战略决策效率。庆历五年(1045),士大夫对处理宋夏战争决策发生争论。张方平认为,这场战争除了人们长期缺乏备战观念外,还有"庙堂无受成之算,疆圉乏制胜之策"⑦的问题。由于战争风险巨大,故文人士大夫希望君臣共同应对边防紧急事务,以免决策失误。当辽夏交战时,"聚兵近塞,遣使来告,边候稍警。上御便殿,访近臣以备御之策"⑧。治平二年(1065)五月,夏军不断侵扰宋朝的西北边疆地区。韩琦建议统治者恢复庆历时期君臣在朝堂上集体讨论"御戎"策略的法制,以便"二府议为成算,付以五路之帅,小羌不足胜也"⑨。欧阳修认为君臣应该共同谋划朝廷的战略方针,希望英宗"宜因闲时御便殿,召当职之臣,使按图指画,各陈所见,陛下可以不下席而尽在目前,然后制以神机睿略,责将相以成功。而陛下以万几之繁,既未及此;两府之臣如臣等日所进呈,又皆常程公事,亦未尝聚首合谋,讲定大计"⑩。事实上,文人士大夫只是希望皇帝尊重他们,并更多地听从他们的意见,"如若遇到重大的边防问题,往往能够召集他们前来决策,或者预先由中枢机构及他们商议拿出相应的方案再请他定夺"⑪。正如余应求所说:"乞自今军国之事,博延群臣,谋之广庭,以尽下情,取众所谓可者而行之。"⑫在这里,文人士大夫所关注的不只是君臣共同谋划的内容,更是一种严密的政治决策姿态。正是在这种危机意识下,朝廷议事体制获得了充分发展,"国朝以来,凡政事有大更革,必集百官议之。不然,犹使各条具利害,所以尽人谋而通下情也"⑬。显

---

① 李焘. 续资治通鉴长编:卷五七 [M]. 北京:中华书局,2004:1257.
② 李焘. 续资治通鉴长编:卷一二六 [M]. 北京:中华书局,2004:2975.
③ 徐松. 宋会要辑稿:第2册 [M]. 北京:中华书局,1957:1960.
④ 脱脱,等. 宋史:卷二九五 [M]. 北京:中华书局,1977:09834.
⑤ 赵汝愚. 上仁宗论延议元昊通和事 [M] // 赵汝愚. 宋朝诸臣奏议:下. 上海:上海古籍出版社,1999:1491.
⑥ 李焘. 续资治通鉴长编:卷一四二 [M]. 北京:中华书局,2004:3403.
⑦ 张方平. 陈政事三条 [M] // 曾枣庄,刘琳. 全宋文:卷七八五,第37册. 上海:上海辞书出版社,2006:45.
⑧ 李焘. 续资治通鉴长编:卷一六六 [M]. 北京:中华书局,2004:3988.
⑨ 李焘. 续资治通鉴长编:卷二○五 [M]. 北京:中华书局,2004:4964.
⑩ 李焘. 续资治通鉴长编:卷二○四 [M]. 北京:中华书局,2004:4940.
⑪ 田志光. 试论北宋前期宰辅军事决策机制的演变 [J]. 史林,2011(2):65.
⑫ 赵汝愚. 上钦宗条画利害 [M] // 赵汝愚. 宋朝诸臣奏议:下. 上海:上海古籍出版社,1999:1717.
⑬ 徐度. 却扫编:中卷 [M] // 朱易安,傅璇琮,等. 全宋笔记. 郑州:大象出版社,2008:135.

然，士大夫构建相应的中枢决策体制，除与统治者有关外，还有多种因素相互交错，并在一定程度上体现出北宋专制统治的权力制衡决策精神。

第二，从"庙算"人员结构上来看，文人士大夫主张任用保守派人员参与战略决策，以便维护政治稳定和自身利益，保证朝廷边防事务处理机制的正常运转。从地位上来看，士大夫希望朝廷给予他们参谋政事的特殊礼遇，尤其是召集执政大臣时给予"坐论之礼"。针对北宋的边疆危机，知制诰田况指出："愿因燕闲，召执政大臣于便殿，从容赐坐，访逮时政，专以虑患为急。则人人惟恐不知以误应对，事事惟恐不集以孤圣怀，日夕忧思，不敢少懈，同心协力，必有所为。"① 张方平也向仁宗提出了类似的意见，并说："臣愿陛下思患预防，考谋事先，秋气渐清，宫殿凉爽，时因燕闲，延讨大臣，俾各尽其谋猷，以定其帷幄。"② 可见，士大夫所看重的不是君臣共同运筹兵机，而是政治礼遇。

随着战争形势的变化，文人士大夫既有对自我价值的肯定，又提出了完善战时中枢决策体制的方案。余靖认为在处理辽夏问题时，应以皇帝为中心，除两制、两省、御史中丞等官员共同参与外，还应该设置参谋人员。

> 国家建置侍从之官，以救阙失，盖欲举无过事，谋无遗策。且书不云乎？"谋及卿士，谋及庶人，谋及卜筮。"是事有大疑，谋欲其广也。③

可见，这种状况显然与士大夫竭力宣扬扩大谋划决策群体是直接相关的。赵师民认为，朝廷"当举肃哲之士，方重之人，谋于老成，考其笃行。纤薄不逞、轻果无行者，不得进焉，则虽异日，朝廷之间无凶人矣"④。在当时的士大夫群体中，这种老成之人的想法是相当普遍的，可以说是公开的秘密，关键在于条件的创造与时机的把握。元祐时期，执掌朝政的保守派人士对外表示投降求和，而对内清除时人谈兵的影响。保守派元老文彦博明确指出："近年以来，为新进书生，不晓蓄情边事兵政者，误朝廷多矣。"⑤ 保守派人物梁焘辞去尚书左丞一职时，表示"愿于旧臣耆德疏远之地，图任老成，拣拔隽良，庶使辅佐得人，朝廷增重"。他还推荐"范祖禹、刘安世久在侍从，宜置诸左右，使断国事""安焘、许将，皆旧人可倚任者"⑥。因此，这些以保守派为代表的士大夫占据了朝廷的主导地位，为了维护政治稳定和自身利益，他们极力抵制有识之士的拓边行为。诚如范百禄所说："臣窃意庙堂皆耆儒硕画，必不以之为然，万一不择，尝试为之，臣恐边臣之功未可必望毫发，徒启夏国唇齿疑叛之隙，狼子不服之心，为国生事，虽悔无及。臣愚不自量，辄敢先事言之，宁冒僭狂之罪，若知而不言，臣实耻之。"⑦ 当然，文人士大夫在提倡庙算的同时，也推崇皇帝独断专行的军事决策体制。毛滂称赞宋军击败西夏军队"实仰禀于圣画，乃克济以庙算，韪其壮哉"⑧。

第三，从"庙算"内容上来看，士大夫立足于历史经验及"祖宗之法"的纲纪，对战争势态的发展进行类推，从而制定出防范事变、化解矛盾的边防策略。历史不会重

---

① 李焘.续资治通鉴长编：卷一四八 [M].北京：中华书局，2004：3593.
② 李焘.续资治通鉴长编：卷一五〇 [M].北京：中华书局，2004：3658.
③ 李焘.续资治通鉴长编：卷一四二 [M].北京：中华书局，2004：3404.
④ 李焘.续资治通鉴长编：卷一四六 [M].北京：中华书局，2004：3545.
⑤ 李焘.续资治通鉴长编：卷三八一 [M].北京：中华书局，2004：9284.
⑥ 李焘.续资治通鉴长编：卷四七四 [M].北京：中华书局，2004：11301.
⑦ 李焘.续资治通鉴长编：卷四四四 [M].北京：中华书局，2004：10693.
⑧ 毛滂.恢复河湟赋 [M]//曾枣庄，刘琳.全宋文：卷二八五四，第132册.上海：上海辞书出版社，2006：199.

演,但总会有某种相似性。当类似过去的一幕重演的时候,运用以往的经验不失为一种解决问题的捷径。所以,士大夫从历史案例的研读中总结经验教训,立足于北宋边疆战争的现状,制定出可行的战略方案。自宋初以来,河北地区长期处于边防前线,辽军南下的威胁迫使该地区时刻处于备战状态。包拯援引"孙武曰:'无恃其不来,恃吾有以待之也;无恃其不攻,恃吾之不可攻也。'固不可信其虚声,弛其实备矣"①,制定出依险防御方略。富弼基于对历史及祖宗经验教训的认识,指出"伏以河北一路,盖天下之根本也"②。宋祁也说:"天下根本在河北,河北根本在真定,以其扼贼冲,为国门户。"③ 由于历史的局限性,这些决策大多是凭借论兵者个人的阅历、知识和智慧提出的,属于"经验决策"。

从客观上来说,任何军事谋略、兵法妙计的萌生和实施都不能脱离当时总的政治框架及战略意图,北宋文人谈兵论战中的"庙算"内容也不例外。士大夫在制定防守"夷狄"之策时,始终贯彻着北宋王朝"防患于未然"这一核心精神,即凡事委曲防闲,避免把宋王朝拖进战争的泥潭,以保障王朝的长治久安。正如文彦博所强调的,凡事皆由朝廷掌握谋划的决策权。

> 朝廷于此,固当熟计而深念。事欲美成,计须先定。当责成边臣审料贼势,精选谍者,密窥贼形,必先事以待之,使贼计不行,边垒有备,此亦困羌夷之策,为人谋之小胜。或西人款塞请觐,诘其所由,出于善意,即导之使来,俟至延安,帅臣密察,亦当得其要领,先时奏闻,庙堂之上,可以预料而审度之。俟至阙下,知其所来必有所为,因其所为之可否,或议或诘,审而应之。可者即从,否即已。若议及疆土,须庙堂之上,众谋大同,苟有后艰,同任其责。或取与之间,谋有同异,各述利害,理须明白。后或不应,谋果不臧,自任其责。庙谋一定,边计粗宁,天下小康,堂上高枕。④

由此可见,作战、议和及疆土争端等问题均上升到庙堂之上进行策划,反映了当时士大夫对"庙算"追求的理想境界。欧阳修指出,"凡用兵之形势,有可先知者,悉图上方略"⑤,因而有了"外料敌之谋,内察国之势,知彼知此,因谋制敌,此朝廷之计也。所谓庙算而胜者也"⑥ 之说。

应当指出的是,北宋士大夫重视战前谋划和决策的同时,也出现了过分夸大庙堂谋划作用的倾向。有些人认为,战前庙堂上的决策可以解决战争过程中的所有问题,因而追求所谓的"算无遗策""万全之策",也就是无风险决策,似乎只要在庙堂上君臣谋划周全了,就能确保百战百胜,但是他们忽视了战争特有的复杂性和战场上瞬息万变的情况。这种决策体制也引起一些士大夫的不满。秦观批评道:"夫庙堂议边事,则王体不严。"⑦ 苏舜钦指出当时因庙堂决策体制有缺陷,导致战机被贻误,如宋夏和战之议时,朝廷士大夫"前后论议改更,纷然不定,已数年矣,迄今见成算,绝无功效者以此也,设有寇作,定

---

① 包拯. 天章阁对策[M]//包拯. 包拯集校注. 杨国宜,校注. 合肥:黄山书社,1999.114-115.
② 李焘. 续资治通鉴长编:卷一五三[M]. 北京:中华书局,2004:3729.
③ 李焘. 续资治通鉴长编:卷一七四[M]. 北京:中华书局,2004:4194.
④ 李焘. 续资治通鉴长编:卷三七二[M]. 北京:中华书局,2004:9005-9006.
⑤ 赵汝愚. 上英宗论西边可攻四事[M]//赵汝愚. 宋朝诸臣奏议:下. 上海:上海古籍出版社,1999:1526.
⑥ 赵汝愚. 上仁宗论庙算三事[M]//赵汝愚. 宋朝诸臣奏议:下. 上海:上海古籍出版社,1999:1458.
⑦ 秦观. 将帅[M]//秦观. 淮海集笺注:卷一六. 徐培均,笺注. 上海:上海古籍出版社,1994:608.

是败衂。庙堂之上，每边奏一至，则聚首相顾，莫肯先开言而定议者，意有数端：或习于旧弊，以寡言忽事为持重得体；或不尽知缘边利害，于偏见未敢必发；或虑先言为众指执，败事受责；或恐言而未见信用，反有沮之者。拘此数节，则往往累日不决，致失机防。不然，人人各述一端，聱牙异同，不可团合；或以间隙疑忌，不为平心处决之，固亦为害大矣。如此不改，虽更百年，终无成功之用也"①。

总之，北宋文人重视庙堂决策与士大夫政治构建的结果是密切相关的。从表面上来看，这是"皇帝与士大夫共治天下"的体现，事实上他们骨子里仍然具有维护北宋专制统治的思想。

(二)"先正内而后制外"的战略思维

在"防患于未然"观念的支配下，士大夫虽然目睹了宋朝与周边民族政权战争中所暴露出来的诸多军政弊端，也表示了不满，但是在他们心中根深蒂固的"先正内而后制外"战略观念，使得他们的论兵行为及内容必须服从于维护政局稳定，其最主要的任务是防止内乱，而不是抵御外患。

其实，许多士大夫早已把王朝命运寄托在了"先内后外"的战略纲领之上，认为只有先治理内忧，才可能解除外患。张齐贤认为，"圣人先本而后末，安内以养外"②。庞籍也谈到了"夫欲建事功者，在先正其内而后制其外也"③。韩琦也持有类似的观点，"四夷内窥中国，必观衅而后动，故外忧之起，必始内患"，"内患既平，外忧自息"④。张俞说："今之机务之大，宜有内外。先治乎内，后治乎外，则天下可安矣。"⑤ 尹洙说："愿先正于内以正于外，然后忠谋渐进，纪纲渐举，国用渐足，士心渐奋，边境之患，庶乎息矣。"⑥ 司马光也声称，"古圣王之治天下，必先内而后外，安近以服远"⑦。这些以宋廷为本的解释，如"先本而后末""先正内以正外"，正是文人论兵的用心所在。而从这样的表述中，我们可以看到，他们虽然多为老生常谈，但是至少有一个基本倾向，那就是，他们的很多思维习惯和逻辑仍然沿袭北宋王朝视内忧为"腹心之患"的既定方针。因此，他们的战略思维多以避免战事、维持内部稳定为基本着眼点，故而从总体上来看，他们很少专门探讨真正意义上的军事策略。北宋士大夫之所以形成这种"先内后外"的战略思维，与以下三个方面有关。

第一，士大夫主张防内胜于防外，把内忧作为"腹心之患"，而对外则抱有议和的幻想。士大夫每次论及边防危机时，往往援引兵法"先为不可胜，以待敌之可胜"之说，论述先充分地积蓄力量，再进行战争的观点。这些论述从表面上来看虽然多是老生常谈，但至少有一点值得注意，那就是，他们往往不局限于具体的战争准备，而是把军事问题置于政局稳定、边疆安宁的大政方针之下进行考察。苏洵强调军事须服从制度，要通过制度建

---

① 苏舜钦. 咨目七 [M] // 苏舜钦. 苏舜钦集：卷一〇. 上海：上海古籍出版社，2011：125.
② 赵汝愚. 上太宗论幽燕未下当先固根本 [M] // 赵汝愚. 宋朝诸臣奏议：下. 上海：上海古籍出版社，1999：1417.
③ 赵汝愚. 上仁宗论先正内而后制外 [M] // 赵汝愚. 宋朝诸臣奏议：下. 上海：上海古籍出版社，1999：1445.
④ 赵汝愚. 上仁宗论外忧始于内患 [M] // 赵汝愚. 宋朝诸臣奏议：下. 上海：上海古籍出版社，1999：1446.
⑤ 张俞. 吕夷简书 [M] // 曾枣庄，刘琳. 全宋文：卷五五一，第26册. 上海：上海辞书出版社，2006：136.
⑥ 尹洙. 论命令恩宠赐与三事疏 [M] // 曾枣庄，刘琳. 全宋文：卷五八一，第27册. 上海：上海辞书出版社，2006：250.
⑦ 司马光. 遗表 [M] // 司马光. 司马温公集编年笺注：卷五七. 李之亮，笺注. 成都：巴蜀书社，2009：476.

设推动军事改革，指出"弱在于政，不在于势，是谓以弱政败强势"①。苏轼援引兵法"先为不可胜，以待敌之可胜"论述先内后外的可行性，并希望朝廷委派专门的官员处理西北事务，"使独任其责，而执政之臣，得以专治内事"②。司马光则强调，"当先修内政，未可轻议用兵"③。这些言论表现出了文人士大夫在战争对抗策略上的真正目的，即改变力量对比、制服对手只是手段，最终要通过政治意识征服对手。这从另外一个角度说明，战争的胜负绝非仅仅取决于军事本身，而是与国家的内政治理密切相关。因而他们认为理想的战略，应该是"修政于境内，而远方慕其德；制胜于未战，而诸侯服其威"。欧阳修认为朝廷应重点关注内部建设，并说："至如讲大利害，正大纪纲，外制四夷，内纾百姓，凡庙堂帷幄之谋，未有一事施行于外者。"④

在对待外敌侵扰方面，苏辙根据当时内外失调、内外政策的失误和安边政策不当的现状，提出了消除内外失衡之策，"天下之变，常伏于其所偏重而不举之处，故内重则为内忧，外重则为外患"，"则天下之重，固不可使在内，而亦不可使在外也"⑤。可见，他所阐释的"内忧"无非是担心帝王只顾自己穷奢极欲而把王朝拖进战争的泥潭，造成社会动荡不安、民不聊生。程颐也对这种本末倒置不满，指出"天下之害，皆以远本而末胜也"⑥，应"当先自治，不宜专尚刚武"⑦。实际上，士大夫对内的战略思维已成为当时的一种主流意识。正如孙何所说："严诫边防，俾谨疆界，运权谋而制胜，严斥堠以防奸。彼将动则必知，此有谋而皆秘。"⑧吴育指出："朝廷总制天下，必建基立本，以销患于未萌。若政令修、纪纲肃、财用富、恩信给、赏罚明、士卒精、将帅练，则四夷望风，自无异志。"⑨可见，严重的边患问题使士大夫确信，要免除外患威胁，必须先处理好内忧。

第二，士大夫以战争正义性为借口，掩饰其"先内后外"的消极防守战略。从北宋文人的战争思维来看，他们用"忠君安内"的苟和思想替代了以往"尊王攘夷"的王霸理想，表现出强烈的政治化倾向。熙宁九年（1076），文彦博担心宋神宗因为宋辽边界问题而轻举妄动，故而提出"中国御戎，守信为上"的指导方针。他说：

> 若虏人不计曲直利害，肆其贪狼犯顺之心，朝廷固已严于预备之要，足食足兵，坚固城垒，保全民人，以战则胜，以守则固，止此而已。臣又闻用兵之道，兵应者胜，不得已而用之，此所以天必助之。大抵中国之兵，利在为主，以主待客，以逸待劳，理必胜矣，应兵之道也。⑩

在宋夏战争期间，范仲淹从"以利为动"的战争思想出发，自觉地贯彻孙子"主不可

---

① 苏洵.审势［M］//苏洵.嘉祐集笺注：卷一.曾枣庄，金成礼，笺注.上海：上海古籍出版社，1993：3.
② 苏轼.策断一［M］//苏轼.苏轼文集：卷九.北京：中华书局，1986：280.
③ 赵汝愚.上神宗论中国当守信义不可轻议用兵［M］//赵汝愚.宋朝诸臣奏议：下.上海：上海古籍出版社，1999：1538.
④ 欧阳修.论河北守备事宜札子［M］//欧阳修.欧阳修全集：卷九九.北京：中华书局，2001：1518.
⑤ 苏辙.唐论［M］//苏辙.苏辙集：卷三.北京：中华书局，1990：1258.
⑥ 程颢，程颐.论道篇［M］//程颢，程颐.二程集：河南程氏粹言 卷一.北京：中华书局，2004：1170.
⑦ 程颢，程颐.夬［M］//程颢，程颐.二程集：周易程氏传 卷三.北京：中华书局，2004：920.
⑧ 赵汝愚.上真宗论御戎画一利害［M］//赵汝愚.宋朝诸臣奏议：下.上海：上海古籍出版社，1999：1432.
⑨ 赵汝愚.上仁宗论建立基本以销未萌之患［M］//赵汝愚.宋朝诸臣奏议：下.上海：上海古籍出版社，1999：1447.
⑩ 文彦博.答神宗咨访诏奏［M］//曾枣庄，刘琳.全宋文：卷六四六，第30册.上海：上海辞书出版社，2006：224.

以怒而兴兵,将不可以愠而致战。合于利而动,不合于利而止"①的思想,极力反对朝廷贸然讨伐西夏。张方平强调:"自古以来,论边事者莫不以和戎为利,征戎为害,盖深念此也。"② 最终,以张方平为代表的和戎观点不仅得到了当时不少文人士大夫的响应,还取得了统治者的认可,③ 这一点与孙子"合于利而动,不合于利而止"的原则是相同的。在这种主流意识影响下,许多士大夫把"利"置换成了对"义"。他们立足儒家的"得道者多助,失道者寡助"思想,以是否合"义"作为战争决策的标准。对此,王安石为了打消神宗整军经武的顾虑,试图把"力"等同于"义",并说:"武王称同力度德,同德度义,力同然后度德,德同然后度义。苟力不足,虽有德如文王,尚不免事昆夷。但有德者,终能强大胜夷狄,文王是也。先王于夷狄,力不足则事之,力同则交之,力有余则制之。同力、同德我交之,而彼拒我,则我义而彼不义,则我胜矣。"④ 与之相比,苏洵、程颢、程颐等人更是强调以义为上,义为兵之首,合乎道的战争才能激励士卒奋勇杀敌,达到百战百胜的目的。

  凡兵上义;不义,虽利勿动。非一动之为利害,而他日将有所不可措手足也。夫惟义可以怒士。士以义怒,可与百战。⑤

  子曰:兵以正为正。动众以毒天下而不以正,则民不从而怨,敌生乱亡之道也,是以圣王重焉。东征西怨,义正故也。⑥

他们不为自己的私利考虑,而是"惟义所在",合义而动,合义而出,并把义战观点的确立与弘扬纳入"先内后外"的战略思维之中。

第三,士大夫虚谈居安思危、移民实边之谋,为形成"先内后外"的战略提供依据。一般来说,为了稳操胜券,做到有备无患,论兵者必须具有居安思危的意识。北宋文人士大夫非常重视这一点。田锡声称:"圣德合天,三边无虞,万里晏然,居安思危之计,得不由未然之事而豫防之。此亦御戎之远意也。"⑦ 王沿说:"夫善御敌者,必思所以务农实边之计。"⑧ 这些议论不但没有指出北宋防御战略的实质问题,反而给人一种文人御边谋划缜密、切实可行的笼统印象。王禹偁一针见血地指出:"诚宜作备边之计,示忧民之心,不必轻用雄师,深入虏境,竭苍生之众力,矜青史之虚名。"⑨

除"青史之虚名"外,文人士大夫之所以具有移民备边的意识,主要有以下几点原因:一是历史经验教训成为他们的理论依据。富弼在《上仁宗河北守御十三策》中说:"屯兵备边,古今常制。所患者,民赋有限,兵食多缺,必须广为经度。其间岁有凶歉,

---

① 范仲淹.论不可乘盛进兵奏[M]//曾枣庄,刘琳.全宋文:卷三七九,第9册.上海:上海辞书出版社,2006:616.
② 赵汝愚.上仁宗乞因郊禋肆赦招怀西贼[M]//赵汝愚.宋朝诸臣奏议:下.上海:上海古籍出版社,1999:1476.
③ 李焘.续资治通鉴长编:卷一三四[M].北京:中华书局,2004:3194.
④ 李焘.续资治通鉴长编:卷二二一[M].北京:中华书局,2004:5278.
⑤ 苏洵.权书:心术[M]//苏洵.嘉祐集笺注:卷二.曾枣庄,金成礼,笺注.上海:上海古籍出版社,1993.29.
⑥ 程颢,程颐.论政篇[M]//程颢,程颐.二程集:河南程氏粹言 卷一.北京:中华书局,2004.1216.
⑦ 赵汝愚.上太宗答诏论边事[M]//赵汝愚.宋朝诸臣奏议:下.上海:上海古籍出版社,1999:1426.
⑧ 李焘.续资治通鉴长编:卷一〇四[M].北京:中华书局,2004:2415.
⑨ 赵汝愚.上太宗答诏论边事[M]//赵汝愚.宋朝诸臣奏议:下.上海:上海古籍出版社,1999:1428.

谋之不获，或寇至益兵，食常不足，则暴敛横取，何所不至。民由是困，盗由是起。此历代之所患也。"① 晁补之在《屯田》一文中指出，朝廷如若实行古代屯田法，就可以解决守边将士的粮草运输、军队训练等问题，如"以之趋战，人农则朴，朴则易用，且力有余，可与持久。此屯田之法，至于今犹利也。……国家修六官以正百度，而尚书之属以屯田名者。将沿历代之法而推行之，且自朔方始，必得充国、峻、祜知务之才，俾之典领劝课而后可"②。二是兵法知识成为理论依据。司马光援引"知彼知己，百战不殆。不知彼而知己，一胜一负。不知彼而知己，每战必殆"等兵法理论，指出"欲谋境外之事，起兵革之端，挑陆梁之虏，冀虽立之功"③，不如屯田备边。陈师道认为汉代名将赵充国的屯田经验是符合《孙子兵法》的，即"故先为不可胜，以待敌之可胜。夫虑胜而战，度得而攻，可谓善矣，非全师坐胜之道也。不战而胜，不攻而取，此充国所谓善之善者，屯田是也"④。

三是以北宋边防军事斗争的需要为依据。秦观认为，宋军通过"大兴屯田，假以岁月，以为必诛之计；又分诸路之兵，岁各一出，以为挠贼之谋。则吾之所短者无足虑，彼之所长者无所施"。他还判断不用三年，敌人必然处于困境，然后派遣使者去威胁敌人，就能收回灵武地区，"如有迷复不从，则以数万人自鄜畤度塞门抵回，东畈可唾手而取也"⑤。晁补之指出，西北驻守二十万大军，要保障一百天粮食供给，没有经过三年准备是做不到的，倘若按照每人每天食用二升粮食来计算，"则率两日而食，非万石不可。百日则百万，千日则千万，边储不足以给，则不可不权而入之于民"⑥。韦骧论及宋军屯兵西北时，认为此举将耗费大量财富，造成国库空虚，加重人民负担，故而提出屯兵的建议："就边地徙其平民于他郡肥美之处，然后使兵屯分耕所据之土，以自充赡，不侵耗于县官，兼乘余暇习田猎，如周家之法。若然，则国蓄厚矣，民赋轻矣，兵革精练矣。"⑦ 虽然他们主张增强军事实力，以便形成对敌斗争的巨大军事优势，从而牢牢把握战争的主动权，但是这些治边良谋没有多少被宋廷采纳，即使被采纳，也同移民屯边建议一样，在断断续续地推行，故而"足食足兵、且耕且战"的目标始终未能实现。⑧

因此，在处理内忧与外患的关系时，许多士大夫视内忧为"腹心之患"，把与辽夏政权的矛盾看作手足之疾，所以他们的任何论兵策略均受制于这个战略思维。

（三）"不战而屈人之兵"的理想战略

先秦以来"不战而屈人之兵"⑨说，始终处于一个理想化、神话性的地位，到了宋朝，

---

① 赵汝愚.上仁宗河北守御十三策［M］//赵汝愚.宋朝诸臣奏议：下.上海：上海古籍出版社，1999：1503.
② 晁补之.策问三：屯田［M］//曾枣庄，刘琳.全宋文：卷二七二七，第126册.上海：上海辞书出版社，2006：223.
③ 赵汝愚.上神宗论纳横山非便［M］//赵汝愚.宋朝诸臣奏议：下.上海：上海古籍出版社，1999：1528.
④ 陈师道.拟御试武举策［M］//曾枣庄，刘琳.全宋文：卷二六六八，第123册.上海：上海辞书出版社，2006：346.
⑤ 秦观.边防：下［M］//秦观.淮海集笺注：卷一八.徐培均，笺注.上海：上海古籍出版社，1994：671-672.
⑥ 晁补之.上皇帝论北事书［M］//曾枣庄，刘琳.全宋文：卷二七一三，第125册.上海：上海辞书出版社，2006：331.
⑦ 韦骧.兵备［M］//曾枣庄，刘琳.全宋文：卷一七七七，第82册.上海：上海辞书出版社，2006：15.
⑧ 王瑞明.宋儒的军事谋略［M］//王瑞明.宋儒风采.长沙：岳麓书社，1997：614.
⑨ 约翰思顿.暴力亦非暴力——对《孙子兵法》"不战而屈人之兵"思想的再思考［J］.国际政治研究，1992（1）：62.

其内涵逐渐被文人士大夫赋予了特殊意义。文人士大夫从大战略考虑，在妥善处理复杂的和战关系的同时，也为自己找到了"不战而屈人之兵"[①]的理论依据，以掩饰其求和或投降的虚伪之论，道出了其"止可伐谋而制胜"[②]的策略。在这个认识的基础上，我们看到，北宋文人的"不战而屈人之兵"说，不仅仅是传统兵学中军事斗争的最高境界，更是一种政治和外交策略。它早已超越传统兵家思想，成为北宋文人论兵中普遍认同的理想战略目标，因此，为了追求"不战"，制定和实施一定的战略及其相关的措施，也就势在必行了。这种内在逻辑说明它已深深扎根于北宋专制统治的理念中，并贯穿在文人论兵的指导思想和规范中，这主要表现在以下三个方面。

其一，"不战而屈人之兵"的思想与文人士大夫的战争态度捆绑在一起。在北宋"防患于未然"的观念支配下，文人士大夫论及边防战备时，往往强调"不战"重于"屈人之兵"，并进行了多方面阐释。士大夫认为"不战"可以限制统治者穷兵黩武的战争行为。张齐贤以"不战"说来抵触宋太宗发动战争的行为：

> 圣人举事，动在万全，百战百胜，不若不战而胜。若重之慎之，则契丹不足吞，燕蓟不足取。[③]

朱台符也支持"不战"说，并称赞澶渊之盟的结果：

> 昔扬雄有言曰，北方之国，五帝所不能臣，三王所不能致，故其不服，中国未得高枕安寝也。何者？天性忿鸷，形容魁健，其强难屈，其和难得，真中国之雄敌也。矧苞桑之系，安不忘危，兵家之胜，贵于不战。

从言辞中，我们能看出"不战"之说已成为北宋文人士大夫反对通过战争解决冲突的一部分策略。许多士大夫在反对战争的同时，也从"仁者爱人"思想出发，肯定了"不战"的好处，如爱民、减少战争伤亡、经济损失等，这集中体现了他们奉行"民为邦本，本固邦宁"的儒家思想。陈执中说："边兵小屈，皮肤之伤也。民力既穷，腹心之患也。凡军须出于民，夫运而妻供，父挽而子荷。道路愁叹，井落空虚。"[④] 言外之意，就是在强调"不战"的好处。著名的《孙子兵法》研究者梅尧臣、张预等人从"民本"角度出发，认为"不战"的原因在于"战则伤人"。李觏也以"民本"思想为依据，阐释了"不战"的道理，而他的《慎兵论》堪称这方面的代表。

> 臣尝原兵之理，我克敌，敌克我，要之各有相伤；为民父母，奈何使民两自相伤，中道无罪而陨生哉！万一正不获意，则权必用武乃济，然后哀矜怆恻而用之以犯难，难平即止，非复可玩。此以杀止杀、以战去战之术也。……人君当视人犹己，以己推人，则好战之心自平。夫士卒之痛，思己之痛；士卒之伤，思己之伤。矢石在前，白刃在左右，法令在后，万死之间，幸于一生，其危心如何？彼贵贱虽异位，而喜惧好恶之心无二，况复杀乎？杀一人则父母妻子失所而无依者数人，或至于杀其子孙，则嗣续遂绝者。夫推爱物之心，犹不忍暴殄天物，况人乎？不战而屈人兵者，正

---

① 陈峰. 宋代军政研究 [M]. 北京：中国社会科学出版社，2010：40.
② 赵汝愚. 上真宗论弃灵州为便 [M] // 赵汝愚. 宋朝诸臣奏议：下. 上海：上海辞书出版社，1999：1441.
③ 赵汝愚. 上太宗论幽燕未下当先固根本 [M] // 赵汝愚. 宋朝诸臣奏议：下. 上海：上海辞书出版社，1999：1417.
④ 李焘. 续资治通鉴长编：卷一二六 [M]. 北京：中华书局，2004：2983.

慎于此。^①

李觏把"仁义"作为决定战争胜利的首要因素，并总结道："彼贫其民而我富之，彼劳其民而我逸之，彼虐其民而我宽之，则敌人望之若赤子之号父母，将匍匐而至矣。彼虽有石城汤池，谁与守也？虽有坚甲利兵，谁与执也？是谓不战而屈人之兵矣。"在他看来，儒家"民本"思想中的"仁"与兵家的"道"一样，要想取得战争的胜利，避免更大的伤害，关键是得到民众的支持，这样才能达到"不战"的目的。事实上，李觏等人为"爱民"而采取的"不战而屈人之兵"说，呼声很高，但对于辽夏等强敌根本不是行之有效的方案。究其原因，除了他们缺乏一定的实践经验和受儒家思想的影响外，更重要的是他们与北宋王朝"避战求和"的主流政治态度有密切的关系。

其二，设想运用"以夷制夷"、分而治之的方略，坐收渔人之利。中原王朝历来采取"以夷制夷"的手段，对周边少数民族进行怀柔羁縻，突出戍守边疆的作用。这种作用被北宋士大夫关注，故而有"自顷夷狄强盛，必赖比近部族自相携贰，伺候房情，为国藩翰"^②之论。从国防负担的角度来看，北宋每年送给辽夏大量的金帛财富，不但加重了国家财政负担，而且时刻遭到辽夏的战争威胁。因此，士大夫吸取历史经验教训，结合宋与辽、夏等政权的关系，指出"闻前代剪戎之策，不可恃兵强，皆须逢衅隙"^③。正如富弼所说的，"古者有外虞，则以夷狄攻夷狄，中国之利也"^④。当王韶承担解决河湟地区蕃部的招抚任务时，王安石在宋神宗面前对此大加称赞："不烦兵，不费财，能抚结生户，不为西人所收以为边患，焉得为无补！"^⑤ 针对辽夏的"西乏则北助，北静则西动"^⑥的掎角关系，士大夫主张用"以夷制夷"策略牵制辽夏势力，以减轻对宋朝的战略压力。对于强大的辽国来说，北宋虽然制定了联合高丽、女真等策略，试图收复幽云地区，但因高丽、女真等实力不足，这些策略均告失败。苏轼认为应慎重利用高丽牵制辽国的策略，如"高丽名为慕义来朝，其实为利，度其本心，终必为房用，何也？"^⑦ 并且，"高丽之人所至游观，伺察虚实，图写形胜，阴为契丹耳目"^⑧。胡舜陟对高丽表示担忧，认为高丽"昔臣事契丹，今必臣事大金"，"所得赐予，闻与房分。我之山川之形势、兵旅众寡、财用虚实，往往窥测以报房人"^⑨。

在西北地区，士大夫主张对沿边少数民族进行招抚，以防止其倒向敌人，故"择其族盛而有劳者以为酋帅，如河东折氏比，庶可为吾藩篱之固矣"^⑩。张齐贤指出："继迁须是得一两处头角蕃族，令与为敌，此乃以蛮夷攻蛮夷，中夏之上策也。"^⑪他们所采取的手段，一是在政治上对周边少数民族封官授爵，尊重和承认其首领的统治权力；二是在经济

---

① 李鹰.慎兵论［M］//曾枣庄，刘琳.全宋文：卷二八五二，第132册.上海：上海辞书出版社，2006：160.
② 赵汝愚.上徽宗乞诱青唐［M］//赵汝愚.宋朝诸臣奏议：下.上海：上海古籍出版社，1999：1594.
③ 赵汝愚.上真宗论备边之要有五［M］//赵汝愚.宋朝诸臣奏议：下.上海：上海古籍出版社，1999：1436.
④ 赵汝愚.上仁宗河北御十三策［M］//赵汝愚.宋朝诸臣奏议：下.上海：上海古籍出版社，1999：1506.
⑤ 李焘.续资治通鉴长编：卷二二四［M］.北京：中华书局，2004：5461.
⑥ 赵汝愚.上仁宗河北守御十三策［M］//赵汝愚.宋朝诸臣奏议：下.上海：上海古籍出版社，1999：1502.
⑦ 赵汝愚.上哲宗论高丽人使买书［M］//赵汝愚.宋朝诸臣奏议：下.上海：上海古籍出版社，1999：1598.
⑧ 赵汝愚.上哲宗乞裁损高丽人使［M］//赵汝愚.宋朝诸臣奏议：下.上海：上海古籍出版社，1999：1597.
⑨ 赵汝愚.上钦宗论高丽人使所过州县之扰［M］//赵汝愚.宋朝诸臣奏议：下.上海：上海古籍出版社，1999：1601.
⑩ 李焘.续资治通鉴长编：卷一三八［M］.北京：中华书局，2004：3319.
⑪ 李焘.续资治通鉴长编：卷六八［M］.北京：中华书局，2004：1537.

上赐金帛岁币，促使他们同辽夏互相攻伐。因此，北宋联合吐蕃、回纥等少数民族政权形成对西夏的夹击，也是防范西夏与这些民族政权联合在一起对北宋构成威胁的良策，所以采取"以夷制夷"策略是有必要的。不过，士大夫认为对"以夷制夷"策略必须慎重分析，不能轻易实行。尹洙鉴古览今，指出慎用"以夷攻夷狄之策"，如唃厮啰屡次犯境，不能以诚待之，而应察其情伪，防止"常苦边臣之侵渔"①。在当时复杂的民族关系之下，尹洙、苏轼、胡舜陟等人提出慎重选择联合对象，不但可以避免宋朝陷入不利的境地，也有助于"以夷制夷"策略的实行。同时，士大夫也对这种"以夷制夷"策略产生了担忧。魏泰批评道："世人每见夷狄自相攻讨，以为中国之利，不知其先绝后顾之患，然后悉力犯我，此知兵者所宜察也。"②

其三，"不战而屈人之兵"说与北宋"守内虚外"的消极防御战略联系起来。北宋以"守内虚外"的边防战略为主，显然不具备"不战而屈人之兵"的客观条件。这一客观事实直接影响了文人士大夫对"不战而屈人之兵"思想的集中论述和阐释。一方面，他们把"不战"与崇尚"伐谋""伐交"联系起来，展开多种多样的阐释。如司马光从帝王伐谋的角度出发，说："臣闻明主谋事于始而虑患于微，是以用力不劳而收功甚大。"③孙觉则从先内后外的角度指出，"切以夷狄之患，虽盛王所不免，唯知自治者为能胜之"④。范育在论及御戎之策时，认为应遵从"来则御之，去则勿追"，做到"以逸待劳，以静制动。后世兵家取胜之术，殆不过此"⑤。可见在战前做好各种准备，不给敌人以可乘之机，在力量对比上占据有利形势，这为实现"不战而屈人之兵"战略提供了有力支撑。但他们所论的"不战而屈人之兵"不限于此。如丁度分析宋朝与周边少数民族之间的差异，认为"中国抗夷狄，可以智胜，不可以战斗"⑥。欧阳修根据《孙子兵法》中的"上兵伐谋，其次伐交"分析宋夏战争问题时，指出：

> 今督励诸将，选兵秣马，疾入西界，但能痛攻昊贼一阵，则吾军威大振，而敌计沮矣。此所谓"上兵伐谋"者也。今论事者，皆知西、北欲并二国之力，窥我河北、陕西，若使西北并入，则难以力支。今若我先击败一处，则敌势减半，不能独举。此《兵法》所谓"伐交"者也。元昊地狭，贼兵不多，向来攻我，传闻北敌常有助兵。今若敌中自有点集之谋，而元昊骤然被击，必求助于北敌，北敌分兵助昊，则可牵其南下之力，若不助昊，则二国有隙，自相疑贰，此亦"伐交"之策也。假令二国刻期分路并入，我能先期大举，则元昊仓皇，自救不暇，岂能与北敌相为表里？是破其素定之约，乖其刻日之期，此《兵法》所谓"亲而离之"者，亦"伐交"之策也。……今乘其骄怠，正是疾驱急击之时，此《兵法》所谓"出其不意"者，取胜之上策也。⑦

可见，欧阳修将孙子的"伐谋、伐交"策略应用于对西夏的作战指导方面，无疑是对"不战而屈人之兵"思想的发展。范仲淹镇守西北边疆时，整军备战，修筑堡寨，坚壁清

---

① 尹洙. 用属国议 [M] //曾枣庄，刘琳. 全宋文：卷五八三，第27册. 上海：上海辞书出版社，2006：297-298.
② 魏泰. 东轩笔录：卷一五 [M]. 北京：中华书局，1983：172.
③ 赵汝愚. 上英宗乞戒边臣阔略细故 [M] //赵汝愚. 宋朝诸臣奏议：下. 上海：上海古籍出版社，1999：1522.
④ 赵汝愚. 上神宗论自治以胜夷狄之患 [M] //赵汝愚. 宋朝诸臣奏议：下. 上海：上海古籍出版社，1999：1537.
⑤ 李焘. 续资治通鉴长编：卷四六七 [M]. 北京：中华书局，2004：11164.
⑥ 丁度. 论抗夷狄，可以智胜不可以战斗奏 [M] //曾枣庄，刘琳. 全宋文：卷三九五，第19册. 上海：上海辞书出版社，2006：165.
⑦ 李焘. 续资治通鉴长编：卷一三六 [M]. 北京：中华书局，2004：3257.

野，这些做法起到了防御西夏进攻的作用，被后世称为"不战而屈人之兵"①的典范。尹洙认为战争多耗费巨额财富，不如精简兵力，加强军事训练，做好周密的战争准备，"使虏众无隙可窥，不战而慑"②。

另一方面，北宋的军事实力弱于辽、夏，但经济实力远胜于辽、夏等政权，这也为士大夫主张"不战"观念打下了一定的基础。太宗时期，郑文宝请求朝廷禁止青白盐输入境内，以控制李继迁的经济来源，达到"不战而屈人之兵"③的目的。包拯也提出过类似的建议："缘元昊数州之地，财用所出，并仰给于青盐。自用兵以来，沿边严行禁约者，乃困贼之一计尔。"④除郑文宝、包拯外，李继和、梁鼎、韩琦、孙甫、欧阳修等人均主张断绝西夏赖以生存的经济命脉，从而达到不用武力而战胜西夏的目的。⑤实际上，这种具有战略全局性质的经济抗衡方式，或许仅仅是一种理想的追求，在军事实践中往往无法做到尽如人意。换言之，他们对"不战而屈人之兵"理解，无疑与北宋在边防战争中执行"守内虚外"的消极战略是密切相关的。

综上所述，战争的重要性，即"兵者国之大事"，在北宋士大夫的心中已经被践踏得荡然无存。他们虽然在现实中提出"恢复汉唐故疆"的口号，但在精神世界里处处抵触战争、逃避战争。⑥同时也可以看到，在面临战争决策之际，士大夫口口声声高谈的"兵者国之大事"，不一定是兵家原则的反映，而是寄寓着北宋文人士大夫理想的或改造过的基本战争态度。

---

① 黄淮，杨士奇，等. 历代名臣奏议：卷二二五［M］//纪昀，永瑢，等. 文渊阁四库全书. 影印本. 台北：台湾商务印书馆，1986.
② 脱脱，等. 宋史：卷二九五［M］. 北京：中华书局，1977：9833-9834.
③ 赵汝愚. 上仁宗兵策第十四事［M］//赵汝愚. 宋朝诸臣奏议：下. 上海：上海辞书出版社，1999：1469.
④ 包拯. 论杨守素［M］//包拯. 包拯集校注. 卷一. 杨国宜，校注. 合肥：黄山书社，1999：42.
⑤ 李华瑞. 宋夏关系史［M］. 北京：中国人民大学出版社，2010：247.
⑥ 赵汝愚. 上英宗乞留意边事［M］//赵汝愚. 宋朝诸臣奏议：下. 上海：上海辞书出版社，1999：1524.

第三章 北宋主流意识支配下的文人军队建设论
——以驭将、兵制及军备后勤为例

随着北宋与周边民族政权的战争日渐频仍，文人士大夫普遍对军队建设给予了极大关注，军队建设也成为当时朝野重要的论兵议题之一。而这个议题涉及北宋军队建设的方方面面，如驭将、兵制及军备后勤等。驭将、兵制及军备后勤作为文人军队建设思想的核心和精华，和北宋专制制度问题错综复杂地结合在一起，集中体现了文人对当时军事斗争的主流观点。因此，本章拟从北宋主流意识角度出发，探讨文人军队建设中的驭将、兵制及军备后勤问题。

一、驭将指导思想

文武关系是北宋文人论兵的一个核心议题。[①] 这个议题长期贯穿在北宋王朝所推行的"重文抑武""以文驭武"政策中。这些政策对北宋将帅所扮演的角色、拥有的地位和发挥的作用产生了重要影响，乃至由此形成了一种独特的气象。因此，本章拟提出一些驾驭及培养、选拔将帅的建议。

（一）参与驭将机制设计

唐末以来，文武关系严重失衡，文人士大夫视投身军旅为仕途的捷径，导致整个社会弥漫着"尚武"风气。到了宋初，朝野"尚武"风气依然较浓。赵宋统治者结合历史经验教训和亲身经历，视武将势力为祸乱的根源，采取种种钳制、束缚武将的举措，并以此作为全力强化中央集权的核心任务。赵宋统治者在从体制上铲除武将谋乱的同时，大开科举之门，以提高文人士大夫的政治地位，矫正了以往文武失调的问题。在这种形势下，文人士大夫不愿意再看到维护专制统治的中心任务转移到武将身上，而战场厮杀那样的事也不是自己所长，又与其推崇的"仁义"与"慎战"为核心的儒家思想相违背，所以，他们中的大多数人对统治者抑制武将的行动给予了极大支持。

---

① 主要有以下论著：王曾瑜．宋朝的文武区分和文臣统兵［J］．中州学刊，1984（2）；罗文．北宋文臣统兵的真相［C］//漆侠．宋史研究论文集——国际宋史研讨会暨中国宋史研究会九届年会编刊．保定：河北大学出版社，2000；陈峰．北宋武将群体与相关问题研究［M］．北京：中华书局，2004；张明．北宋驭将政策矛盾探析［J］．广西社会科学，2004（1）．

宋初君臣们在压制、防范武将的同时，又由此衍生出"以文驭武"的制衡机制，这种机制可以说是赵宋统治集团深化抑制武将举措的重要产物。从太祖时期开始，朝廷选取具有文武素质的文人参与治军。开宝五年（972），太祖向赵普询问："儒臣中有武干者何人？"①赵普推荐知彭州、左补阙辛仲甫为西川兵马都监。太祖试图通过选拔略具武干的儒臣"分治大藩"，其目的是使文武官员力量趋于平衡，从而保证凌驾于他们之上的帝王统治的稳固。然而，太宗取得皇位的过程被很多人猜忌，甚至有人认为他是篡位自立。而他本人心胸狭隘，才质平庸，不能不对臣下加以防范，其中带兵将领又是他猜忌和防范的主要对象。②宋太宗曾为此辩解道："夫文武之略，天不赐全，倘使张良有信之武勇，韩信有张良之沉谋，则高祖焉能驾驭之乎！"③

统治者在防范与猜忌心理的驱使下，让大批文臣逐渐主掌枢密院、地方军事机构，使得"以文驭武"的情况日益极端化。真宗时期，武将马知节与王钦若、陈尧叟在枢密院共事。一日，王钦若"喧哗不已，马（知节）则涕泣"④。可见，武将群体在枢密院被日益边缘化，沦落为文臣的配角。宝元二年（1039），文臣孔道辅攻击武将王德用"得士心，不宜久典机密"⑤。不久，王德用被贬出朝廷，并受到监视。在边防地区，武将"多被文臣掣肘"⑥的现象也非常突出。正如欧阳修所说："大凡武臣尝疑朝廷偏厚文臣，假有二人相争，实是武人理曲，然终亦不服，但谓执政尽是文臣，递相党助，轻沮武人。"⑦贾昌朝指出，这些弊端与宋初"抑武"政策过甚有关。

> 太祖初有天下，鉴唐末五代方镇武臣、士兵牙校之盛，尽收其权，当时以为万世之利。及太宗所命将帅，率多攀附旧臣亲姻贵胄，赏重于罚，威不逮恩，而犹仗神灵，禀成算，出师御寇，所向有功。自此以来，兵不复振。……以屡易之将驭不练之士，故战必致败。此削方镇兵权过甚之弊也。⑧

不难看出，北宋的"抑武"政策已执行过了头，对国防造成了很大伤害，致使北宋长期陷入被动挨打的局面。就北宋一百六十多年的历史来说，文人士大夫不能说对于"抑武"政策的弊端没有清醒的认识，但是他们也无法脱离这一体制，甚至亲自参与制度设计，概括而言，主要有以下几点。

第一，"将从中御"及"阵图"成为统治集团牵制将帅的重要手段。北宋统治者的驭武之术可以说是精于运用权谋，尤其是赋予监军很大的权力，他们既能向皇帝直接汇报武将们的情况，又可以与武将们分庭抗礼。建隆二年（961），太祖得到兵马都监药继能密报武将孙行友谋反的信息，派阁门副使武怀节率军，以巡边之名，擒获孙行友。⑨此外，监军还参与具体的军事行动，成为牵制武将的重要力量。至道三年（997），宋真宗派傅潜等

---

① 李焘. 续资治通鉴长编：卷一三 [M]. 北京：中华书局，2004：293.
② 陈峰. 北宋"崇文抑武"的治国方略及其影响 [M]//陈峰. 北宋武将群体与相关问题研究. 北京：中华书局，2004：266.
③ 徐松. 宋会要辑稿：第8册 [M]. 北京：中华书局，1957：6999.
④ 王素. 文正王公遗事 [M]//朱易安，傅璇琮，等. 全宋笔记：一编五. 郑州：大象出版社，2003：181.
⑤ 李焘. 续资治通鉴长编：卷一二三 [M]. 北京：中华书局，2004：2907.
⑥ 李焘. 续资治通鉴长编：卷一五〇 [M]. 北京：中华书局，2004：3630.
⑦ 李焘. 续资治通鉴长编：卷一四八 [M]. 北京：中华书局，2004：3590.
⑧ 李焘. 续资治通鉴长编：卷一三八 [M]. 北京：中华书局，2004：3316.
⑨ 脱脱，等. 宋史：卷二五三 [M]. 北京：中华书局，1977：8871.

将领救援灵州，又命文臣张秉、冯起、吕文仲等人承担起监军的职责。而且，统治者出于"将从中御"的需要，亲自编造"阵图"捆住武将们的手脚，不许他们有变通的余地。田锡批评道：

> 今之御戎，无先于选将帅。既得将帅，请委任责成，不必降之以阵图，不须授之以方略，自然因机设变，观衅制宜，无不成功，无不破敌矣。……况今委任将帅，而每事欲从中降诏，授以方略，或赐以阵图。依从则有未合宜，专断则是违上旨，以此制胜，未见其长。①

在澶渊之役之前，宋真宗亲自"为之画付卿等可面授诸将也"②。武将王德用批评道："咸平、景德中，赐诸将阵图，人皆死守战法，缓急不相救，以致屡败。"③连宋神宗也用"奇正"之术来阐释阵图的高妙之处，言外之意是为"将从中御"辩护，并且说"奇正乃用兵之要"，并以天地之道为喻，"奇者，天道也。正者，地道也。地道有常，天道则变而无常。至于能用奇正，以奇为正，以正为奇，则妙而神矣"④。赵宋统治者以"阵图"牵制将帅的手段，遭到不少文人批评。朱台符援引《孙子兵法》来批评"阵图"的弊端，并说："近代动相牵制，不许便宜，兵以奇胜而节制以阵图，事惟变适而指踪以宣命，勇敢无所奋，知谋无所施，是以动而奔北也。孙武曰：'不知军之不可以进而谓之进，不知军之不可以退而谓之退，是谓縻军。'此之谓也。"⑤可以说，赵宋统治者把"将从中御"的手段发挥到了极致，只要是统兵将帅，无论是武将还是文臣，均会被牵制，赵宋统治者反而认为这样可以防止将帅成为祸乱根源。欧阳修批评朝廷牵制边帅郑戬的做法，说："戬虽名都部署，而诸路自各有将，又其大事不令专制，必禀朝廷……则委任之意，大小乖殊，军法难行，名体不顺。"⑥正如尹源所说："将帅任轻而势分，军事往往中御。愚谓此可以施于无事时，镇中国，服豪杰之心，苟戎夷侵轶，未必能取胜也。……今之所失者制也。"⑦

第二，反对用武将统军，以防止酿成藩镇之祸。士大夫参透了宋初帝王剥夺武将军事指挥权的做法，并且说："祖宗之法不任武人为大帅，用意深远，非浅见者所能测之。"⑧显然在士大夫群体中，猜忌、防范武将早已成为一种主流意识。正因如此，朝廷只要有任用武将独立统军的讨论，他们马上以"唐室方镇之患"为例予以反对。任伯雨的意见堪称这方面的代表：

> 臣风闻外议皆言朝廷以西北诸帅阙人，议欲益以武臣，纷纷累日。……若用武臣，渐成方镇之势，则国家内患非止一朝一夕之故。或谓朝廷盛强，虽用武臣，未必为患，前此间有武臣为帅矣。臣谓不然。且前此虽有，乃卓然有才，非同辈所敢比

---

① 赵汝愚.上太宗答诏论边事[M]//赵汝愚.宋朝诸臣奏议：下.上海：上海古籍出版社，1999：1423.
② 蔡絛.铁围山丛谈：卷二[M].北京：中华书局，1983：31.
③ 脱脱，等.宋史：卷二七八[M].北京：中华书局，1977：9466-9469.
④ 李焘.续资治通鉴长编：卷二四八[M].北京：中华书局，2004：6056.
⑤ 李焘.续资治通鉴长编：卷四四[M].北京：中华书局，2004：937.
⑥ 李焘.续资治通鉴长编：卷一四六[M].北京：中华书局，2004：3543.
⑦ 尹源.叙兵[M]//曾枣庄，刘琳.全宋文：卷四三六，第21册.上海：上海辞书出版社，2006：93.
⑧ 赵汝愚.上哲宗论祖宗不任武人为大帅用意深远[M]//赵汝愚.宋朝诸臣奏议：上.上海：上海古籍出版社，1999：725.

者。是以人不侥幸。且规事建议，必图万世之固，预防未然之祸。①

  文人士大夫之所以反对武将独立统军，主要是因为他们认为武将在政治上不可靠。余靖起初很推崇武将狄青，但当朝廷重用狄青时，他马上诬蔑道："泾原有可忧之势，岂青匹夫独能当之？"② 欧阳修压制将帅的方法更为特别，他竟然用所谓的五行灾异学说来论证狄青不适合担任枢密使一职，他说："水者，阴也。兵者，阴也。武臣者，亦阴也。"③ 他的言外之意是武将和水同为阴性，天生是国家长治久安的隐患。他还说唐代泾原兵变就是武将具有破坏性的明证："唐之朱泚，本非反者，仓卒之际，为军士所迫耳。大抵小人不能成事，而能为患多矣。泚虽自取族灭，然为德宗之患，亦岂小哉？夫小人陷于大恶，未必皆其本心，所为直由渐积以至磋跌，而时君不能制患于未萌尔。"④ 他认为武将也有可能为小人所迫兴兵作乱，但也必须严密提防他们，方可万无一失。在文人士大夫心中，似乎只有他们自己出任大帅，方可保证国家的长治久安。苏轼出任知定州、兼定州路安抚使、马步军都总管时，"会春大阅，将吏久废上下之分"。他按照旧例举行大阅，身穿常服出入军帐中，"将吏戎服执事。副总管王光祖自谓老将，耻之，称疾不至"。最终，苏轼逼迫王光祖参加检阅。事后，定州人说："自韩琦去后，不见此礼至今矣。"⑤ 显然，武将已沦落为文人的副手，受到严密监视。尹洙指出了这种体制的恶果："御与救，非将之罪也，以吏事制戎事，法制之失也。"⑥ 在"以文驭武"机制的运作下，武将像温顺的书生一样，缺乏真正的将威，更谈不上在战场上指挥作战。诚如蔡襄所说："武人剽去角牙，磨治壮戾，妥处行伍间，不敢冗然自较轻重。"⑦

  第三，将帅地位低下，缺乏主动为国效力的精神，致使宋军处于败多胜少的困境。在北宋"重文抑武"政策的贯彻下，武将地位极其低下，处处受到朝廷及士大夫的排斥和打击。澶渊之战时，殿前都指挥使高琼请求真宗亲征澶州北城，却遭到文臣冯拯呵斥："高琼何得无礼！"高琼则反唇相讥："君以文章为二府大臣，今虏骑充斥如此，犹责琼无礼，君何不赋一诗咏退虏骑邪？"事后，宋真宗责备高琼："卿本武臣，勿强学儒士作经书语也。"⑧ 这说明武将的政治地位极其卑微，他们连说话的权利都没有，更不用说在战场上为国效力了。在这样的形势下，朝廷还要求将领不置亲兵，以防他们拥兵自重。乾德五年，太祖听说殿前都指挥使韩重赟"私取亲兵为腹心"⑨，深为大怒，欲处死他。后来，在赵普的劝说下，太祖才释放了韩重赟。为消除统治者的猜忌，大多数将领不敢置亲兵，这无疑增加了他们作战的风险。田锡一针见血地指出，朔州之战中名将杨业被俘悲剧的形成，就是因为"近代侯伯，各有厅直三五十人，习骑射为腹心，每出入敌阵，得以随身。后来不

---

① 赵汝愚.上徽宗论西北帅不可用武人［M］//赵汝愚.宋朝诸臣奏议：上.上海：上海古籍出版社，1999：728.
② 余靖.论狄青不可独当一路奏［M］//曾枣庄，刘琳.全宋文：卷五六二，第26册.上海：上海辞书出版社，2006：317.
③ 欧阳修.论水灾疏［M］//欧阳修.欧阳修全集：卷一○九.北京：中华书局，2001：1660.
④ 欧阳修.论狄青札子［M］//欧阳修.欧阳修全集：卷一○九.北京：中华书局，2001：1656.
⑤ 脱脱，等.宋史：卷三三八［M］.北京：中华书局，1977：10816.
⑥ 尹洙.兵制［M］//曾枣庄，刘琳.全宋文：卷三三八，第28册.上海：上海辞书出版社，2006：26.
⑦ 蔡襄.送马承之通判仪州序［M］//曾枣庄，刘琳.全宋文：卷一○一四，第47册.上海：上海辞书出版社，2006：121.
⑧ 司马光.高琼请幸北城［M］//司马光.涑水记闻：卷六.北京：中华书局，1989：114.
⑨ 脱脱，等.宋史：卷二五○［M］.北京：中华书局，1977：8823.

敢养置，昨杨业陷阵，访闻亦是无自己腹心，以致为敌人所获"①。可见，名将杨业被俘与没有亲兵有很大的关系。② 连韩琦也说："臣窃见前日山外之战，诸将多亡殁，所部兵众，故不可一概问罪。今不立法制，则各务生全，岂复以亡殁主将为意?"③ 显然，将领不置亲兵的后果是很严重的。只要与敌作战，他们就会只顾保护自己，不考虑胜负问题，从而丧失了基本的战斗意志。正如司马光所说："将帅之臣率多懦怯，别无才谋以折冲御侮，只知多聚兵马以自卫其身。"④

由于北宋武将群体地位低下，他们即使奋力为国作战，也很难获得朝廷的重赏。武将马遵拼命突围，引开敌人，救出被俘将士，可以称之"奇节"。然而，主帅范雍、刘平有意压制马遵越级升职，致使富弼为其抱打不平："至于马遵者，出境讨贼，不顾存亡，援溺救焚，皆得全活，上可以壮朝廷之武，下可以抑僭国之强，比王、李之功效则度越有余，比王、李之迁酬则数倍不足，边臣见之失色，元昊闻之长奸，用人若斯，致寇之道也。"⑤ 除了薄赏外，边防地区将领与大宋其他地区将领的升迁磨勘制度存在不平等，导致将领不愿意去守边。韩琦、范仲淹并言："陕西、河东缘边州军及城寨主兵武臣，例皆五年磨勘，既与内地劳逸不均，故多不愿就边任。"⑥ 由于武将群体地位低下，出现了无权、畏权等现象，他们大多不愿为国而战，致使北宋边防陷入"积弱"的军事态势。

综上所述，士大夫虽然对"抑武"的弊端有着清醒的认识，但对武将的作用始终不能给予应有的评价。苏轼认为，将领几乎等同于敌患，并强调："夫天下之患，不在寇贼，亦不在于敌国，患在于将帅之不力，而以寇贼敌国之势内邀其愈坚，则将帅之权愈重。将帅之权愈重，则爵赏不得不加。夫如此，则是盗贼为君之患，而将帅之利之；敌国为君之仇，而将帅幸之。"⑦ 显然，文人士大夫始终对将帅的角色、作用存在一定偏见。

(二) 将之"忠"与驭将思想

汉代陆贾说："天下安，注意相；天下危，注意将。"⑧ 这是说，天下安危与将相密切相关。事实上，战争的变幻莫测使将领较难被统治者及朝廷驾驭。为了适应驭将的政治需要，许多士大夫在参透了北宋专制制度设计内涵的基础上，对传统兵法进行改造，如在将者必须具备的"智、信、仁、勇、严"五德的基础上，加入了"忠"的概念，⑨ 从而构成了独具特色的文人驭将思想。《宋史》论曰："贵为将领者，非取其武勇而已也，必忠以为主，智以为本，勇以为用，及其成功，虽有小大之殊，俱足以尊主庇民也。"⑩ 这反映了宋朝统治者以"忠"为主的驭将思想。因此，北宋士大夫结合历代驭将的经验教训，为统治者出谋划策，寻找防范武将的理论依据，总结出以"忠"为主的驭将指导思想，归纳起

---

① 李焘. 续资治通鉴长编：卷三〇 [M]. 北京：中华书局，2004：675.
② 学界研究表明，与辽作战时，杨业身边跟随不少亲兵。此处，引用田锡的论证，只是为了分析将帅缺乏亲兵不肯力战的原因。
③ 李焘. 续资治通鉴长编：卷一三四 [M]. 北京：中华书局，2004：3208.
④ 李焘. 续资治通鉴长编：卷二〇六 [M]. 北京：中华书局，2004：5009.
⑤ 李焘. 续资治通鉴长编：卷一二四 [M]. 北京：中华书局，2004：2931.
⑥ 李焘. 续资治通鉴长编：卷一四二 [M]. 北京：中华书局，2004：3407.
⑦ 苏轼. 孙武论：下 [M] //苏轼. 苏轼文集：卷三. 北京：中华书局，1986：93.
⑧ 司马迁. 史记：卷九七 [M]. 北京：中华书局，1959：2700.
⑨ 魏鸿. 宋代孙子兵学研究 [M]. 北京：军事科学出版社，2011：181.
⑩ 脱脱，等. 宋史：卷三五〇 [M]. 北京：中华书局，1977：11091.

来，主要有以下几个方面。

其一，向将领灌输"事君以忠勤"的思想，以便驾驭他们。北宋士大夫对将帅的基本认识是"将为贼尔，防兵乱之源"[①]。在驭将方面，苏辙认为将领必须以"忠"为首要条件，"择将而得将，苟诚知其忠"[②]。李鹰在《将材论》中进一步阐发"忠"对将领的重要性："事君皆以忠，而将之忠为大。盖方其用师也，上不制于天，中不制于地，下不制于人，将军之志自用矣。如之何？惟君是图而忘其身，惟国是忧而忘其家，故贵乎忠。忠则无二心故也。"[③] 由此可见，在李鹰眼中，"忠君"既能避免帝王对武将的猜忌和防范，又可以成为战场上驭将的工具。苏轼认为，除御敌外，将帅的重要作用是"爱君以德，而全其宗嗣"[④]，成为社稷之臣。作为士大夫群体的精英代表，范仲淹深受儒家忠君思想的熏陶，懂得把儒家的"忠义"思想与朝廷的驭将制度结合起来，即武将"事君以忠勤，精忠报国"，这已是一个不证自明的首要隐性标准。也就是说，将领必须抛弃一切，完成效忠最高统治者的使命。夏竦在《将帅部受命忘家序》中援引《春秋》"将受命之日，则忘其家；临军约束，则忘其亲"之言，解释"军旅之事，安危攸司；将帅之任，社稷是毗。固当以孝而资忠，以义而割爱。受诏引道，初无严；忧国忘家，靡顾私室。耸英烈之风概，为忠义之模楷"[⑤]。这一解释生动地说明了"忠"对于将领的重要性。

其二，将帅用兵作战必须符合朝廷的政策和方针，以防出现穷兵黩武的后果。北宋士大夫虽然常以"将能而君不御者胜"来论证将领具有指挥权的合理性，但是他们认为，将帅除谙熟兵法外，还要有敏锐的政治洞察力，根据朝廷政治势力的心理底线，在运作方面稍作调整，倘若"好功者惟知生事而不顾方略"[⑥]，便很难做下去，甚至会受到惩罚。至道元年（995），澄州刺史孙赞"擅率兵入敌境失利"[⑦]，被朝廷处斩。熙宁三年，西夏出兵骚扰北宋边境。边将李宗谅率军袭击西夏闹讹堡，肆意劫掠人畜钱财。知庆州李复圭也贪财好战，喜功邀赏，曾派部下李信、刘甫、种谔诸将出击夏军，结果遭到大败。谢景温认为，"遂使夷狄怨愤，举国内侵，士卒死伤，边民流离，皆复圭所致"[⑧]。这些守边将领出于贪财目的，经常派兵潜入西夏境内劫掠人畜，使宋夏边境不得安宁。司马光斥责这些"轻动干戈，妄扰边境"的将领为"奸诈之臣"，竟然不顾国家大局和百姓死活，"使兵夫数十万，暴骸于旷野，资仗巨亿，弃捐于异域"[⑨]。刘述明确指出："欲作边帅，以邀己利耳，非忠于朝廷也。"[⑩] 在神宗论攻守之计时，士大夫认为倘若将帅全权指挥军队，朝廷会无法控制局面。王安石认为，"兵虽不可中御，然边事大计，亦须朝廷先自定也"[⑪]。所以，士大夫认为将帅严格执行朝廷的方针政策是非常重要的，如"天下之兵，莫大于御将。天

---

① 程颢，程颐. 明川先生文二 [M] // 程颢，程颐. 二程集. 北京：中华书局，2004：467.
② 苏辙. 臣事上：四道 [M] // 苏辙. 苏辙集：卷七. 北京：中华书局，1990：1301.
③ 李鹰. 将材论 [M] // 曾枣庄，刘琳. 全宋文：卷二八五二，第132册. 上海：上海辞书出版社，2006：164.
④ 苏轼. 士燮论 [M] // 苏轼. 苏轼文集：卷三. 北京：中华书局，1986：89.
⑤ 夏竦. 将帅部受命忘家序 [M] // 曾枣庄，刘琳. 全宋文：卷三五四，第17册. 上海：上海辞书出版社，2006：146.
⑥ 李焘. 续资治通鉴长编：卷二一五 [M]. 北京：中华书局，2004：5241.
⑦ 李焘. 续资治通鉴长编：卷三八 [M]. 北京：中华书局，2004：825.
⑧ 李焘. 续资治通鉴长编：卷二一六 [M]. 北京：中华书局，2004：5258.
⑨ 司马光. 遗表 [M] // 司马光. 司马温公集编年笺注：卷五七. 李之亮，笺注. 成都：巴蜀书社，2009：476.
⑩ 赵汝愚. 上神宗论种谔薛向 [M] // 赵汝愚. 宋朝诸臣奏议：下. 上海：上海古籍出版社，1999：1534.
⑪ 李焘. 续资治通鉴长编：卷二一四 [M]. 北京：中华书局，2004：5197.

下之势，莫大于使天下乐战而不好战"①。言外之意，将帅以打仗为职业，通过作战立功，获得相应的权力和影响，会激起将帅立功的野心，他们主动挑起战争的可能性就会变大，其最终目的是获得更多奖赏和更高的政治地位。换言之，朝廷如若不能驾驭将领，就有可能产生穷兵黩武的后果，致使赵宋政权崩溃。

其三，主张对将帅赏罚公正，有助于驾驭他们。一般来说，对在战场上不用力作战的将帅必须给予军法惩处，而对那些战功卓著的则应该给予奖赏，这样才能保证将帅忠谨。钱若水基于汉高祖的驭将经验，得出了"朝廷能赏罚不私"的结论。同时，他以"军法曰：临阵不用命者斩"论证了大将傅潜违命的危害，希望朝廷将其法办，"然后擢取如杨延朗、杨嗣者五七人，增其爵秩，分授兵柄，使将万人，间以强弩，令分路讨除，孰敢不用命！"②在战争平息之后，宋军有些武将剥削士兵、残杀官员，使得士大夫不得不研究驾驭"骄兵悍将"③的策略。贾昌朝提出了恩威、赏罚之说："古帝王以恩威驭将帅于内，将帅以赏罚驭士卒于外，故军政行而战功集。……如太祖监方镇过盛，虽朘削武臣之权，然边将一时赏罚及用财集事，则皆听其自专，有功则必赏，有败则必诛，此所谓驭将之道也。"④在这里，贾昌朝颇推崇宋太祖在经济上收买将领的驭将之术。曾巩也提出了类似的观点，认为："夫宠之以非常之恩，则其感深；待之以赤心，则其志固；……自古用将之术，不易于是。"⑤

在赏赐方面，他们建议给予有功将领一定的经济奖赏。李觏指出："无功而赏，则赏不足以劝有功。……诚日慎于赏爵，则可使武。"⑥在政治地位上，士大夫建议统治者给予将领一定的优待，以保证其忠君报国。骁将张亢到京城后，多次上疏请求仁宗接见，却未得到同意。韩琦认为统治者不会见边将，"甚非国家抚御将帅之术也"⑦。富弼认为，统治者可以借召对将领的时机，观察他们对皇帝的忠心。他说："凡有武臣求对，必于边事有闻，陛下听朝之余，何惜一见。召于咫尺，待以从容，霁其威颜，加之善诱，使无惧慑，尽意敷陈，然后观其奏对之是非，察其趋向之邪正，可者则奖激而遣之，不可亦优容而罢之。"⑧显然，富弼道出了士大夫驭将的真实想法。正如宋人所说的任将之道，"唉之以恩而使之怀，震之以明而使之畏。吾之恩苟可怀也，彼将尽心死节，虽有小人为之难间，其心不可得而转也"⑨。

其四，主张给予将领充分的信任，以促使其忠心耿耿地为国效力。针对北宋王朝"疑而不专"的驭将弊端，士大夫普遍认为选任将帅之道与其他治国之事不同，除了慎重对待外，还要给予他们充分的信任，即奉行"将在军，君命有所不受"的原则。从军礼角度来看，李觏阐释了"将能而君不御者胜"的驭将方式，即："古者天子遣将于太庙，亲操钺，持其首，授其柄曰：'从是以上至天者，将军制之。'乃复操柄，授与刃曰：'从是以下至

---

① 苏轼. 孙武论：下[M]//苏轼. 苏轼文集：卷三. 北京：中华书局，1986：93.
② 李焘. 续资治通鉴长编：卷四五[M]. 北京：中华书局，2004：973.
③ 包拯. 请重坐举边吏者[M]//包拯. 包拯集校注：卷一. 杨国宜，校注. 合肥：黄山书社，1999：44.
④ 李焘. 续资治通鉴长编：卷一三八[M]. 北京：中华书局，2004：3317.
⑤ 曾巩. 本朝政要策五十首：任将[M]//曾巩集. 曾巩集：卷四九. 北京：中华书局，1984：664.
⑥ 李觏. 强兵策八[M]//李觏. 李觏集：卷一七. 北京：中华书局，1981：164.
⑦ 赵汝愚. 上仁宗乞许边臣过阙朝见奏[M]//赵汝愚. 宋朝诸臣奏议：上. 上海：上海古籍出版社，1999：842.
⑧ 李焘. 续资治通鉴长编：卷一二四[M]. 北京：中华书局，2004：2933.
⑨ 侯溥. 将臣论[M]//曾枣庄，刘琳. 全宋文：卷一七三七，第79册. 上海：上海辞书出版社，2006：381.

渊者，将军制之。"① 夏竦在《信用将帅奏》中说，古代的将帅军礼已不复存在，故"后代自疑，多轻兵柄。恐其末大本小，临事难为制御。……是则百万之众，可以恩齐；荒服之君，可以威制"②。为了得到将帅的信任，朝廷必须保证他们长期担任要职的权利，这才是驭将的良策。诚如张方平所说："至于将帅之任，尤在驾驭得术，仍宜久于其职。……亦驭将帅之一节也。"③ 这既是对将帅的一种信任方式，也是一种解决北宋"兵不知将，将不知兵"弊端的智者之论。

从上述言论可以看出，士大夫以"忠"为核心的驾驭将领标准，对于维护北宋王朝的统一、稳定政局起到了一定作用，但是这种过分突出儒家道德思想的驭将做法必将削弱军队的战斗力，同时也会给北宋军政建设留下难以割除的毒瘤。

（三）培养与选拔将帅的标准

为了更好地驾驭将领，赵宋统治者处心积虑地塑造儒将形象，以便作为培养与选拔将帅的标准。宋太祖曾说："唐李靖、郭子仪皆出儒生，立大功，岂于我朝独无人耶？"④ 宋真宗也表示了对儒将的渴望："前代多用儒将，然亦难其才也。"⑤ 他为此颁布的"武臣七条"⑥，成为培养与选拔儒将标准的雏形。嘉祐八年（1063），枢密院进言："以为文、武二选，所关治乱，不可缺一。与其任用不学无术之人，临时不知应变，以挠师律；不若素习韬略、颇娴义训之人，缓急驱策，可以折冲。"⑦ 至此，"素习韬略、颇娴义训"正式成为朝廷培养与选拔儒将的重要标准。

在这些言论和政策的影响下，培养与选拔儒将的思想得到了士大夫的继承与发展。赵安仁认为儒将必须兼备文武之道，如"昔郤縠为将，敦诗阅礼；杜预平吴，马上治春秋。盖儒学，则洞究存亡，深知成败，求之今世，亦伐不乏贤"⑧。孙何指出，儒将必须享有相应的权利，如"阃外制置一以付之，境内租税、权利一以与之，监阵先锋之类，悉任偏将，受其节度"⑨。与之相比，穆修对儒将的能力更为推崇，并做了深刻描述："如古之贤杰之人，文究经纶，武洞权变，……其才出入乎文武将相地，使刚精匹夫，号名主将者，观之闻之，色死气丧，俯首听命知将帅之道，不在彼而在吾儒也。"⑩ 与那些没有军事经验的文人相比，夏竦对北宋武将的素质有着清醒认识，故提出一个折中方式，即从文臣中选拔"材兼智勇"之人，"授之斧钺，……然后旁选英雄，列为裨佐。以勇佐谋，舒急相济，谋者足以制敌，勇者足以冠军。二者有方，则师律正矣"⑪。按照这一标准，范仲淹、韩琦、庞籍等人是比较合适的。⑫ 因此，北宋士大夫根据历史经验教训及现实军事斗争的需

---

① 李觏. 强兵策六 [M] //李觏. 李觏集: 卷一七. 北京：中华书局，1981：160.
② 夏竦. 信用将帅奏 [M] //曾枣庄，刘琳. 全宋文：卷三四七，第17册. 上海：上海辞书出版社，2006：95-96.
③ 李焘. 续资治通鉴长编：卷一六三 [M]. 北京：中华书局，2004：3926.
④ 李焘. 续资治通鉴长编：卷十 [M]. 北京：中华书局，2004：231.
⑤ 李焘. 续资治通鉴长编：卷六八 [M]. 北京：中华书局，2004：1528.
⑥ 佚名. 政事四十四：诫饬二 [M] //司义祖. 宋大诏令集：卷一九一. 北京：中华书局，1962：701.
⑦ 李焘. 续资治通鉴长编：卷二〇二 [M]. 北京：中华书局，2004：4902.
⑧ 赵汝愚. 上真宗答诏论边事 [M] //赵汝愚. 宋朝诸臣奏议：下. 上海：上海古籍出版社，1999：1434.
⑨ 李焘. 续资治通鉴长编：卷四二 [M]. 北京：中华书局，2004：881.
⑩ 穆修. 上大名陈观察书 [M] //曾枣庄，刘琳. 全宋文：卷三二二，第16册. 上海：上海辞书出版社，2006：21.
⑪ 夏竦. 论将帅策 [M] //曾枣庄，刘琳. 全宋文：卷三四五，第17册. 上海：上海辞书出版社，2006：52.
⑫ 赵汝愚. 上哲宗七事 [M] //赵汝愚. 宋朝诸臣奏议：下. 上海：上海古籍出版社，1999：1712.

要，提出了一系列选拔、培养将帅的标准。

第一，将领应该熟读兵书战策，研习兵法，审机察变，灵活用兵，成为文武兼备的将才。北宋大多数将领文化水平不高，主要凭一时之勇作战，难以更好地发挥其军事才能，这不能不说是缺乏军事素养的缘故。[1] 定川之役战败的大将葛怀敏根本不懂兵法，仅凭一时之勇，率军讨伐举全国兵力而来的夏军，其按照"兵法有不得而往救者。且吾军畏法，见敌必赴而不计利害，此其所以数败也"[2]。韩亿为此请求朝廷编纂兵法书籍，"以授边将，上遂自集《神武秘略》颁焉"[3]。熙宁五年（1072），知通远军王韶请求朝廷颁给《攻守图》《行军环珠》《武经总要》《神武秘略》《风角集占》《四路战守约束》等兵书，来传授其部下兵法知识。另外，由于将帅在战争中掌握着生死存亡之权，这不仅决定了为将之难，也决定了择将要严，所以朝廷要全面衡量，严格标准，选择有能力、能统兵的良将，不能凭口会说、手会写而选纸上谈兵之人为将，即不以言，而以行，不以背诵兵书战策，而以战功精择将领。李觏重视将领的兵法学习，认为"有将才者，必习兵法"。而且，他强调从实战中选拔将领，指出"习兵法者，不必有将才。况以言取人，孔子病诸"[4]。除了李觏外，还有范仲淹、曾公亮、苏洵等人均赞成这种择将方式。苏轼也支持这种方式，认为"天下之实才，不可以求之于言语，又不可以较之于武力，独见之于战耳"[5]。司马光进一步阐释了将领选拔程序："文武臣僚，有久历边任，或曾经战阵知军中利害知敌国情伪者，并许上书自言。惟陛下勿以其人官职之疏贱及文辞之鄙恶，一一略加省览，择其理道稍长者，皆赐召对，从容访问以即日治兵御戎之策何得何失，如何处置即得其宜。若其言无可取者，则罢遣而已，有可取者即为施行，仍记录其姓名置于左右，然后选其中勇略殊众者，擢为将帅。"[6] 显然，司马光不赞成以观察言语的方式选拔将领，也是有历史依据的，如"李靖为将，似不能言"[7]。

第二，以仁义思想来指导将领的培养与选拔。在儒家仁义思想的影响下，士大夫崇尚选择文武兼备的将帅。鱼周询依据"晏子荐司马穰苴曰：'文能附众，武能威敌'"的经验，认为"将帅之才，非备文武，则不可为也"[8]。范仲淹也有类似的理解，认为将帅不一定是征伐杀戮，逞匹夫之勇之人，而应是文武兼备之人。李觏认为，孙吴兵法提出选拔"以仁术，广德心"的君子将，这不仅能起到"以杀止杀，非所以好杀；以战去战；非所以好战"的效果。李觏在"兵者，诡道也"观点的基础上，提出择将要以"仁义"为本，以"诈力"为末，"本末相权"，这样才可以做到"虽有坚甲利兵，谁与执也？是谓不战而屈人之兵矣"[9]。陈舜俞做了进一步解释，认为将领过于追逐利禄，不去抵御外敌，不做到有备无患，均是"甲兵义失也"[10]。

---

[1] 陈峰．宋代军政研究[M]．北京：中国社会科学出版社，2010：261．
[2] 尹源．遗葛怀敏书[M]//曾枣庄，刘琳．全宋文：卷四三六，第21册．上海：上海辞书出版社，2006：89．
[3] 苏舜钦．推诚保德功臣正奉大夫守太子少傅致仕上柱国开国公食邑三千三百户食实封八百户赐紫金鱼袋赠太子太保韩公行状[M]//苏舜钦．苏舜钦集：卷一六．上海：上海古籍出版社，2011：203．
[4] 李觏．强兵策十[M]//李觏．李觏集：卷一七．北京：中华书局，1981：166-167．
[5] 苏轼．策别训兵旅一[M]//苏轼．苏轼文集：卷九．北京：中华书局，1986：275．
[6] 李焘．续资治通鉴长编：卷二〇六[M]．北京：中华书局，2004：5010．
[7] 赵汝愚．上仁宗答诏条画时条[M]//赵汝愚．宋朝诸臣奏议：下．上海：上海古籍出版社，1999：1680．
[8] 李焘．续资治通鉴长编：卷一六三[M]．北京：中华书局，2004：3932．
[9] 李觏．强兵策一[M]//李觏．李觏集：卷一七．北京：中华书局，1981：152．
[10] 陈舜俞．说义[M]//曾枣庄，刘琳．全宋文：卷一五四〇，第71册．上海：上海辞书出版社，2006：40．

当然，文人强调以仁义思想来指导将领选拔与北宋统治者的驭将思想是密切相关的。宋初，太祖前往武成王庙观看廊壁上绘画的名将像，用手杖指着白起像说："起杀已降，不武之甚，胡为受飨于此？"① 宋太祖对于名将立庙的导向，能够规范将领的行为，达到驾驭的目的。元人对太祖的驭将示范作用称赞道："宋国建，皆折其猛悍不可屈之气，俛首改事，且为尽力焉。扬雄有言：'御之得其道，则狙诈咸作使。'此太祖之英武而为创业之君也欤！"② 梁周翰参透了太祖更改名将配享制的政治内涵，明确表示名将示范可以起到不可忽视的作用，"缔创武祠，盖所以劝激武臣，资假阴助"③。可见，这种用"仁义"思想来培养与选拔将帅的做法，也是士大夫"以儒谈兵"思想的充分体现。

第三，不以贵贱等级、文武之分选拔将领。在宋朝与周边民族政权的战争中，宋军中多数将领不堪战斗，再加上宋初以来"重文抑武"治国方略所带来的弊端，使士大夫反思与深究将领选拔方式。天圣五年（1027），范仲淹对"将门出将，史有言焉"之说进行反思，其主要原因是当时"将家子弟，蔑闻韬钤，无所用心，骄奢而已"。他认为如果选拔将领，就应该"使文武之道协和为一"④，即文武参用的方式。包拯也持类似的观点，认为"用人之道，不必分文武之异，限高卑之差，在其人如何耳"，而且朝廷"宜委中外大臣，精选其实材者，擢而任之，其庸懦者，黜而去之"⑤。欧阳修认为名将往往"出于卒伍，或出于奴仆，或出于盗贼，唯能不次而用之"，关键是选将之路太窄，如"奋然精求英豪之士，不须限以下位；知略之人，不必试以弓马；山林之杰，不必薄其贫贱"⑥。程颢、程颐建议朝廷在选拔将帅时应该不以贵贱区分，如"司马穰苴擢自微贱，授之以众，乃以众心，请庄贾为将也"，"淮阴侯起于微贱，遂为大将，盖其谋为有以使人尊畏也"⑦。

第四，以武勇为培养和选拔将领的标准。赵宋统治者对于将领的选拔首先考虑的是驯服、温顺，而非辨识其是勇敢还是懦弱。雍熙元年（984）二月，太宗说过的一段话可以作为佐证："朕选擢将校，先取其循谨能御下者，武勇次之。若不自谨饬，则士卒不畏服，虽有一夫之勇，亦何用耶！"⑧ 这对将领选拔产生了消极影响。尤其是在长期避战求和的环境下，武将久不经习战阵，指挥能力自然受到限制，逐渐形成了害怕、逃避战争的心理。田锡直接批评道："太平既久，士卒不惯行阵，将帅不知战守，加以士卒骄而将帅鄙，致昨来傅潜辈临事而苟且，遇敌而进退。"⑨ 除了傅潜这样的怯战将领外，那些久经沙场的骁将也会遇到此情况。熙宁三年（1070）二月，名将种谔遇到战事后，诚惶诚恐，不知所措，"欲作书召燕达战，战悸不能下笔，顾转运判官李南公涕泗不已"⑩。面对将领的畏战、怯战的情况，士大夫很重视"勇气"对于军队建设或战争胜负的作用。余靖指出，将领的素质决定了士兵的勇气，"兵之勇怯在乎将，胜败在乎气"⑪。苏轼强调了具有"致勇之术"

---

① 李焘. 续资治通鉴长编：卷四 [M]. 北京：中华书局，2004：92.
② 脱脱，等. 宋史：卷二六一 [M]. 北京：中华书局，2004：9050.
③ 脱脱，等. 宋史：卷四三九 [M]. 北京：中华书局，2004：13002.
④ 范仲淹. 上执政书 [M]//范能濬. 范仲淹全集. 南京：凤凰出版社，2004：193.
⑤ 包拯. 仁宗皇帝开天章阁亲制策问 [M]//包拯. 包拯集校注：卷一. 杨国宜，校注. 合肥：黄山书社，1999：115.
⑥ 李焘. 续资治通鉴长编：卷一三六 [M]. 北京：中华书局，2004：3256.
⑦ 程颢，程颐. 师 [M]//程颢，程颐. 二程集：周易程氏传 卷一. 北京：中华书局，2004：733.
⑧ 李焘. 续资治通鉴长编：卷二五 [M]. 北京：中华书局，2004：573.
⑨ 李焘. 续资治通鉴长编：卷四六 [M]. 北京：中华书局，2004：1005.
⑩ 李焘. 续资治通鉴长编：卷二二一 [M]. 北京：中华书局，2004：5369.
⑪ 李焘. 续资治通鉴长编：卷一三八 [M]. 北京：中华书局，2004：3323.

的将帅对提高军队士气的重要性，如"将军无皆勇之士，是故致勇有术。致勇莫先乎倡，倡莫善乎私。……气之先也"①。李常延伸了勇将的内涵，指出："吴子：'凡人论将，常观于勇。勇之为将，万分之一。'盖言以勇择将，未尽其要。勇敢之将迎敌以取胜可也；若其制列城，专一道，抚百万之众，驭貔武之佐，失所能任。"②在他的眼中，真正的将领不是逞匹夫之勇之人，而是足智多谋、能统率百万雄师的人才。

第五，将领要善于治军，提高军队的战斗力。一般来说，善于治军的将领往往爱兵如子，能得到士兵的拥护，从而在千变万化的战场上"赴"死如归，取得攻无不克、战无不胜的功绩。赵安仁认为，古代名将爱兵如子，能得到部下的拥护，故"师克在和，战则必胜，投醪挟纩，史册具陈。若非畏爱兼行，岂得士卒乐用！故《穀梁传》云，善为师者不战"③。田况也提出了类似的观点："古之良将，以燕犒士卒为先。所以然者，锋刃之下，死生俄顷，固宜推尽恩意，以慰其心。"④李觏认为将领治军不能靠武力，应以"治心"为主："犹有吴起吮疽而战不旋踵，李广与士卒共饮食而爱乐为用。上下相得，岂徒然哉？今之守郡监兵，职为将帅，奉行邦典，岂敢他言？恩意不通，路人而已。立尸之地，何以使之？矧将帅之材，在乎奇伟。"⑤他以吴起、李广为例，说明将领与士卒朝夕相处、彼此相亲，才能在作战时一致奋勇杀敌。像李觏这样认识到将帅爱兵重要性的文人毕竟是少数，大多数人受北宋专制制度的影响，对将帅的爱兵行为存有戒备心理。

第六，将领必须具备地方治理的经验。士大夫往往把那些懂民事的将领称为"智将"。如张耒认为"勤力务农者，智将也"，达到"力耕而不废，竭力而不失，历年而积之，持久而得富焉者，十常八九"⑥。对那些不知民事、缺乏行政经验的武将，士大夫往往给予严重批评。蒋堂批评道："窃见诸路差武臣知州军者，多是素昧条教，不知民事。"⑦范祖禹也对将帅的人选和任期有着深刻见解："将帅之选多出于监司，初为监司者，先自远路，渐擢至京东西、淮南。其资望最深、绩效尤著者乃擢任陕西、河东、河北三路及成都府。自三路及成都召为三司副使……自初除监司至三路及三司副使者，其人年劳已深，资历已多，缘边山川道路，甲兵钱谷，皆所谙知，故帅臣有阙，可备任使，中才之人，亦能勉强。"⑧但是，范祖禹选拔将领的标准很难实现。因为朝廷明确反对知军州将领专断民事，所以士大夫很难为北宋王朝选拔出具备地方治理经验的将领。

综上所述，北宋文人士大夫在总结前人及"祖宗"经验教训的基础上，从多角度、多方面设计了培养与选拔将帅的标准，这对于兵学研究起到了一定的积极作用。虽然这些建议多是雷声大、雨点小，但也不乏真知灼见，如果能被朝廷采纳，无疑会对赵宋王朝改变长期被动挨打的局面产生深远的影响。然而，我们根据北宋王朝实施的择将策略可以看出，几乎没有哪些文人的建议被朝廷采纳。也就是说，北宋文人构建的驾驭、培养及选拔理想将帅的标准很难实施，即使被执行了，也会沿着专制制度设定好的轨道继

---

① 苏轼．策别训军旅三［M］//苏轼．苏轼文集：卷九．北京：中华书局，1986：278.
② 赵汝愚．上哲宗七事［M］//赵汝愚．宋朝诸臣奏议：下．上海：上海古籍出版社，1999：1712.
③ 李焘．续资治通鉴长编：卷四五［M］．北京：中华书局，2004：977.
④ 李焘．续资治通鉴长编：卷一三二［M］．北京：中华书局，2004：3136.
⑤ 李觏．寄上富枢密书［M］//李觏．李觏集：卷二八．北京：中华书局，1981：303.
⑥ 张耒．择将篇 上［M］//张耒．张耒集：卷四四．北京：中华书局，2000：707.
⑦ 李焘．续资治通鉴长编：卷一一四［M］．北京：中华书局，2004：2674.
⑧ 范祖禹．转对条上四事状［M］//曾枣庄，刘琳．全宋文：卷二一三七，第98册．上海：上海辞书出版社，2006：148.

续前行。

二、兵制改革思想

北宋在与周边民族政权的战争中，暴露出了兵制制度设计方面的缺陷，诸如兵将关系、兵民关系、财政匮乏等系列问题。[①] 在这种情形下，文人士大夫着眼于兵制改革方面，提出了一些合乎实际的建议，来提高宋军的战斗力，实现强兵的目的。因此，下面笔者将以北宋文人视野，对募兵制的流弊、省财建军的理念及治军原则进行探讨。

（一）分析募兵制流弊

北宋王朝以维护专制主义中央集权制度为前提，继承了唐末五代以来的一些制度，如募兵制。募兵制从建国之始，就被北宋王朝赋予了一些新的功能，如宋廷以牺牲国防力量为代价，加强对国内的治理。宋初，太祖命赵普等人制定当今已施行且利及后世的大政方针。宋太祖说："吾家之事，唯养兵可为百代之利，盖凶年饥岁，有叛民而无叛兵，不幸乐岁变生，有叛兵而无叛民。"[②] 可以看出，宋太祖推行募兵制的目的，是通过兵民分离消除社会中的隐患。为此，宋人称赞募兵制的有利之处，认为它能够使"无赖不逞之人，既聚而为兵，有以制之，无敢为非，因取其力以卫养良民，使各安田里，所以太平之业定而无叛民也"[③]。就连主张富国强兵的宋神宗也说："本朝太平百余年，由祖宗法度具在，岂可轻改也。"[④]

北宋王朝采取募兵制还基于以下几点考虑。一是采取"内外相制"政策，以防范地方势力强大，威胁中央安全。二是京师开封处于平原地带，便于四方的钱粮汇集，却缺乏高山峻岭险阻，利于骑兵奔冲，故北宋采取大力养兵的措施，以加强京师实力。诚如张方平所说："今京师砥师平冲会之地，连营设卫以当山河之险，则是国依兵而立。"[⑤] 从以上言论来看，募兵政策在北宋确实起到了立竿见影的作用，在一定程度上维护了社会的安定，同时也保证了兵源，巩固了专制政权的稳定。随着募兵政策实施的僵化，也出现了消耗国家财力、削弱军队战斗力及增加民众负担等弊端。士大夫对此有着清醒认识，他们"究索其原，皆兵之害"[⑥]，主要表现在以下几个方面。

第一，优厚的养兵政策耗费了大量财富，成为阻碍北宋王朝发展的包袱。宋初，太祖深知五代以来骄兵的习性，又迫于巩固政权的形势，便"躬定军制，纪律详尽，其军，制亲卫殿禁之名，其营，立龙虎日月之号；功臣勋爵，优视公卿，官至检校、仆射、台宪之长，封父祖，荫妻子，荣名崇品，悉以与之；郊祀赦宥，先务赡军饩士，金币缗钱无所爱

[①] 目前学界对北宋募兵制主要研究成果有：邓广铭.邓广铭治史丛稿［M］.北京：北京大学出版社，2010；王曾瑜.宋朝军制初探［M］.增订本.北京：中华书局，2011；程民生.北宋募兵制的特征及其矛盾［J］.中州学刊，1989（1）；孙远路.北宋兵制评议［J］.安阳师范学院学报，2006（6）.
[②] 邵博.邵氏闻见后录：卷一［M］.北京：中华书局，1983：1.
[③] 朱弁.艺祖论兵制［M］//朱弁.曲洧旧闻：卷九.212.
[④] 王明清.挥麈录：余话 卷一［M］.上海：上海书店出版社，2001：223.
[⑤] 赵汝愚.上神宗论国计［M］//赵汝愚.宋朝诸臣奏议：下［M］.上海：上海古籍出版社，1999：1097.
[⑥] 尹洙.制兵师议［M］//曾枣庄，刘琳.全宋文：卷五八三，第27册.上海：上海辞书出版社，2006：300.

惜"①。据记载，太祖即位初，承诺赏给士兵二百缗钱，却没有兑现，于是他们跑到皇宫后苑，题诗讨钱。太祖看到这首诗，也为之恐惧，不得不赏赐士兵。"以故，每于郊时，各赐赏给，至今因以为例，不能去。"随着北宋政权的日益稳定，"赏赉不削于太祖、太宗亟用兵时，复且有加焉"。这无怪乎北宋财政日益亏空，"六分之败，兵战其五"②。除赏赐太监外，还与北宋防范、猜忌武将的更戍制有密切关系。前面已谈，更戍制在解决武将威胁朝廷隐患的同时，也造成了百姓供给换防士兵的劳役负担。苏轼指出，当今财政之"费莫大于养兵，养兵之费，莫大于征行。今出禁兵而成郡县，远者或数千里，其月廪岁给之外，又日供其刍粮。三岁而一迁，往者纷纷，来者累累，虽不过数百为辈，而要其归，无以异于数十万之兵三岁而一出征也"③。

第二，宋军中大多数将领对士兵苛刻残虐，引起了士兵们的不满，兵将矛盾始终无法解决，从而削弱了军队的战斗力。从募兵制本身来看，朝廷若能妥善实施，使之正常发展，是当时治军的良法。这在宋初已得到证明。④ 随着北宋军政腐败的侵蚀，官吏任意招募民众当兵，甚至出现"驱良民刺面，以至及士人"⑤ 的情况。更严重的是，大多数将领经常克扣士兵费用，或私役士兵修造宅第、伐薪烧炭等，堪称无所不为，也足见当时军政腐败的程度。在这种情形下，许多士兵被迫逃往山谷，或啸聚山林。朝廷出于统治需要，不得不解决这些问题。景祐元年（1034）八月，朝廷禁止河东、陕西等地的士兵伐薪烧炭。熙宁二年（1069）正月，朝廷禁止将领私下奴役士兵，以防军队荒废训练。然而，朝廷禁止将领奴役士兵的措施，仍阻止不了士兵逃亡。在这种形势之下，只能靠酷刑维持军队稳定，即将捉回来的士兵"以铁烙其腕及碎胫骨或方就斩决"⑥。这些酷刑不但没有阻止士兵的逃亡，反而激起他们的厌战情绪，致使宋军的战斗力普遍不高。

从宋夏战争中可以看出，宋军屡战屡败与士气低落是密切相关的。康定元年（1040），宋军在三川口战败，"缘系近上禁军，不能力战，以致陷覆主将"⑦。定川寨之战，宋军大将葛怀敏阵亡，其直接原因是士兵拒战、降敌，即"大军无斗志"⑧。田况指出："近因好水川之败，士气愈怯，诸将既没牙队之兵，罪皆当斩，朝廷普示含贷，欲为招集，伸恩屈法，事非获已，军中相劝，以退走自全为得计。"⑨ 由于宋军缺乏斗志，辽夏军队毫不害怕。王拱辰出使契丹，回来后说："见河北父老，皆云契丹不畏官军。"⑩ 西夏军队"闻多禁军，辄举手相贺"⑪。宋军士兵在战场上往往不会拼命战斗，从而产生了多米诺骨牌效应，如主将阵亡，战争失败，朝廷签订屈辱和约。诚如苏辙所说："夫四夷之所以喜攻中

---

① 陈傅良. 历代兵制：卷八［M］//中国兵书集成编委会. 中国兵书集成：第7册. 北京：解放军出版社，1992：388.
② 陈襄. 论冗兵札子［M］//曾枣庄，刘琳. 全宋文：卷一〇八一，第50册. 上海：上海辞书出版社，2006：53.
③ 苏轼. 策别厚货财二［M］//苏轼. 苏轼文集：卷九. 北京：中华书局，1986：272.
④ 程民生. 简述宋代募兵制的根源及确立［J］. 史学月刊，1990（4）：35.
⑤ 程颢，程颐. 伊川先生语八下［M］//程颢，程颐. 二程集：河南程氏遗书. 北京：中华书局，2004：301.
⑥ 佚名. 政事五十四刑法中［M］//司义祖. 宋大诏令集：卷二〇一. 北京：中华书局，1962：747.
⑦ 韩琦. 乞罢免分刘兴奏［M］//曾枣庄，刘琳. 全宋文：卷八四八，第39册. 上海：上海辞书出版社，2006：278.
⑧ 陈振. 宋史［M］. 上海：上海人民出版社，2003：187.
⑨ 李焘. 续资治通鉴长编：卷一三二［M］. 北京：中华书局，2004：3130.
⑩ 李焘. 续资治通鉴长编：卷一二七［M］. 北京：中华书局，2004：3007.
⑪ 苏辙. 上皇帝书［M］//苏辙. 苏辙集：卷二一. 北京：中华书局，1990：375.

国者，为夫吾兵之不能苦战，而金玉锦绣之所交会去也。"①

第三，宋军中充斥着大量的骄兵、惰兵，他们对外作战不行，搞兵变却很擅长。由于北宋王朝奉行"收天下失职犷悍之徒"的当兵政策，不可避免地把一些不堪战斗之人招进来，"小不如意则群聚而呼，持梃欲击天子之大吏"②。庆历四年（1044），河北保州发生兵变后，接着安肃军、通利军、永宁军等地相继发生叛乱。士大夫纷纷批评这些叛乱均与骄兵有密切关系。尤其是将领姑息参与兵变士兵，"不问乱所由起，一概被罪，遂使骄兵增气，动要姑息"③。这更加助长了他们的骄横习性，稍有不满，就发动兵变，致使"志士仁人窃以为之忧焉"④。范仲淹深为担忧地说："新招者聚市井之辈，而轻嚣易动，或财力一屈，请给不充，则必散为群盗。"⑤ 苏轼也认为，"美衣丰食，开府库，辇金帛，若有所负，一逆其意，则欲群起而噪呼"。显然，这是北宋王朝长期推行"国依兵而立"国策所带来的恶果。

应当指出，在那种人言籍籍、众口称弱的兵制弊病之下，士大夫中并非没有人看到募兵制的合理之处。例如，主张大力发展乡兵的韩琦也不得不承认募兵制可以避免因服役而造成生活贫困、夫妻分居的恶果，故说："养兵虽非古，然亦自有利处。议者但谓不如汉唐调兵于民，独不见杜甫《石壕吏》一篇，调兵于民，其弊乃如此。后世既收拾强悍无赖者，养之以为兵，良民虽税敛良厚，而终身保骨肉相聚之乐。"⑥ 这无论对人们的生活，还是对社会生产，都是一大进步。曾巩认为，"今兵出于国，故干戈、车乘、马牛亦皆具，而民无预焉。此今之兵又于民为便者也"⑦。

（二）以省财为主的强军理念

在"内忧外患"的严峻形势下，北宋每年除了向辽、夏等交纳岁币外，还消耗大量财富，使得人民的负担日益沉重，再加上天灾、民变、兵变等问题层出不穷，王朝的正常运转也受到了巨大影响。在这种情形下，许多士大夫纷纷归咎于宋朝的养兵政策。富弼指出："自来天下财货所入，十中八九赡军。军可谓多矣，财可谓耗矣。"⑧ 张方平说："尝为朝廷精言此事，累有奏议，所陈利害安危之体，究其本原，冗兵最为大患。"⑨ 王安石说："天下困敝，惟兵为患。"⑩ 陈舜俞也说："天下之财日匮而国家日不足，天下之狱日烦而民日困，皆兵之由。"⑪ 于是，李清臣发出"用兵养兵之术，二者皆未易，而所以养兵尤难"⑫ 之叹。可见日益庞大的宋军、负担沉重的国家财政等问题，已成为士大夫对养兵政策念念不忘的原因。为此，他们结合历代经验教训和宋朝养兵的弊端，自觉地贯彻以省财

---

① 苏辙.西戎论[M]//苏辙.苏辙集：卷五.北京：中华书局，1990：1281.
② 欧阳修.本论：上[M]//欧阳修.欧阳修全集：卷六〇.北京：中华书局，2001：862.
③ 李焘.续资治通鉴长编：卷一五七[M].北京：中华书局，2004：3800.
④ 吕陶.五代论[M]//曾枣庄，刘琳.全宋文：卷一六〇七，第74册.上海：上海辞书出版社，2006：14.
⑤ 范仲淹.答手诏条陈十事[M]//范能濬.范仲淹全集.南京：凤凰出版社，2004：483.
⑥ 罗大经.养兵[M]//罗大经.鹤林玉露：卷四.北京：中华书局，1983：180.
⑦ 曾巩.请西北择将东南益兵札子[M]//曾巩.曾巩集：卷三〇.北京：中华书局，1984：449.
⑧ 李焘.续资治通鉴长编：卷一二四[M].北京：中华书局，2004：2928.
⑨ 李焘.续资治通鉴长编：卷二百九[M].北京：中华书局，2004：5089.
⑩ 李焘.续资治通鉴长编：卷二三一[M].北京：中华书局，2004：5610.
⑪ 陈舜俞.说兵[M]//曾枣庄，刘琳.全宋文：卷一五四二，第71册.上海：上海辞书出版社，2006：58.
⑫ 李清臣.议兵策下[M]//曾枣庄，刘琳.全宋文：卷一七一四，第78册.上海：上海辞书出版社，2006：393.

为主的军队建设思路,① 提出了许多兵制改革的设想,概括起来,主要有以下几个方面。

第一,恢复寓兵于农、兵农合一的征兵制度。消除募兵制的弊端,实行兵农合一,寓兵于农是当时士大夫的主要建军理念。李觏认为,根据《周礼》中的原则建军,不仅能达到兵农合一、寓兵于农、"足食、足兵"的目的,而且可以"外攘夷狄""内尊君王"。② 苏辙也持有参照《周礼》建军的观点。黄裳指出寓兵于农的好处,"以兵寄农,以教兵寄蒐狩,其赴田役也,犹其在比闾;其赴敌也,犹其在田役"③。所以,他主张"府兵之制,无事则耕,番上则卫,有事则战。故其既事,将归于朝,兵复于府,介胄戎器,敛藏于库。将不擅权,士不失业,此府兵之利也"④。苏舜钦在《复府兵论》中说:"朔方因旧为多,亦府兵之遗帛也……长征之士必不可用,莫若循隋唐诸卫之制,别立官府。"⑤ 毕仲游建议宋军"略依唐卫府之制",就可以"营卒亦渐省,以除天下之大费"⑥。林概则从养马的角度提出了恢复府兵制的建议,并说:"古者民为兵,而今兵食民。古马寓于民,而今不习马。此兵与马之大患也。请附唐府兵之法,四敛一民,部以为军,闲耕田里,被甲皆兵。"⑦

当时,与寓兵于农、兵农合一观点紧密相关的是"屯军之耕"和"乡军之法"。程颢和程颐认为,这种"有田则有民,有民则有兵"⑧ 的措施,具有很大的优越性,能起到兴武、固边、足民的作用。尹洙基于对"前史有'制人'之谈,《孙子》著'伐谋'之说"⑨的认识,指出这种兵制具有一定的可行性。然而,有些文人士大夫认为,在宋朝已经无法推行兵民合一的征兵制,故而提出了适应边疆防御需要的民兵制。吕陶在《讲民兵之法疏》中说:"府兵之法,废坏已久,臣愚窃知其不可复矣,田不足以处兵,而兵不可使之耕也。"⑩ 吕公著也认为变府兵不可复,但是"颇谓民兵可复,而正兵可消……但当即罢招填,益讲民兵府卫之法,使财不屈,而战守有备。以之强国捍边,实万世之利也"⑪。可见,他们认为民兵之法既能节省费用,又可以加强军队战斗力。晁补之在《军政》中说:"吴起之制军曰:'虽绝成陈,虽散成行,投之所往,天下莫当,名曰父子之兵。'夫说以使民,民忘其死,唯《东山》为盛。"⑫ 由于北宋农民对国家的人身依附关系日益松弛,府兵制赖以生存的土地国有制遭到严重破坏,故而这种兵民合一的征兵制是很难施行的。诚如邵氏所说:"予谓议者以本朝养兵为大费,欲复寓兵于农之法,书生之见,可言而不可

---

① 毕仲游. 论复境土疏[M]//曾枣庄,刘琳. 全宋文:卷二三九〇,第110册. 上海:上海辞书出版社,2006:243.
② 李觏. 周礼致太平论:军卫一[M]//李觏. 李觏集:卷九. 北京:中华书局,1981:92.
③ 黄裳. 杂说三[M]//曾枣庄,刘琳. 全宋文:卷二二五五,第103册. 上海:上海辞书出版社,2006:199.
④ 黄裳. 禁卫之兵[M]//曾枣庄,刘琳. 全宋文:卷二二五五,第103册. 上海:上海辞书出版社,2007:173.
⑤ 苏舜钦. 复府兵论[M]//曾枣庄,刘琳. 全宋文:卷八七八,第41册. 上海:上海辞书出版社,2007:78.
⑥ 毕仲游. 论兵制疏[M]//曾枣庄,刘琳. 全宋文:卷二三九〇,第110册. 上海:上海辞书出版社,2007:230.
⑦ 脱脱,等. 宋史:卷四三二[M]. 北京:中华书局,1977:12839.
⑧ 程颢,程颐. 论政篇[M]//程颢,程颐. 二程集. 北京:中华书局,2004:1218.
⑨ 尹洙. 制兵师议[M]//曾枣庄,刘琳. 全宋文:卷五八三,第27册. 上海:上海辞书出版社,2007:301.
⑩ 吕陶. 讲民兵之法疏[M]//曾枣庄,刘琳. 全宋文:卷一五九九,第73册. 上海:上海辞书出版社,2007:255.
⑪ 吕公著. 乞罢招正兵益讲民兵府卫之法奏[M]//曾枣庄,刘琳. 全宋文:卷一〇九三,第50册. 上海:上海辞书出版社,2007:288.
⑫ 晁补之. 策问二:军政[M]//曾枣庄,刘琳. 全宋文:卷二七二七,第126册. 上海:上海辞书出版社,2007:207.

用者哉。"①

第二，以裁军省费为主的建军方式。虽然许多文人士大夫对恢复古代寓兵于农的征兵制抱有很大的期望，但是有些人并不认可，提出了先裁军的办法。因为这样一来，既可以节省军费开支，又能提高军队的战斗力，这也符合《孙子兵法》中"兵非贵益多也，惟无武进，足以并力料敌取人而已"的观点。庆历三年（1043），文人士大夫趁西夏请求息兵议和的机会，提出了裁军的建议。范仲淹、韩琦等建议朝廷在西北地区拣放老弱士兵，"如内有年高、手脚沉重并疾患厄弱不堪披带，及愚憨全无精神不能部辖者，并开坐申奏"②。除范仲淹、韩琦外，张方平、曾公亮、鱼周询、包拯、钱彦远、何郑等人曾上疏要求拣放老弱士兵。③ 皇祐元年（1049），文彦博、庞藉以国用不足为由，建议朝廷裁军，且说："今公私困竭，上下遑遑，其故非他，正由畜养冗兵太多故也。今不省去，无由苏息。"④ 此外，范镇、吕景初、吴及、薛向、司马光等人，均唱和裁军之议，倡导拣选务实。英宗、神宗期间，文人士大夫再次提出了省兵为国用的建议。除张方平、司马光、蔡襄、王陶、欧阳修等人外，王安石在谈及"节财用"时，也以裁军为最急之务。他在《省兵》一诗中写道："有客语省兵，兵省非所先。方今将不择，独以兵乘边……择将付以职，省兵果有年。"⑤ 可见，他希望通过择将的方法提高军队的战斗力，从而节省养兵费用，革除募兵积弊。

然而，文人士大夫的裁军运动遇到重重阻力，未能贯彻如一。蔡襄说："今之兵不可暴减，固当有术以消之，又当有术以精练之。其说至难以遽言。"⑥ 号称"善论本朝兵者"的孙洙也深知募兵制"冰冻三尺，非一日之寒"，故而指出"拣兵则点数而已"⑦，根本不彻底。究其原因，主要是文人士大夫担心军队裁减会酿成士兵变乱，对王朝统治构成威胁，故而持反对态度的大有人在。例如，苏辙认为，裁军隐患大于国家财力问题，"方今天下患于兵多，故销兵之说人人知之，然独未睹夫兵少之患也"⑧。除了文人士大夫外，还有来自武将们的阻力。他们担忧被裁撤的士兵会成为盗贼，造成社会的动荡不安，如"缘边诸将争之尤力，且言兵皆习弓刀，不乐归农，一旦失衣粮，必相聚为盗贼"。于是数年后，王德用为枢密使，许怀德为殿前都指挥使，复奏选厢军以补禁军，增加数万人。⑨ 从这一意义上讲，在北宋"国以兵倚立"的国策下，文人士大夫难以裁减军队的数目是必然的事情，而冗兵伤财的弊病也不可能消除。

第三，主张招募边疆地区的优质兵员，以降低养兵成本，提高军队战斗力。随着战争或和平的环境变迁，北宋禁军拣选制度的执行力度出现了渐弱的趋势。于是，文人士大夫纷纷关注土兵建设，为提高军队战斗力、消除财政危机而献计献策。一是土兵可以提高北

---

① 邵博. 邵氏闻见后录：卷一 [M]. 北京：中华书局，1983：1.
② 李焘. 续资治通鉴长编：卷一四二 [M]. 北京：中华书局，2004：3399.
③ 游彪，张国英. 北宋军队拣选制度研究 [M] //马明达. 暨南史学：第七辑. 桂林：广西师范大学出版社，2012：485.
④ 司马光. 省兵之议 [M] //司马光. 涑水记闻：卷五. 北京：中华书局，1989：91.
⑤ 王安石. 省兵 [M] //王安石. 临川先生文集：卷十二. 北京：中华书局，1959：177.
⑥ 赵汝愚. 上英宗国论要目十二事·强兵 [M] //赵汝愚. 宋朝诸臣奏议：下. 上海：上海古籍出版社，1999：1694.
⑦ 王明清. 挥麈录·后录 [M]. 上海：上海书店出版社，2001：222.
⑧ 苏辙. 私试进士策问二十八首 [M] //苏辙. 苏辙集：卷二〇. 北京：中华书局，1990：360.
⑨ 司马光. 省兵之议 [M] //司马光. 涑水记闻：卷五. 北京：中华书局，1989：91.

宋防御能力。范仲淹建议朝廷"久守之计，须用土兵，各谙山川，多习战斗，比之东兵，战守功位"①。富弼阐释招募土兵的发展过程及其优点时说："夫土兵居边，知其山川道路，熟其彼中人情，复谙狭兵次第，亦藉其营护骨肉之心，且又服习州将命令，所御必坚，战必胜也。"② 二是土兵可以减少军费开支。陈执中谈到增加土兵的优点时说："土兵增，则守御有备，骑卒减，则转饷可蠲。"③ 贾昌朝主张以土兵代替边疆地区乡军，并认为"陕西蕃落弓箭手，贪召募钱物，利月入粮奉，多就黥刺，混为营兵。今宜优复田畴，安其庐舍，使力耕死战，世为边用，则可以减屯戍而省供馈，为不易之利"④。

除战争需要外，文人士大夫认为选择招募边防地区的土兵来补充军队，既可以减轻财政压力，又能弥补募兵制的漏洞。苏轼兄弟认为，"土兵一人，其材力足以当禁军三人"⑤，所以通过增加土兵、减少禁军的措施，可以实现"内无屯聚仰给之费，而外无迁徙供亿之劳，费之省者，又已过半矣"⑥。韩琦更是对增加土兵的方式赞赏有加，认为"拣刺土兵，人皆知为当今之利，顾无敢发明者，虑生事已有责耳。臣不避数十万户之怨，捐躯建言，众情幸已帖然"⑦。这些土兵都是"非食禄蕃兵"⑧，不但有田产、无徭役，取得战功"别不沾恩，唯首领薄有俸钱"，而且不存在离家与长途奔波的问题，所以他们的战斗力很强。在宋夏战争中，这些骁勇善战的土兵能够有效地扼制西夏精锐骑兵"铁鹞子"。诚如何常所说："此西人步骑之长也。沿边土兵，习于山川，惯于驰骤。关东戍卒，多是硬弩手及摽牌手，不惟扞贼劲矢，亦可使贼马惊溃。"⑨ 可以说，如果宋廷认真执行招募土兵的政策，那么对减轻财政负担和巩固边防均是有利的。

总体来看，尽管文人士大夫对募兵制充满了批评，提出了种种改革措施，但也只是根据战场需要做出的一些继承和改革，不可能动摇这一立国的持久制度。

（三）理想的治军原则

除了募兵制改革外，文人士大夫还提出了一些诸如治军、训练等建议。正如苏舜钦所说："天下言兵者不可胜计，大抵不过训练兵卒、积聚刍粟而已，其言泛杂，无所操总，又陈烂使人耳厌其闻而笑忽之。"⑩ 当然，这些使人闻之可笑的治军建议中也不乏真知灼见，归纳起来，主要有以下几个方面。

第一，严格执行战时纪律。在宋夏战争中，宋军连续发生士兵畏战、逃跑等情况，从而引起了文人士大夫对战时军纪的关注。韩琦在《乞定军队临阵刑法奏》一文中指出，西北边防将士军纪涣散，遇到敌人后，多数不堪战斗，一哄而散，故而"乞今后主兵官员与贼接战，手下兵士并令军员以下至节级依次约束，如有不用命退却之人，便令军员等于阵

---

① 赵汝愚. 上仁宗论和守攻备四策 [M] //赵汝愚. 宋朝诸臣奏议：下. 上海：上海古籍出版社，1999：1497.
② 赵汝愚. 上仁宗河北守御十三策 [M] //赵汝愚. 宋朝诸臣奏议：下. 上海：上海古籍出版社，1999：1505.
③ 李焘. 续资治通鉴长编：卷一二六 [M]. 北京：中华书局，2004：2983.
④ 李焘. 续资治通鉴长编：卷一三八 [M]. 北京：中华书局，2004：3317.
⑤ 苏辙. 上皇帝书 [M] //苏辙. 苏辙集：卷二一. 北京：中华书局，1990：375.
⑥ 苏轼. 策别厚货财二 [M] //苏轼. 苏轼文集：卷九. 北京：中华书局，1986：273.
⑦ 李焘. 续资治通鉴长编：卷一三八 [M]. 北京：中华书局，2004：3311.
⑧ 李焘. 续资治通鉴长编：卷二八一 [M]. 北京：中华书局，2004：6881.
⑨ 何常. 论土兵之利奏 [M] //曾枣庄，刘琳. 全宋文：卷二五九四，第120册. 上海：上海辞书出版社，2006：269.
⑩ 苏舜钦. 论西事状 [M] //苏舜钦. 苏舜钦集：卷一一. 上海：上海古籍出版社，2011：134.

前处斩。若军员不能部辖，致部伍错乱，却亦令主将即时处斩。所贵士卒畏法，以取胜功"①。文彦博说得更加明确，宋军之所以"有临阵先退、望敌不进者"，其主要原因是没有严格执行"兵法曰：'畏我者不畏敌，畏敌者不畏我'"的原则，所以将帅必须"对敌而伍中不进者，伍长斩之，伍长不进，什长斩之。以什伍之长，尚得专杀，统帅之重，乃不能诛一小校，则军中之令，可谓隳矣"。曾公亮等在《武经总要》中不断强调军纪的重要性，认为："军无众寡，士无勇怯，以治则胜，以乱则负，兵不识将，将不知兵，闻鼓不进，闻金不止，虽百万之众，以之对敌，如委肉虎蹊，安能求胜哉？"②这些说明了军队行军作战必须保持高度的纪律性，而有纪律的军队，往往能无往不胜，否则便会失败。当然，军队空有纪律也是不行的，还必须做到认真、严格执行。在宋夏战争中，好水川之战、定川寨之战之所以失败，其中一个重要原因就是将领平时不能严格地执行军纪，导致作战时军心涣散。田锡明确提出批评，好水川之战时，大将任福不以节制部下为己任，而是亲自率一队人马充当前锋，以致陷入敌人的包围而被杀害，于是大多数士卒在不明情况下一哄而散。又如，大将葛怀敏对待部下张亢缺乏军礼，并且"韩琦、范仲淹为经略安抚副使，葛怀敏见之，礼容极慢，上下姑息，三军之士何所法耶？"③

第二，重视军功奖惩制度。俗话说，"重赏之下，必有勇夫"，这是军队运转良好的必要保障。文人士大夫也同样深谙此道理。梁灏强调了建立军功奖惩制度的必要性，"自古用兵之道，在乎明赏罚二柄而已。然而赏不可以独任，罚不可以少失。故《兵法》曰：'罚之不行，譬如骄子之不可用。'又曰：'善为将者，威振敌国，令行三军。尽忠益时者，虽仇必赏；犯法败事者，虽亲必罚。'故孙武斩队长而兵皆整，穰苴斩监军而敌遂退。以此言之，兵法不可不正也"④。钱若水指出士卒骄惰已成为当今之患，希望朝廷整肃军纪，否则"赏不劝谓之止善，罚不惩谓之纵恶。又曰：法不可移，令不可违"⑤。他还列举了宋太祖支持将领郭进严肃军纪的例子。曾巩也认为宋太祖治理军队的经验值得借鉴。如太祖为将时，严肃处理临阵脱逃的士卒，自此人人皆死战。太祖即位后，又对征蜀将领进行奖赏，故而"人皆效命，所至成功，如席卷之易"。"世宗、太祖之驭军赏罚如此，故世宗取淮南、关南之地，太祖平五强国，如拾地芥。由是观之，军无骄否，惟所驭之术何如？"⑥可见，宋太祖治军善于把握赏罚尺寸，对违反命令的骄兵给予严肃处理。蔡襄也指出赏罚对于军队作战的重要性："古之所谓赏者，有大功则赏之，临兵戎则赏之。有大功者，了大事、御大难，非常事也。临兵戎者，前死有荣，退生有辱，虽小功必赏，以其履死地也。"⑦

对朝廷而言，让在战场上斩获首级的士兵获得丰厚的物质奖励，能激励士气，提高军队战斗力。尹洙制定了"计首受功"条例，如《获首级例》："诸处军队或五十人，或一十五人，或不及二十五人为一队，凡获贼首一级，依赏格所给第四等赐，分与一队将士。如

---

① 韩琦. 乞定军队临阵刑法奏[M]//曾枣庄, 刘琳. 全宋文：卷八四八, 第39册. 上海：上海辞书出版社, 2006：275.
② 曾公亮, 丁度. 赏格罚条[M]//中国兵书集成委员会. 中国兵书集成：第5册. 北京：解放军出版社, 1988：749.
③ 李焘. 续资治通鉴长编：卷一三二[M]. 北京：中华书局, 2004：3132.
④ 李焘. 续资治通鉴长编：卷四五[M]. 北京：中华书局, 2004：973.
⑤ 脱脱, 等. 宋史：卷二六六[M]. 北京：中华书局, 1977：9169.
⑥ 曾巩. 本朝政要策五十首：军赏罚[M]//曾巩. 曾巩集：卷四九. 北京：中华书局, 1984：660.
⑦ 赵汝愚. 上英宗国论要目十二事：原赏[M]//赵汝愚. 宋朝诸臣奏议：下. 上海：上海古籍出版社, 1999：1695.

获级五分以上，即全队并与第五等转。"然而，以首级计算战功的弊端也是显而易见的。河湟之役时，高学究以同宗身份投靠总管高遵裕。后来，高学究随军进攻香子城，大获全胜。到晚上，宋军凯旋，庆贺胜利，唯独没有见到高学究。高遵裕叹曰："高生且死于敌矣。"[1] 经过调查，有士兵杀死高学究，将其首级冒充敌人首级，获取丰厚的奖赏。在以首级论功的奖赏制度之下，有些士兵确实为了追逐利益而滥杀无辜。

第三，维护森严的军阶等级制度。北宋王朝一直实行极其严厉的军法，维护军队的上下等级尊卑关系，以免重蹈唐末五代时将士"犯上作乱"的覆辙。司马光对这种"阶级法"津津乐道，"祖宗受天景命，圣德聪明，知天下之乱生于无礼也，乃立军中之制，曰：'一阶一级，全归伏事之仪。敢有违犯，罪至于死。'于是上至都指挥使，下至押官、长行，等衰相承，灿然有叙，若身之使臂、臂之使指，莫敢不从，故能东征西伐，削平海内，为子孙建久大之业。至今百有余年天下太平者，皆由此道也"[2]。这一"阶级法"论，从专制秩序到儒家伦理道德均进行了明确阐释。韩琦指出："朝廷不以大体断之，两皆获罪，必恐此后兵卒将校，渐废阶级之制，但务姑息，以求无过。若一旦边境有急，使其亡躯命而赴汤火，必不能为陛下用也。"[3] 蔡襄多次提到将帅必须立威的重要性，"乞依附皆级，条立新制，所贵兵权一，将威立，然后可以制敌也"[4]。他指出，宋军之所以失败，主要是因为将士之间缺乏等级关系，导致军令不畅，出现了士兵畏敌逃跑的情况。"所谓军法未立者，今之都部署乃统帅之名，其钤辖、路分都监、都同巡检等，并是佐属裨校，各以宾礼相接。主帅等威既不尊异，向下官属更无节级相辖之理。及至出军，首尾不能相救，号令不能相通，所以多败也。"因此，他主张根据兵力多少划分等级，"大小相乘，节级相辖，如有违犯，并因阶级"[5]。

第四，平常注重严肃训练。宋军平常演习、训练如同儿戏，一遇到敌人往往会惊慌失措，导致北宋王朝在战争中屡战屡败。韩琦指出，当时宋军训练不足，如"试武艺，弓弩惟务斗力多，而不求所射疏密，其左右斫鳖、腰射、脑射、一绰笴子放数箭之类，乃是军中之戏；又马枪止试左右盘弄，而不较所刺中否，皆非实艺"[6]。为此，文人士大夫根据宋军训练的问题，提出了不同建议。贾昌朝根据兵法及太祖训练士卒的经验，建议"八阵之法，依五兵之用，以时教习。使启殿有次序、左右有形势，前却相附，上下相援，令之曰：失一队长，则斩一队"[7]。韩琦依据对西夏作战的经验，制定了严密的军训条令，并指出，"教射唯事体容及强弓，不习射亲不可以临阵。臣至边，尝定弓弩挽强、蹍硬、射亲格，愿行诸军立赏肄习"[8]，进而肯定了士卒训练对战争的作用。事实上，士卒训练得好坏还与将领的治军素质高低密切相关，故"至若士卒久不训练，盖兵官不务协同"[9]。范镇明确指出："兵不在众，在练之与将何如耳。侬智高寇岭南，前后遣将不知几辈，遣兵不知

---

[1] 丁传靖. 高遵裕 [M] // 丁传靖. 宋人轶事汇编：卷一一. 北京：中华书局，1981：539.
[2] 司马光. 阶级札子 [M] // 司马光. 司马温公集编年笺注：卷三一. 李文亮，笺注. 成都：巴蜀书社，2009：354.
[3] 吕祖谦. 论骄卒诬告将校乞严军律 [M] // 吕祖谦. 宋文鉴：卷四四. 北京：中华书局，1992：669.
[4] 蔡襄. 乞立边帅等威奏 [M] // 曾枣庄，刘琳. 全宋文：卷一〇〇一，第46册. 上海：上海辞书出版社，2006：346.
[5] 蔡襄. 请改军法疏 [M] // 曾枣庄，刘琳. 全宋文：卷一〇〇四，第46册. 上海：上海辞书出版社，2006：394.
[6] 李焘. 续资治通鉴长编：卷一三二 [M]. 北京：中华书局，2004：3152.
[7] 李焘. 续资治通鉴长编：卷一三八 [M]. 北京：中华书局，2004：3318.
[8] 韩琦. 教阅赏赐事奏 [M] // 曾枣庄，刘琳. 全宋文：卷八四九，第39册. 上海：上海辞书出版社，2006：285.
[9] 李焘. 续资治通鉴长编：卷二〇三 [M]. 北京：中华书局，2004：4925.

几万，亡走奔北，不可胜纪。陛下亲遣狄青，然而卒能取胜者，蕃落数百骑尔。此兵不在众，近事之效也。"① 可见，如果不加强战法、战阵及战技等方面的训练，军队在战场上肯定会吃败仗。李觏也提出了类似的观点：

> 夫守国之备，不可以不素习也，不素习，则驱市人而战之未足为喻也。是故春教兵入乎列陈，如战之阵，辨鼓铎镯铙之用，以教坐作进退疾徐疏数之节；夏教草止，如振旅之陈，辨号名之用，以辨军之夜事；秋教师出，如振旅之陈，辨旗物之用；至冬大阅，简军实焉。……天下无事，则卒伍放于冗从，器械束于故府，学军旅者指为凶人。一方有警，则旦收而暮教之，暮教而旦发之，人情焉得不惊？战阵焉得不败？②

曾巩在《本朝政要策·训兵》中指出教民习武、练兵的必要性和重要性。他说：古者四时田猎，以习武事。孔子讥不教民战者，《周礼》司马军旅之政详矣。③ 显然，在农闲之时，教民习武，选择精兵，以提高军队战斗力，方可打胜仗，否则就会失败。因此，无论民兵还是禁军，只有平时有计划地进行严格训练，保障军令统一，将士才有可能在战场上"同其生死，攻取战捷"④。

第五，注重以地域选择兵源。为提高军队战斗力，文人士大夫普遍认为军队的素质与兵源有一定关系。富弼分析了全国兵员素质的高低，如"河北最号劲兵之处，若尽得精锐，则无敌于天下，况夷狄乎？顷年朝廷未与匈奴讲和，虏每入寇，唯惧北兵，视南兵轻蔑之也。我分南、北兵各为一军，凡对阵，虏必先犯南兵，南兵溃，则并北军累之而必败"⑤。司马光也认可"吴人轻怯""吴越素不习兵"⑥ 的观点。程颐认为，"兵强弱亦有时。往时陈、许号劲兵，今陈、许最近畿，亦不闻劲。今河东最盛"⑦。如果说上述言论多代表北方文人士大夫的看法，那么身为南方人的李纲也承认南兵胆小怕事、不堪战斗，"闻鼓鼙之声，见旌旗之色，流汗股栗，已欲曳兵而走，况可与之临阵接战，以首争首，以力捕力哉"⑧。面对南兵不如北兵的情况，李觏从政治角度对"吴楚之兵弗如北"做出分析，指出因为"不知奸雄谋事常伺天下之衰。当其盛时，尚可论强弱，及其衰也，虽曹公用兵，弗能与孙权争，马超、韩遂在关西为后患故也"。为了解决军队缺乏战斗力的问题，有些文人士大夫提出招募边防地区的人当兵，如招募土兵。贾昌朝认为，守边土兵具有吃苦耐劳、奋勇作战的优点，"戍居苦寒，沙碛之地，恶衣菲食，好驰善射。自古御寇，非此不可"⑨。与此不同的是，杨偕认为最高将领的治军能力比按照地域择选士兵更重要。他说："今边郡参用东兵、土兵得其宜，若尽罢东兵，亦非计也……今江、浙兵最称懦弱，

---

① 李焘. 续资治通鉴长编：卷一七七 [M]. 北京：中华书局，2004：4284.
② 李觏. 周礼致太平论：军卫二 [M] //李觏. 李觏集：卷九. 北京：中华书局，1981：92-93.
③ 曾巩. 本朝政要策：训兵 [M] //曾巩. 曾巩集：卷四九. 北京：中华书局，1984：653.
④ 吕陶. 论任将之术疏 [M]. 曾枣庄，刘琳. 全宋文：卷一五九九，第73册. 上海：上海辞书出版社，2006：251.
⑤ 赵汝愚. 上仁宗河北守御十三策 [M] //赵汝愚. 宋朝诸臣奏议：下. 上海：上海古籍出版社，1999：1503.
⑥ 司马光. 论两浙不宜添置弓手状 [M] //司马光. 司马温公集编年笺注：卷一六. 李亮，笺注. 成都：巴蜀书社，2009：1.
⑦ 程颢，程颐. 附杂录后：伊川先生语八下 [M] //程颢，程颐. 二程集：河南程氏遗书. 北京：中华书局，2004：303.
⑧ 李纲. 御戎论 [M] //李纲. 李纲全集：卷一四四. 长沙：岳麓书社，2004：1368.
⑨ 李焘. 续资治通鉴长编：卷一三八 [M]. 北京：中华书局，2004：3317.

然昔项羽领江东子弟八千，诸侯不敢仰视。是知兵不系土地，系于将帅训习节制、抚养激励之如何尔。"①

第六，灌输愚兵思想，鼓舞军队士气。从本质上看，儒家愚民思想中的"民可使由之，不可使之知之"之说，与兵家中"愚士卒之耳目，使之无知；易其事，革其谋，使人无识；易其居，迂其途，使人不得虑"的说法基本上一样。所以，在北宋文人士大夫看来，将领就是统治者操纵与驱使士兵的工具，并且他们认为将领必须充当好驱使士兵作战的工具，尤其当我方遇到危险的敌人时，将领可以运用愚兵手段提高军队的士气。何去非在《何博士备论》中认为，将帅擅长运用愚兵方法对作战是非常重要的，故而说："用兵之妙，不独以诈敌，而又以愚吾士卒之耳目也！"②苏洵更是把灌输愚兵思想看作治军的标准之一，"将欲智而严，凡士欲愚。智则不可测，严则不可犯，故士皆委己而听命，夫安得不愚？夫惟士愚，而后可与之皆死"③。将领若能从思想上操纵士卒，驱使其服从号令，就可以激励其奋勇杀敌，同生共死。

总之，朝廷虽然采纳了部分文人士大夫所提出的建议，在一定程度上也提高了宋军的战斗力，但是终究不能从根本上改变北宋因制度本身及其运作而引发的积弱不堪、被动挨打的局面。

三、武器装备与后勤保障

古往今来，战争与经济是紧密联系在一起的，军事开支巨大，一般情况下，国力如果受限，就难以支撑长期战争。北宋文人士大夫认真估算了战争的物质耗费，并提出了自己的看法，希望引起最高统治集团的重视。

（一）以"弓弩"为主的兵器改进

兵器装备往往是影响战争胜负的重要因素，是构成军队战斗力的物质基础。如果加强军事力量建设，必须考虑到兵器生产及装备。正如恩格斯所说："暴力的胜利是以武器的生产为基础，而武器生产本身又是以一般生产力为基础。"④ 随着兵器生产力的发展，兵器装备在战争中的地位日益重要，正所谓"工欲善其事，必先利其器""凡兵有大论，必先论期器"等。因此，但凡古人论兵之事必有兵器之论，这对谈兵论战的北宋文人士大夫来说，也不例外。由于战争的需要，北宋文人士大夫对兵器在战争中的重要性的认识可谓是总结性的。曾巩曾引经据典地指出，在战争中利用坚兵利甲、精兵利器，能够有效地攻击敌人。据记载：

> 兵器百工之事，皆圣人为，而其于兵械尤重。弓矢之取诸睽，始见于经。至于《周官·考工》所陈五兵之法，可谓详矣。汉兴，言兵者十三家，其要皆以便手足，利器械，立攻守之胜。语曰：器不坚利，与徒搏同。是兵械之不可不修也。⑤

---

① 李焘.续资治通鉴长编：卷一二五[M].北京：中华书局，2004：2959.
② 何去非.魏论下[M].曾枣庄，刘琳.全宋文：卷二五六五，第119册.上海：上海辞书出版社，2006：185.
③ 苏洵.权书：心术[M]//苏洵.嘉祐集笺注：卷二.曾枣庄，金成礼.笺注.上海：上海古籍出版社，1993：29.
④ 中央编译局.反杜林论[M]//中央编译局.马克思恩格斯选集：第三卷.北京：人民出版社，1995：206.
⑤ 曾巩.本朝政要策：兵器[M]//曾巩.曾巩集：卷四九.北京：中华书局，1984：656.

甚至有些文人士大夫把兵器看作军队灵魂，认为其能主宰士卒生死。李觏说："兵矢者，军之神灵也。甲胄者，人之司命也。故一夫奋剑，则千人披靡。"[①] 张方平也说："臣闻铄金为刃，弦木为弧，古之圣人，以威天下。故国之重器，厥惟五兵，历代宝之。"历史实践证明了兵器在战争中的巨大作用。澶渊之战中，辽军大将萧挞凛被宋军的床子弩射死，一时扭转了宋辽之间的战局。

除了刀枪棍棒等，弓弩是古代中原军队抵御周边民族政权骑兵最重要的兵器。宋人何常说："蕃兵惟劲马奔冲，汉兵惟强强弩掎角。"[②] 孙晔飞先生指出："使用弓箭，人可以进行远距离作战，在火器发明之前，它一直是战场上重要的武器之一。"[③] 西方也有类似的观点，如恩格斯曾指出："弓箭对于蒙昧时代，正如铁剑对于野蛮时代和火器对于文明时代一样，乃是决定性的武器。"[④] 当然，弓箭不只是决定战争胜负的重要因素。春秋时，孔子不但有较高的射箭技艺，而且他传授弟子的"六艺"中就有射箭技能。到了宋朝，曾巩认为"百工之事，皆圣人为，而其于兵械尤重。弓矢之取诸睽，始见于经"。还有些文人士大夫擅长射箭，如陈尧咨以擅射著称，百发百中，世以为神，常自号"小由基"[⑤]。徐积也擅长射箭，"射百步外发必中"[⑥]。宋军也一直将具备远射功能的弓弩作为重要装备。王曾瑜先生也说过，"宋时兵器以弓弩为主"[⑦]。因此，以弓弩为主的兵器制造业备受宋朝重视。宋初，太祖为了满足统一战争的需要，不但任命魏丕主持兵器监造，而且亲自验收所造兵器，故而兵器制作精良，发挥了有效的军事作用。正如田况所说："闻太祖朝旧甲绝为精好，但岁久断绽。乞且穿贯三五万联，均给四路，亦足以御敌也。"[⑧] 开宝九年（976），朝廷设置专门制造兵器的管理机构——国工署，并分为南、北二坊。熙宁三年（1070）改称东、西二坊，每年制造枪、剑、刀、弩、箭、床子弩等，大约三万二千件。同时，朝廷设置专门制造弓弩的作坊，每年制造弓、弩、箭、弦、镞等，大约一千六百五十余万件。地方诸州每年制造弓、弩、箭、剑、甲、兜鍪、甲叶、箭镞等，大约六百二十余万件。还有其他各种装备，如兵幕、甲袋、钲、鼓、炮、炒锅、锹、钁、镰、斧等。"凡诸兵械置五库以贮之，戎具精劲，近古未有焉。"[⑨] 可见，以弓弩为主的兵器制造业，规模宏大，制造的兵器品种多，制作精良，使国家兵器储备充足。当时，每年制造的兵器可以用二三十年，制造坊还在不停地生产。随着宋辽战事的平息，宋真宗感到财政日益吃紧，于是派内都知秦翰检查武库兵器储备，发现能够满足正常使用，马上下令停止生产。真宗之所以停止兵器生产，主要是因为澶渊之盟后，宋军的兵器消耗不大，而兵器生产规模超过了战争需要。在这种情况下，兵器生产必须跟上国内政治形势发展，否则会造成财力、物力的高度浪费。对于文人士大夫来说，不但要关注兵器的改良和质量的提高，更重要的是解决在

---

① 李觏.强兵策五[M]//李觏.李觏集：卷一七.北京：中华书局，1981：158.
② 何常.论土兵之利奏[M]//曾枣庄，刘琳.全宋文：卷二五九四，第120册.上海：上海辞书出版社，2006：269.
③ 孙晔飞.战术文化的表现形式[M]//孙晔飞.战术文化论.北京：军事科学出版社，2009：73.
④ 中央编译局.反杜林论[M]//中央编译局.马克思恩格斯选集：第三卷.北京：人民出版社，1995：206.
⑤ 王辟之.杂录[M]//王辟之.渑水燕谈录：卷九.北京：中华书局，1981：113.
⑥ 王资深.节孝先生行状[M]//曾枣庄，刘琳.全宋文：卷二五九四，第120册.上海：上海辞书出版社，2006：271.
⑦ 王曾瑜.军事装备和通信[M]//王曾瑜.宋朝军制初探.增订本.北京：中华书局，2011：256.
⑧ 赵汝愚.上仁宗兵策十四事[M]//赵汝愚.宋朝诸臣奏议：下.上海：上海古籍出版社，1999：1470.
⑨ 曾巩.本朝政要策：兵器[M]//曾巩.曾巩集：卷四九.北京：中华书局，1984：656.

兵器生产、使用过程中所暴露出来的种种问题。

事实上，以弓弩为主的冷兵器制造经历了千年发展，积累了一套丰富的技术经验，想要有重大的改良和提高，是一件很难办到的事情。从制造流程上来看，官方花费巨资雇工匠生产弓弩，每个时段都要给其赏赐，才能保证弓弩制造的等级和质量。反之，很难保质保量。因为弓弩制造周期长、工艺复杂，稍有不慎，就会产生劣质产品。据记载：

> 故"弓人为弓，取六材必以其时"，凡相干欲赤黑而阳声，角欲青白而丰末，胶欲朱色而昔，筋欲小简而长大，结而泽，漆欲测丝，欲沈。冬析干，而春液角，夏治筋，秋合三材。寒奠体，冰析灂，春被弦则一年之事。知人为矢，"前弱则俛，后弱则翔，中弱则纡，中经则扬，羽丰则迟，羽杀则趮。是故夹而摇之，以眡其丰杀之节也。桡之，以眡其鸿杀之称也。凡相笴，欲生而抟，同抟，欲重，同重，节欲疏，同疏，欲栗"。庐人为戈柲、酋矛、夷矛。句兵欲无弹，刺兵欲无蜎。是故句兵椑，刺兵抟。缶兵同强，举围欲细。凡试庐事，置而摇之，以眡其蜎也。灸诸墙，以眡其桡之均也，横而摇之以眡其劲也。函人为甲，凡察革之道，眡其钻空欲其惌也，视其裹欲其易也，视其朕欲其直也。橐之欲其约也，举而视之，欲其丰也，衣之，欲无齘也。其作巧，其试明，擐之者无不坚，执之者无不锐。以此战何不胜？以此攻何不取？以此守何不固？楚之铁剑利而秦王色忧，谓铁剑利则士勇焉耳。①

由此可以看出，以弓弩为主的传统兵器制造需要经过一套比较烦琐的加工流程，否则不会生产出精良兵器。因此，监造兵器的机构受到文人士大夫们的重视。如张方平说："古者百工之伎，必皆世守，监长日号，戒其不良，物勒工名，识所精滥，而有司乘其事，考其器，以上下其食而诛赏之。是故预备不虞，古之善政，不忘武备，邦之大经。"文人士大夫虽然推崇按照古法造出精良的兵器，但受到传统工艺的限制，兵器制造技术很难获得更大的提高，即使有所提高，也很难适应战场的需要。这是因为，当时大多数文人缺乏真正的实战经验，在关注各种兵器的性能、制造过程及军队配置的同时，忽视了兵器使用情况。庆历元年（1041），知并州杨偕派遣阳曲县主簿杨拯向朝廷献上《龙虎八阵图》及其所制的神盾、劈阵刀、手刀、铁连槌、铁简等兵器，且说《龙虎八阵图》有奇有正，有进有止，既能以弓弩远射，又可以用刀盾防御。虽然敌人的骑兵部队庞大，但是看到这种奇异的神盾兵器，也会立即溃散，然后骁勇的骑兵夹击，必然战无不胜。于是，宋仁宗下诏褒奖杨偕。然而，杨偕所献的兵器沉重，被宋军暂缓使用，没有上阵的机会。

自庆历议和后，朝廷推行偃武修文政策，大力削减兵器生产量，从而导致管理制度混乱，产品质量下降，又耗费了大量的人力、物力及财力，再加上官吏腐败，大力压榨工匠及百姓，官民之间关系日益紧张。诚如陶弼在《兵器》一诗中所言："朝廷急郡县，郡县急官吏，官吏无他术，下责蚩蚩辈。耕牛拔筋角，飞鸟秃翎翅。䈼截会稽空，铁烹董山碎。供亿稍后期，鞭朴异他罪。"② 一旦遇到战事，兵器事关战争成败的问题就凸显出来了。因此，兵器生产改革的问题当时被不少文人士大夫所关注。从技术层面上看，田况指出宋夏军队之间的兵器装备存在差距。当时，西夏军队穿着冷锻的甲胄，"坚滑光莹，非劲弩不可入。自京赉去衣甲皆软，不足当矢石"。所以，他建议朝廷下令"工匠冷砧打造

---

① 李觏. 军卫四 [M] // 李觏. 李觏集: 卷九. 北京: 中华书局, 1984: 94–95.
② 陶弼. 邕州小集: 兵器 [M] // 四川大学古籍研究所. 宋集珍本丛刊. 北京: 线装书局, 2004: 329.

纯钢甲，旋发赴缘边，先用八九斗力弓试射，以观透箭深浅而赏罚之"①。相比之下，张方平侧重于兵器生产管理方面的改革。一是派专人管理兵器生产，增加工匠薪酬，宽限劳役，以缓和官方与工匠之间的矛盾。在生产方面，务求兵器制作精良，而不求多求快。二是因地制宜地生产兵器，以便提高产品质量。如"吴殳越戟之利，燕弓代革之劲，因地之产，就民所工，设为监司，厚价募取，则虽田间之下，匠锻之巧，一人一艺，咸归官府矣"。三是派专人管理武库，严格验收兵器，考核工匠的技术。②

针对兵器制造业存在的种种弊端，王安石等变法派提出了一系列改革举措。熙宁六年（1073）六月，王雱指出，这些"金木、丝枲、筋胶、角羽之材，皆民力也，无故聚工以毁之，甚可惜也。莫若更制法度，敛数州之作聚为一处，若今钱监之比，择知工事之臣使专其职；且募天下良工散为匠师，而朝廷内置工官以总制其事，察其精窳而赏罚之，则人人务胜，不加责而皆精矣。"③ 变法派虽然看到兵器加工方面存在浪费材料、剥削工匠等问题，但改革举措并不成功。熙宁八年（1075），王安石、王韶等人围绕军器监省料、验收等问题，再次引发了一场争论，最终变法派的意见得到宋神宗的支持。当时，河东、陕西、广南等地边帅邀功生事，请求朝廷增加兵器供应，得到宋神宗的批准。这些情况加重了人们的负担，甚至有人为此卖掉耕牛来购买兵器盔甲。可以说，变法派的兵器改革措施并不成功，不但没有使北宋走上富国强兵的道路，反而加深了官民矛盾，将北宋王朝推向崩溃的边缘。

总体来看，文人士大夫在谈兵论战中，虽然在某些时期抛弃了"重道轻器"的看法，关注兵器性能的改进及战术的运用，但是主要着眼于维持专制统治下的战争与经济的平衡关系，而文人士大夫针对兵器性能的改进及战术的运用提出的改革措施不足以从根本上改变宋军的军队素质。

（二）后勤保障与降低战争消耗

任何研究战争问题的人，无不考虑到后勤保障对战争胜败的重要性。在论兵中，北宋文人士大夫常引用"古者兴师十万，日费千金，故军无辎重则亡，无粮食则亡，无委积则亡"④ 这一兵法论断，强调军队没有粮食，就无法作战，甚至会导致全军覆灭的后果。在这方面，北宋军队也有因后勤物资保障不济而战败的教训。文人士大夫之所以对战争害怕、逃避，其中一个原因是担心长期战争造成国家贫困和政治危机。因为军队长途作战必须有强大的后勤运输支撑，然而古代运输能力非常有限，尤其是长途运输时物资消耗很大，这可能造成许多服役家庭贫困、破产，甚至毁灭。因此，文人士大夫经常以后勤保障困难为由来抵制朝廷进行拓边战争。宋祁说："兵以食为本，食以货为资，诚圣人所以一天下之具也。"⑤ 陈执中则从宋朝实际情况分析后勤补给困难的危害，"凡军须出于民，夫

---

① 赵汝愚. 上仁宗兵策十四事 [M] //赵汝愚. 宋朝诸臣奏议：下. 上海：上海古籍出版社，1999：1470.
② 张方平. 武备论：兵器 [M] //曾枣庄，刘琳. 全宋文：卷八一二，第 38 册. 上海：上海辞书出版社，2006：100 - 101.
③ 脱脱，等. 宋史：卷一九七 [M]. 北京：中华书局，1977：4914.
④ 晁补之. 上皇帝安南罪言 [M] //曾枣庄，刘琳. 全宋文：卷二七一四，第 125 册. 上海：上海辞书出版社，2006：339.
⑤ 李焘. 续资治通鉴长编：卷一二五 [M]. 北京：中华书局，2004：2941.

运而妻供，父挽而子荷。道路愁叹，井落空虚"①。徐积认为，兵事具有重要性，而粮草又决定兵事命运。"兵者，国之大命也。食者，兵之大命也"②。范雍、楚执中③、晁补之④等也持有类似看法。所以，历代王朝很少敢采取像汉唐时期长途奔袭周边少数民族政权的作战方式。正因如此，中原王朝多采取孙子"无恃其不来，恃吾有以待之也；无恃其不攻，恃吾有所不可攻也"的策略，即"来即驱逐，去勿追捕"。

在宋与周边民族政权的战争中，文人士大夫往往能从战争后勤保障方面去分析宋军胜败的原因，对战争结果做出预测。宝元二年（1039），知永兴军夏竦分析李继迁与李元昊两个时代的军事实力，认为李元昊的强大军事实力很可能造成宋军后勤补给困难，如果宋军分兵进攻西夏，"则军行三十里，自赍粮糗，不能支久，须载刍粟，难于援送。师行贼境，利于速战，傥进则贼避其锋，退则敌蹑其后，昼设奇伏，夜烧营栅，师老粮匮，深可虞也"⑤。由此可见，文人士大夫从战争后勤供应的角度出发，重新审视双方实力、战术运用等。神宗时期，宋军讨伐安南之所以失败，其中一个重要原因就是宋军对气候、舟船、粮草等准备不足。程颐指出：

> 当初边上不便，令遂近点集，应急救援。其时，虽将帅率兵冒涉炎瘴，朝廷以赤子为忧，亦有所不恤也。其时不救应，放令纵恣，战杀至数万。今既后时，又不候至秋凉迄冬，一直趋寇，亦可以前食岭北，食积于岭南搬运。今乃正于七月过岭，以瘴死者自数分。及过境，又粮不继，深至贼巢，以梏渡五百人过江，且砍且焚，破其竹寨几重，不能得，复桿其空筏，续以救兵，反为贼兵会合禽杀，吾众无救，或死或逃，遂不成功。所争者二十五里耳。欲再往，又无舟可渡，无粮以戍。此谬算，未之有也。遂得有词，且承当了。若使其言犹未顺，如何处之？运粮者死八万，战兵瘴死十一万，余得二万八千人生还，尚多病者，又先为贼戮数万，都不下三十万口。其昏谬无谋，如此甚也。⑥

显然，文人士大夫发现北宋因后勤保障不足而导致失败的战争越来越多，战略决策层也逐渐认识到后勤保障的重要性，提出了降低战争消耗、解决后勤保障问题的办法。

降低战争的后勤物资消耗，无外乎有两个方向。一是节流，就是尽量避免一切战争，即使发动战争，也要利用经济手段计算战争消耗是否合算。基于这种认识，苏辙指出："国之所以存亡，事之所以成败，常必由之。昔赵充国论边备之计，以为湟中谷斛八钱，籴三百万斛，羌人不敢动矣。诸葛亮用兵如神，而以粮道不继，屡出无功。由是观之，苟无其财，虽有圣贤不能自致于跬步；苟有其财，虽庸人可以一日而千里。"⑦ 这也是北宋文人士大夫避免战争的主要原因之一。二是开源，就是减少国内长途运输量，降低战争消耗，直接从占领区获取粮草等军需物资。

为了保障后勤供给、降低战争消耗，文人士大夫做了以下思考。第一，粮草调度困

---

① 李焘. 续资治通鉴长编: 卷一二六 [M]. 北京: 中华书局, 2004: 2983.
② 徐积. 策问 [M] //曾枣庄, 刘琳. 全宋文: 卷一六一八, 第37册. 上海: 上海辞书出版社, 2006: 176-177.
③ 魏泰. 东轩笔录: 卷四: [M]. 北京: 中华书局, 1983: 43.
④ 晁补之. 策问二: 馈运 [M] //曾枣庄, 刘琳. 全宋文: 卷二七七七, 第126册. 上海: 上海辞书出版社, 2006: 205.
⑤ 李焘. 续资治通鉴长编: 卷一二三 [M]. 北京: 中华书局, 2004: 2912.
⑥ 程颢, 程颐. 二先生语十 [M] //程颢, 程颐. 二程集. 北京: 中华书局, 2004: 113.
⑦ 赵汝愚. 上神宗乞去三冗 [M] //赵汝愚. 宋朝诸臣奏议: 下. 上海: 上海古籍出版社, 1999: 1099.

难，推行屯田戍边之策。宋人说，"夫善御敌者，必思所以务农实边之计"①。从调度方面来看，北宋每年从江淮等地运粮达六百万余，除了少部分供应朝廷外，三分之二由军队支配。面对这种情况，宋军对江淮等地区的物资依赖性过大。一旦遇到水旱等灾年，边防军队的粮草就会遇到困难。因此，文人士大夫提出了边防地区屯田、营田，鼓励商人运粮到边防地区的建议，以便解决军队的粮运困难问题。② 随着国内矛盾日益尖锐，宋军边防部队的粮草供给问题越来越严重。欧阳修③、富弼④、苏辙等人根据历代备边经验，建议朝廷在靠近辽夏的边境地区招募流民戍边屯田，保障驻防军队粮草供给，以便稳定军心、民心。

第二，在用兵作战过程中，"因粮于敌"是解决军队后勤保障的最佳方式。宋与辽夏的战争中，辽夏经常利用骑兵深入宋朝境内获取粮草等军用物资，将战争消耗转嫁到宋朝头上，来削弱宋朝国力，达到以战养战的目的。经过长期的实践与观察，文人士大夫根据辽夏等军队没有粮运，"每入汉界，常粮于中国"⑤ 的情况，判断他们进攻中原的时机。随着战争形势的发展，文人士大夫逐渐认识到"因粮于敌"的好处。沈括指出："凡师行，因粮于敌，最为急务。运粮不但多费，而势难行远。"支撑军队长途作战，除需要准备充足的钱粮外，还需要有支持大规模运输的能力，否则难以保障战争的进行。文人士大夫发现宋军在宋夏战争中的物资消耗很大，于是提出主动寻找敌人弱点，切断敌人后勤保障线的策略。他们看到横山地区是西夏进攻宋朝时粮草和军队集中地，认为只要宋军占领该地，就能扼断西夏的咽喉命脉，迫使西夏屈服。韩琦、范仲淹、夏竦、欧阳修、薛向等为此先后提出了收复横山的战略。张亢认为宋军占领横山可以达到"因粮于敌"的目标，但其必须"使敌人不得耕牧，畏首畏尾，周顾不暇，可令步人负十日粮，又日给米一升为汤饮，马军给新粟四升、草五分，贼界草地，以可半资放牧，亦可减辇运之半，王师既行，使啰厮啰及九姓回纥分制其后，必荡覆巢穴必矣"⑥。绍圣开边时期，宋军占领了横山地区，切断了夏军进攻北宋的前沿基地，迫使西夏主动向宋朝求和。重要的是，这扭转了宋夏战争中不利于宋朝的形势，同时证明了当初文人士大夫提出的占领横山"因粮于敌"的战略设想是正确的。

第三，协调好后勤统筹关系，保障运输渠道畅通。宋军以招募以主，钱粮等军需供应均由朝廷统筹解决，这样可以起到防范将领借机谋反的作用。因此，军队没有自己的后勤保障系统，连宋太祖给予边防将领的经济上的优惠政策也随之取消。一旦遇到战争，宋军根本发挥不了后勤物资统筹的优势，失败也在所难免。按照北宋后勤管理制度，军队负责作战，后勤物资由转运使及地方官统筹运输，两个平行的部门在管理上难免互相扯皮。真宗时期，朝廷对党项用兵，转运使索湘命胡则率部在一个月内筹备好粮草。胡则为难道："为百日备，尚恐不支，奈何为一月邪？"后来大将李继隆讨伐党项，陷入了战争的泥潭，

---

① 李焘.续资治通鉴长编：卷一〇四[M].北京：中华书局，2004：2415.
② 脱脱，等.宋史：卷二六六[M].北京：中华书局，1977：9168.
③ 赵汝愚.上仁宗论募耕河东缘边之地[M]//赵汝愚.宋朝诸臣奏议：下.上海：上海古籍出版社，1999：1131.
④ 赵汝愚.上仁宗乞拔河北逃田为屯田[M]//赵汝愚.宋朝诸臣奏议：下.上海：上海古籍出版社，1999：1131.
⑤ 赵汝愚.上仁宗乞边兵三月后减半就粮内郡（一）[M]//赵汝愚.宋朝诸臣奏议：下.上海：上海古籍出版社，1999：1319.
⑥ 李焘.续资治通鉴长编：卷一二八[M].北京：中华书局，2004：3028.

进退维谷。于是，索湘告诉胡则："微子几败我事。"一日，李继隆移文转运司曰："兵且深入，粮有继乎？"则告湘曰："彼师老将归，欲以粮乏为辞耳，姑以有余报之。"① 对于军队而言，物资优势无疑是战争取胜的基础。尹洙指出："自西夏叛命四年，并塞苦数扰，内地疲远输。兵久于外而休息无期，卒有乘弊而起，《兵法》所谓'虽有智者不能善其后'。"② "苟宿兵塞下，旷日持久，守御之备虽严，供馈之力必屈。"③ 还有些文人士大夫根据粮运情况，做出战争决策，改变战术。章楶根据夏军"因敌于粮"的特点，相应地改变了战术。

  正虑贼以大兵入寇，众寡不敌，所以须合令战兵分布在外，使彼深入吾地，战则不能，攻则不敢，钞掠则无获，不过三两日，自当引去。缘出战人马所赍干粮，自可以支十日，就使未退，我为主，彼为客，我军既在村野，固不忧食。彼合则诸将之兵得以伺隙而击其虚，彼分则险要地利莫非官军先据，可以坐待其老。大抵战兵在外，则守兵乃敢坚壁，如外无战兵而但务坚壁，则长驱深入，一路均被其患。④

同时，为了防范敌军攻击后勤运输线，将领必须保护好自己的粮道，否则不利于战争，甚至可能全军覆灭。宋太宗时期，朝廷花费大量的人力、物力补给前线的宋军，在运输途中遭到党项军队偷袭，又"经沙碛，饥渴死者什七八。白骨蔽野，号哭满道"⑤。这正是北宋"重文抑武"政策的弊端在后勤补给方面的表现。

综上所述，我们看到文人士大夫说的与做的并非完全一致。他们虽然对北宋驭将、兵制及军队后勤保障提出了某些合理建议，但是这些建议真正能执行下去的没有多少。但从这些建议上来看，文人士大夫难以摆脱北宋专制体制的烙印，这也反映出他们的军队建设理论具有强烈的时代局限性。

---

① 脱脱，等．宋史：卷二九九 [M]．北京：中华书局，1977：9950．
② 李焘．续资治通鉴长编：卷一三七 [M]．北京：中华书局，2004：3296．
③ 尹洙．议攻守 [M] //曾枣庄，刘琳．全宋文：卷五八三，第27册．上海：上海辞书出版社，2006：295．
④ 李焘．续资治通鉴长编：卷四七〇 [M]．北京：中华书局，2004：11221．
⑤ 赵汝愚．上神宗论纳横山非便 [M] //赵汝愚．宋朝诸臣奏议：下．上海：上海古籍出版社，1999：1527．

第四章　北宋文人论兵群体的军事素养及实践活动

北宋"重文抑武"政策与"以文驭武"方针的长期推行和贯彻，使文人士大夫取代了武将长期占据朝廷及边防的重要军事位置，成为一股不可忽视的政治势力。到北宋中期，文人士大夫在内忧外患的严峻形势下，或评议军政成败，或探讨攻守策略，或考量和战得失，或研究边防部署的情况，或整理兵书。然而，他们中的大多数人缺乏真正的军事实践，仅凭历史经验教训、祖宗"故事"及朝廷公开的军事信息进行谈兵论战。一旦周边的战火熄灭，他们论兵就显得没有意义了。诚如朱熹所说："秀才好立虚论事，朝廷才做一事，閧閧地閧过了，事又只休。"① 文人士大夫对相关军事问题的卓越论述并不缺乏，却没有多少建议被朝廷真正付诸实践。② 综观北宋文人的论兵过程，只有少数文人士大夫亲历过战争，能从实践中得到军事经验而著书谈兵，或将所论内容运用到军事实践中。这些文人士大夫的地位在朝野内外有上下尊卑之分，对军事认识有深浅、粗细之别，军事能力也有高低差异，因此，这是一个复杂的问题，不能一概而论。本章依据前后顺序，分别考察这群地位不同的文人士大夫的军事素养、实践活动，并就一些典型文人进行必要的剖析。

一、枢臣与边帅

在"重文抑武"政策的贯彻下，不少文人士大夫兼任边帅，或升任中枢大臣，这种情况常被宋人称为"出将入相"。作为中枢大臣或边帅，倘若没有一定的治军统兵能力，不但不会被朝廷倚重，而且也难镇服手下的骄兵悍将。③ 从能力结构看，枢臣与边帅尽管出身、经历、特性存在差异，但是均有着丰富的军事实践经验，又往往谙熟兵法，所以他们

---

① 黎靖德. 本朝一：太祖朝 [M] //黎靖德. 朱子语录：卷一二七. 北京：中华书局，1986：3043.
② "田况有文武材。其论天下事甚多，至并枢密院于中书以一政本，日轮两制馆阁官一员于便殿备访问，以锡庆院广太学，兴镇戎军、原渭等州营田，汰诸路宣毅、广捷等冗军，策元昊势屈纳款，必令尽还延州侵地，毋过许岁币，并入中青盐，请戮陕西陷殁主将随行亲兵。其论甚伟，然不尽行也。"引自：脱脱，等. 宋史：卷二九二 [M]. 北京：中华书局，1977：9784."师雄慷慨豪迈，有志事功，议者以用不尽其材为恨。"引自：脱脱，等. 宋史：卷三三二 [M]. 北京：中华书局，1977：10690.
③ 何冠环. 败军之将刘平（973—1040 后）——兼论宋代的儒将 [M] //何冠环. 北宋武将研究. 香港：中华书局（香港）有限公司，2003：297.

的表现一般比武将强。当然，在他们执行朝廷边防政策方针、协调朝廷与武将之关系的同时，繁重的军政事务也要求他们必须具备一定的军事素养，至少在他们的意识中，优秀的将帅必须有一定的谋略。因此，他们在平时处理军政事务时或多或少地接触了这些军事知识，久而久之，就具备了一定的军事素养。从现存文献记载来看，文人士大夫当中有些具备文武素质，且偏好军事知识，甚至进行了深入研究，如宋琪、赵昌言、张齐贤、钱若水、向敏中、韩琦、范仲淹、夏竦、文彦博、庞籍、明镐、王沿、孙沔、张方平、余靖、尹洙、郑戬、杨偕、蔡挺、吕惠卿、王韶、沈括、范育、赵卨、章楶、种世衡等，皆有相当高的军事素养。为了对北宋文人论兵群体（枢臣、边帅）的军事素养加以反映，本节对以下三个阶段的代表性人物及事迹进行一定的评述。

（一）宋初的将帅

宋初，文臣在军事行动中处于从属地位。淳化五年（994）八月，太宗命赵昌言为川峡五十二州招安行营马步军都部署，自主帅王继恩"以下并受节度"[①]，"御札数幅，授以方略"[②]。赵昌言因同僚攻击，未能成行。咸平四年（1001）八月，朝廷任命张齐贤为泾原等十五军州安抚经略使，"自此始为边帅也"[③]。咸平五年，朝廷以邓州观察使钱若水为并代经略使，判并州。[④] 朝廷对钱若水的这次任命是其"以文驭武"思想的进一步尝试，"用文臣经略使来削弱武将都部署的权威"[⑤]。真宗一朝，都部署依然是地方武将之首，以武臣为帅的统兵体系没有发生大的变动。

张齐贤以"善谈方略"[⑥]，有志于事功，被称为"国初宰相惟宋琪与齐贤知边事"[⑦]。在宋辽战争中，他表现出了卓越的军事才能。在战略决策方面，张齐贤主张慎之又慎，反对太宗轻易冒进收复燕云地区。他认为朝廷应采取先内后外的战略，经过休养生息后，国力必然强大于契丹。

> 圣人举事，动在万全，百战百胜，不若不战而胜。若重之慎之，则契丹不足吞，燕蓟不足取……臣又闻家六合者以天下为心，岂止争尺寸之事，角戎狄之势而已。是故圣人先本而后末，安内以养外。人民本也，戎狄末也……此以德怀远，以惠利民，则幽燕窃地之丑，沙漠偷生之虏，擒之与屈膝，在术内尔。[⑧]

不难发现，张齐贤在给朝廷奏疏中借用了"不战而屈人之兵""实而备之"等兵家论断。从侧面看，他并非夸夸其谈，在宋辽战争中可看出他有很好的军事素养。雍州三年（986）七月，辽军南侵代州，潘美未率军前来抵抗。于是，知代州的张齐贤组织厢军千人，屯守繁畤县、崞县，伏击辽军。他部署道："代西有寇，则崞县之师应之；代东有寇，则繁畤之师

---

① 脱脱，等. 宋史：卷二六七 [M]. 北京：中华书局，1977：9196-9197.
② 李焘. 续资治通鉴长编：卷三六 [M]. 北京：中华书局，2004：793.
③ 高承. 安抚 [M]//高承. 事物纪原：卷六. 北京：中华书局，1989.
④ 李焘. 续资治通鉴长编：卷一三九 [M]. 北京：中华书局，2004：3345.
⑤ 贾启红. 北宋经略安抚使研究 [D]. 保定：河北大学，2008：17.
⑥ 朱熹. 八朝名臣言行录：卷一 丞相张文定公 [M]//朱熹. 朱子全书：第12册. 上海：上海古籍出版社，2002：46.
⑦ 欧阳修. 王济讥张齐贤 [M]//欧阳修. 欧阳修全集：卷一三〇. 北京：中华书局，2001：1984.
⑧ 赵汝愚. 上太宗论幽燕未下当先固根本 [M]//赵汝愚. 宋朝诸臣奏议：下. 上海：上海古籍出版社，1999：1417.

应之。比接战，则郡兵集矣。"① 最终，辽军被张齐贤所指挥的奇兵打败。到神宗时，他的战功仍为时人津津乐道，"宋与契丹大小八十一战，惟张齐贤太原之战才一胜耳"②。

钱若水，"有器识，能断大事""风流儒雅，善谈论"③，是宋初少有的文武兼备的人才。他担任边帅后，多次向朝廷献计献策。在治军方面，他根据古代兵家的治军经验教训，认为宋军应该严肃军纪，"用法者，以朝廷能赏罚不私也。今傅潜领雄师数万，闭门不出，坐视边寇俘掠生民，上孤委注之恩，下挫锐师之气，盖潜辈不能制胜，朝廷未能用法使然也。军法，临阵不用命者斩。今若斩潜以徇，然后擢取如杨延朗、杨嗣者五七人，增其爵秩，分授兵柄，使将万人"④。在用兵作战方面，他根据阴阳五行之术，指出："匈奴用兵，唯观太白与月耳。按《天文志》，以太白者将军也，星辰者廷尉也。合则有战，不合则无战。合于东则主胜，合于西则客胜……陛下苟思兵者凶器，战者危事，而不倒持太阿，授人以柄。"⑤ 大意是指统治者不应该穷兵黩武，如若进行不义之战、掠夺之战，只会使国家陷于危亡。这些看法与老子有关战争的观点颇为相似，如"兵者，凶器也"。

从军事实践上来看，钱若水明显受到孙子、吴子兵学的影响。咸平五年，钱若水率军渡河，"号令军伍，分布行列，悉有规节，深为戍将所服"。宋真宗称赞道："朕尝见儒人谈兵，不过讲之于樽俎砚席之间，于文字则引孙、吴，述形势皆闲暇清论可也，责之于用，则临事罕见有成效者。今若水亦儒人，晓武可嘉也。"⑥ 这反映了钱若水具备较高的军事政治素养。在战略方面，他还向真宗献了防辽之策，指出"制边灭戎之策无他，臣闻唐至三百年，而魏博一镇屯戍甚少，不及今日之盛，犬戎未尝侵境。盖幽、蓟为唐北门，命帅屯兵以镇之，稍有侵轶，则呼噏应敌"⑦。在驭将方面，钱若水针对当时武将地位低下的弊端，提出朝廷应该"凡有武臣求对，必于边事有闻。陛下听朝之余，何惜一见？召于咫尺，待以从容，霁其威颜，加之善诱，使无惧慑，尽日敷陈。然后观其奏对之是非，察其趋向之邪正。可者则奖激而遣之，不可者亦优容而罢之"⑧。可见，他能够将专制制度与兵法中的驭将之道结合起来，服务于北宋王朝的专制统治。

向敏中，"沉毅兼济，识大体"⑨，太平兴国五年（980）中进士，先后任同知枢密院事、参知政事、代兼知枢密院事、中书门下平章事等职。向敏中在枢密院中"专主谋议，遇事敏速，凡二边道路、斥堠、走集之所，莫不周知"⑩，深受宋真宗的信任。咸平初，真宗以重臣抚边，任向敏中为河北、河东安抚大使。澶渊之战时，宋真宗命鄜延路都部署兼知延州向敏中全权负责西北军政事务，允许其便宜从事。恰好，他得到有人利用大傩舞会谋乱的信息后，秘密做好准备。于是，他召集所有宾客、幕僚、将官一起喝酒娱乐。"敏

---

① 脱脱，等.宋史：卷二六五 [M].北京：中华书局，1977：9154.
② 朱熹.八朝名臣言行录：卷三　参政张文定公 [M] //朱熹.朱子全书：第12册.上海：上海古籍出版社，2002：462.
③ 朱熹.八朝名臣言行录：卷二　枢密钱宣靖公 [M] //朱熹.朱子全书：第12册.上海：上海古籍出版社，2002：54.
④ 脱脱，等.宋史：卷二六六 [M].北京：中华书局，1977：9166.
⑤ 赵汝愚.上真宗论备边之要有五 [M] //赵汝愚.宋朝诸臣奏议：下.上海：上海古籍出版社，1999：1436-1437.
⑥ 文莹.玉壶清话：卷七 [M].北京：中华书局，1989：74.
⑦ 文莹.玉壶清话：卷七 [M].北京：中华书局，1989：74.
⑧ 钱若水.论延接将官奏 [M] //曾枣庄，刘琳.全宋文：卷一七二，第8册.上海：上海辞书出版社，2006：396.
⑨ 王称.东都事略：卷四一 [M].济南：齐鲁书社，2000：324.
⑩ 脱脱，等.宋史：卷二八二 [M].北京：中华书局，1977：9554.

中振袂一挥，伏出，尽擒之，果各怀短刃，即席斩焉。既屏其尸，以灰沙扫庭，张乐宴饮，坐客皆股栗，边藩遂安。"事实上，"时旧相出镇，不以军事为意"，如"寇準虽有重名，所至终日游宴，则以所爱伶人或付富室，辄厚有得。张齐贤倜傥任情，获劫盗或至纵遣"。唯独宋真宗称赞向敏中，"大臣出临四方，惟敏中尽心于民事尔"[1]。

（二）仁宗时期的将帅

从澶渊之盟到宋夏战争全面爆发期间，文臣士大夫在朝廷军政机构里不仅取得了高于武将的绝对优势，[2] 而且往往以经略使兼都部署的形式出任枢臣与边帅，担负起镇守边疆的职责。景德元年，王钦若以参知政事身份判天雄军府兼都部署，提河北转运司。真宗后期，寇準出知天雄军兼雄洛都部署；御史中丞王嗣宗任知永兴军府兼兵马部署。经略使仍然是一种因事而设的官职。直到仁宗时期，尤其是宋夏战争全面爆发后，武将出任都部署统兵的体制才从根本上改变，[3] "以文驭武"的方针也随之贯彻于各地的统军系统中。下面仅以宋夏战争中的夏竦、范仲淹、韩琦、文彦博、郑戬、尹洙、杨偕等为例，考察这些人的言论事迹，分析他们的军事素养及差异。

夏竦，通晓经史、百家及佛老诸书，尤以文学著称。在西北战场期间，夏竦对军事理论颇有研究，留下了大量军事著作，如《论将帅策》《谨边防奏》《募土兵奏》《计北寇策》《复塞垣策》《未可轻举大军奏》《论兵政奏》《信用将帅奏》《将帅部议论篇》《陈边事十策》等。其中，《陈边事十策》最能体现他的守边主张，如"关塞防秋，古今常事。《传》云：'无恃寇之不至，恃吾有以待之。'此言诚得守边之要也"[4]。

夏竦虽然有一定的兵学基础，但是他害怕战争、畏缩自守，尤其在战场上表现得相当突出。三川口之战后，身为泾原帅的夏竦不但没有积极备战，反而因畏惧西夏军势，数次请求朝廷将其调离。庆历年间，朝廷任命夏竦为枢密使，却遭到台谏交章弹劾，"竦在陕西畏懦不肯尽力，每论边事，但列众人之言，至遣敕使临督，始陈十策。尝出巡边，置侍婢中军帐下，几致军变。元昊尝募得竦首者与钱三千，为贼轻侮如此"[5]。事实已充分证明，夏竦的军事实践能力根本不值一提。

范仲淹，"喜论兵，常好诵韦苏州诗'兵卫森画戟，燕寝凝清香'"[6]，又"靡学孙吴之法，耻道桓文之事"[7]，"志欲吞西夏，知用兵利病耳"[8]。三川口之战后，朝廷任命范仲淹出守延州，负责防御之责。他根据西夏问题大量论述西北边事，如《上攻守二策》（《议守》《议攻》）、《论西事札子》、《奏陕西河北和守攻备四策》（《陕西和策》《陕西守策》《陕西攻策》《论元昊请和不可许者三大可防者三》）等。康定元年（1040），朝廷决定对夏发动进攻，却遭到范仲淹的反对。他大量引用《孙子兵法》来抵制对西夏的进攻战略，如"兵法曰：战道必胜，主曰无战，必战可也；战道不胜，主曰必战，无战可也"。好水川之

---

[1] 脱脱，等.宋史：卷二八二 [M]. 北京：中华书局，1977：9555.
[2] 陈峰.从枢密院长贰出身变化看北宋"以文驭武"方针的影响 [M] //陈峰.宋代军政研究.北京：中国社会科学出版社，2010：61.
[3] 陈峰.都部署与北宋武将地位的变迁 [M] //陈峰.宋代军政研究.北京：中国社会科学出版社，2010：158.
[4] 夏竦.陈边事十策 [M] //曾枣庄，刘琳.全宋文：卷三四六，第9册.上海：上海辞书出版社，2006：63.
[5] 李焘.续资治通鉴长编：卷一四〇 [M]. 北京：中华书局，2004：3364.
[6] 惠洪.韩欧范苏嗜诗 [M] //惠洪.冷斋夜话：卷二.北京：中华书局，1988：19.
[7] 范仲淹.耀州谢上表 [M] //范能濬.范仲淹全集.成都：四川大学出版社，2007：347.
[8] 惠洪.范文正公蚊诗 [M] //惠洪.冷斋夜话：卷五.北京：中华书局，1988：43.

战后，朝廷准备讨伐西夏，范仲淹又一次依据《孙子兵法》提出反对意见，"《孙子》曰：主不可以怒而兴师，将不可以愠而致战，合于利而动，不合于利而止。故明主慎之，良将警之，此安国全军之道也。又曰：利而诱之，怒而挠之，引而劳之，今农用此策，不可知。若乘盛怒进兵，火小利所诱，劳弊我师，则其落贼策中，患有不测，或更差失，忧岂不大"？① 康定元年五月，陕西转运使范仲淹引用孙子的"虚实论"反对朝廷讨伐西夏。他指出："臣闻兵家之用在先观虚实之势，实则避之，虚则攻之。今缘边城寨有五七分之备，而关中之备无二三分。若昊贼知我虚实，必先胁边城，不出战，则深入乘关中之虚。"②

针对宋夏战争中将领匮乏的情况，范仲淹提出向具备将才的人传授兵学知识。他说："臣窃见边上甚有弓马精强，谙知边事之人，则未曾习学兵书，不知为将之体，所以未堪拔擢。欲乞指挥陕西路、河东逐路经略司，于将佐及使臣军员中，拣选识文字的有机智勇武、久远可以为将者，取三五人，令经略、部署司参谋官员等密与讲说兵书，讨论胜策，所贵边上武勇已著之人，更知将，或因而立功，则将来有人可任。"③ 范仲淹为此担负起培养将帅之责。他发现门客滕甫有奇才，"谓他日必能为帅，乃以将略授之"④。范仲淹还培养了为宋人及后世所津津乐道的名将狄青。当时狄青"常被发面铜具，驰突贼围，敌人畏慑，无敢当者"，屡立战功。士大夫们称赞他骁勇善战，被称为"国器"。后来，范仲淹将《春秋》《汉书》传授狄青，并说："将不知古今，匹夫之勇，不足尚也。"从此，狄青博览经史，通究古今，成为当时名将，以致"天下独呼公为狄天使"⑤。范仲淹倾心武事，有"儒将"之称，又因对夏作战有功，被敌人惧尊为"小范老子"。（"大范老子"指庸将范雍，夏人以为可欺。故相戒说："小范老子腹中自有数万甲兵，不比大范老子可欺也。"⑥）

韩琦任边帅前不懂兵学知识，故常自称"本无军旅之学"⑦、"罕究兵家之学"⑧、"本不知兵"⑨ 等。他担任重要军职后，通过苦学逐渐具备了一定的军事素养。蔡襄曾说："（韩）琦等素习兵事，上下之情通浃。"⑩ 据记载，韩琦出知定州，并兼安抚使时，夜间攻读，命侍兵拿烛站在他的旁边。"侍兵他顾，烛燃公须，公遽以袖摩之，而作书如故。"⑪ 他任定州边帅时，凡将佐必精心选择，幕府如陈嘉、王居卿、韩畴、夏琦，偏将如狄青、赵滋、郝质、张忠、刑佐臣等，"平日闻公语论，见公施为，后皆一时之名将"⑫。韩琦还

---

① 李焘. 续资治通鉴长编：卷一三一 [M]. 北京：中华书局，2004：3110.
② 赵汝愚. 上仁宗乞严边城实关内 [M] //赵汝愚. 宋朝诸臣奏议：下. 上海：上海古籍出版社，1999：1457.
③ 范仲淹. 奏乞指挥国子监保明武学生及令经略部署司讲说兵书 [M] //范能濬. 范仲淹全集. 成都：四川大学出版社，2007：499.
④ 叶梦得. 避暑录话：卷一 [M] //上海古籍出版社编辑部. 宋元笔记小说大观：第3册. 上海：上海古籍出版社，2001：2597.
⑤ 王辟之. 名臣 [M] //王辟之. 渑水燕谈录：卷二. 北京：中华书局，1981：16.
⑥ 王称. 东都事略：卷五九 [M]. 济南：齐鲁书社，2000：467.
⑦ 韩琦. 辞免谏议大夫表 [M] //曾枣庄，刘琳. 全宋文：卷八三三，第39册. 上海：上海辞书出版社，2006：26.
⑧ 韩琦. 谢降御前札子表 [M] //曾枣庄，刘琳. 全宋文：卷八三三，第39册. 上海：上海辞书出版社，2006：20.
⑨ 韩琦. 谢转官充秦凤路经略安抚招讨使表 [M] //曾枣庄，刘琳. 全宋文：卷八三三，第39册. 上海：上海辞书出版社，2006：22.
⑩ 李焘. 续资治通鉴长编：卷一四〇 [M]. 北京：中华书局，2004：3369.
⑪ 邵博. 邵氏闻见后录：卷二〇 [M]. 北京：中华书局，1983：155.
⑫ 卫规. 韩魏公治绩碑记 [M] //曾枣庄，刘琳. 全宋文：卷二二七七，第104册. 上海：上海辞书出版社，2006：223.

多次引用兵法阐述其军事思想，如针对河北修建城池防御工程中存在的问题，他用"兵法曰：百楼不攻"①来论证其合理性。在军事生涯中，韩琦将自己的军事经验撰成兵论，并献给了统治者，如《乞定军队临阵刑法奏》《乞不点集强壮只差弓手奏》《论备御七事奏》《上仁宗论西北议和有大忧者三大利者一》《教阅赏赐奏》《三路武技出众者优赏并侯阙选补奏》等。英宗即位后，韩琦"以其勇智不奇出，可与有为。乃考寻中书祖宗御批，得百余番，俱缺落不完，补缀仅能识其字画，皆经国长算之策，如《取太原》《下江南》《伐犬戎》，付中书之类编成十余轴"②。

韩琦在宋夏战场上颇有威名，"军中为之语曰：军中有一韩，西贼闻之心胆寒"③。可见他不仅对兵学谙熟于心，而且能将兵学灵活地运用到军事实践中，并起到威慑敌人的作用。韩琦在《永兴军谢上表》中说："谓堂上之兵必胜，犹贵任人；而阃外之制不专，胡能治众？"④ 这与孙子所说的"将在外，君命有所不受"的观点完全一致。韩琦不但对将帅驾驭深有研究，而且对敌人的诡计有敏锐的洞察力。如宝元元年（1038）八月，环州知州高继嵩得到西夏举报其谋反的遗箭后，颇为恐慌。韩琦识破西夏使用的反间计，并指出这件事的可疑点：其一，西夏对骁勇善战的高继嵩产生恐惧，所以设反间计而去之；其二，士兵因高继嵩严厉而设巧计以中伤之；其三，如果西夏忠于宋廷，应当密奏高继嵩背义投诚，何必以遗箭来举报呢？基于以上分析，韩琦建议朝廷应给予高继嵩充分的信任，并对举报之人论罪如律，"外以杜黠贼行闲之谋，内以破惰兵诡中之计，次以坚继嵩用命之心。使边郡闻之，孰不畏朝廷之明，而励忠义之怀边"⑤。事实证明，他的判断是正确的。又如，庆历三年（1043），韩琦根据兵法"无约而请和者，谋也"，判断出西夏假意求和的阴谋，于是令诸将日夜戒严。⑥ 由于宋军早有准备，西夏军队前来侵犯的目的没有达成。在战术运用方面，他引用"吴起所谓革车掩户，挽轮笼毂""唐李靖尝引汉、魏之法"来论证车阵法的合理性，"以今法准之，则跳荡为骑兵也；战锋队步骑相半也，驻队兼车乘而出也。臣琦以为可用于平川之地，一则临阵以抑奔冲，二则下营以为寨脚"⑦。由此可见，韩琦通过长期的军事磨炼，具备了一定的军事素养。

文彦博，"位将相五十余年"，"守秦州、大名、永兴、五判河南，偏历公孤两以太师致仕，英杰威重，名闻四夷"⑧，所以像他这样的北宋中期重臣，自然对兵学有所研究，据说他曾经亲笔书写《孙武子》十三篇。⑨ 与韩、范等将帅一样，他的军事素养的形成与他担任边防要职是密切相关的。他任边帅时，"日料贼计，虽闻累有归顺之情，深虑必是迁延之计"⑩。"惟知夙夜防虞，常若寇至，不敢终食懈于为备。"因此，他在论兵奏议中，经

---

① 韩琦. 答诏问河北事 [M] // 曾枣庄, 刘琳. 全宋文：卷八四六, 第39册. 上海：上海辞书出版社, 2006：238.
② 强至. 韩忠献公遗事 [M] // 朱易安, 等. 全宋笔记：一编八. 郑州：大象出版社, 2003：17.
③ 王称. 东都事略：卷五九 [M]. 济南：齐鲁书社, 2000：469.
④ 韩琦. 永兴军谢上表 [M] // 曾枣庄, 刘琳. 全宋文：卷八三六, 第39册. 上海：上海辞书出版社, 2007：80.
⑤ 李焘. 续资治通鉴长编：卷一二二 [M]. 北京：中华书局, 2004：2877.
⑥ 李清臣. 韩忠献公琦行状 [M] // 曾枣庄, 刘琳. 全宋文：卷一七一七, 第79册. 上海：上海辞书出版社, 2007：38.
⑦ 韩琦. 郭固以所造车式诣阙进呈奏 [M] // 曾枣庄, 刘琳. 全宋文：卷八四九, 第39册, 上海：上海辞书出版社, 2007：289.
⑧ 朱熹. 八朝名臣言行录：卷三太师潞国文忠烈公 [M] // 朱熹. 朱子全书：第12册. 上海：上海古籍出版社, 2002：442.
⑨ 魏鸿. 宋代孙子兵学与军事实践 [M] // 魏鸿. 宋代孙子兵学研究. 北京：军事科学出版社, 2011：214.
⑩ 文彦博. 答奏 [M] // 曾枣庄, 刘琳. 全宋文：卷六四二, 第30册. 上海：上海辞书出版社, 2007：152.

常援引兵法论述军政事务。如在庙算方面，他认为"兵者，国之大事，陛下于庙堂之上，与宰辅大臣计之审矣，岂容疏贱，辄有轻议"。在战争观方面，文彦博认为，朝廷应慎重对待西北拓边一事，如"兵者大事，不可轻言之。古人论兵至慎重至重，如向云取横山如反掌，捕西贼若设置掩兔，谋虽可采，言亦似轻，诚愿慎之重之"①。又如论粮饷运输，他引用《孙子》中的"善用兵者，役不再籍，粮不三载"；论军费问题，他认为"苟力屈财殚，虽有智者，不能善其后"。再如，针对当时将权不专、军法废弛的情况，他提出"阃以内者，寡人制之；阃以外者，将军制之"②的论断，并对司马穰苴斩庄贾、孙武斩吴王爱姬等治军案例高度赞赏。如此兵法之论，不一一列举。在残酷的战争环境下，文彦博必须熟悉地图，以便排兵布阵，如"按《聚米图经》，延州之境，东自长宁塞以次带西北于德靖寨。沿边回远，接贼界地分约七百里"③。可以看出，文彦博为了担任边帅，潜心研究过兵法。

郑戬，天圣三年（1025）中进士，先后任权知开封府事，同知枢密院事，资政殿学士、陕西四路都总管兼经略、安抚、招讨使等官职。他"尝读兵书，至《谋攻篇》'善用兵者，屈人之兵而非战也'，因叹曰：'上兵节制，要在静胜。'故每檄诸将，常以坚重待敌。终能制戎羯、安边境者，由此策也"。由此可见，他能够从兵学中汲取"不战而屈人之兵""上兵节制，要在静胜"等知识，并运用到军事实践中。辽夏战争时，郑戬根据辽军舍弃"甲马战斗"之所长，争"舟楫之利"的情况，判断辽军必败。他还主张朝廷不必为辽夏战争担忧，并说："夷狄自相攻讨，不足烦中国虑。务在持重而已。"④ 这些足见郑戬具有较高的军事素养。

尹洙，是一位集吏才、将才、文才于一身，活跃在宋夏战场上的一位重要人物。⑤ 他因"喜论兵"⑥，为时人及后人所称道。宋人叶适称赞尹洙，"《叙燕》《息戍》《兵制》与贾谊相上下。适会其时，故但为救败之策尔。洙亦善论事，非所擅长于空文者也"⑦。确实，尹洙剖析当时边防军事态势、谋划守边策略，基本上符合北宋边疆的具体情况。与尹洙几乎同时代的苏洵，也以言兵事而为时人所称道。⑧ 在叶适的眼中，苏洵缺乏军事实践，论兵的政治色彩较浓，他说："苏洵自比贾谊，曾巩、王安石皆畏其笔，至以为过之。欧阳氏比于荀卿。嘉祐后，布衣特起，名冠当时而高后世，李觏、王回，何敢望也！《权书》《衡论》多谈兵，草野未除，去谊固远。"由此可见，叶适以"与贾谊相上下"与"去谊固远"来评价尹洙和苏洵谈兵能力的高低，这也说明尹洙具有较高的军事素养。据记载，西夏李元昊侵宋后，尹洙"未尝不在兵间，故于西事尤练习"⑨。在此期间，他积累了丰富的

---

① 文彦博. 条奏薛向利害 [M]//曾枣庄，刘琳. 全宋文：卷六四四，第 30 册. 上海：上海辞书出版社，2007：181.
② 李焘. 续资治通鉴长编：卷一二六 [M]. 北京：中华书局，2004：2993.
③ 文彦博. 论修复延州北金明寨奏 [M]//曾枣庄，刘琳. 全宋文：卷六四四，第 30 册. 上海：上海辞书出版社，2006：186.
④ 胡宿. 太尉文肃郑公墓志铭 [M]//曾枣庄，刘琳. 全宋文：卷四六八，第 22 册. 上海：上海辞书出版社，2006：228-230.
⑤ 洪本健. 论尹洙 [J]. 井冈山师范学院学报，2000（3）：16.
⑥ 欧阳修. 论尹师鲁墓志 [M]//欧阳修. 欧阳修全集：卷七二. 北京：中华书局，2001：1046.
⑦ 叶适. 皇朝文鉴四 [M]//叶适. 习学记言序目：卷五〇. 北京：中华书局，1977：746.
⑧ 欧阳修. 荐布衣苏洵状 [M]//欧阳修. 欧阳修全集：卷一一二. 北京：中华书局，2001：1698.
⑨ 脱脱，等. 宋史：卷二九五 [M]. 北京：中华书局，1977：9838.

军事经验,撰写了很多论兵之文,如《论城水洛利害表》《论减省寨栅骑兵》《论帅臣自募僚从》《论鬻民爵以给募兵之用》等,无不是具体可行的边防之策。①

杨偕,"尤喜古今兵法,有《兵书》十五卷"。他担任边帅后,"尝论《八阵图》及进神楯、劈阵刀,其法外环以车,内比以楯"。事实证明了他设计的武器有实用价值,在兔毛川之战中,武将王吉果用杨偕发明的劈阵刀大败西夏军队。在选将择兵方面,杨偕认为兵不在众,而在于精,于是提出"将有谋,兵虽寡必精而难陷;将非才,则兵虽众必骄而易败"②等建议。据记载,杨偕曾"数上书言边事,策画论议,有得有失,固皆一时之俊"③。针对北宋"将从中御"的弊病,杨偕认为朝廷应赋予将领军事指挥权。他知并州时,废除了前任主帅纵容监军宦官参与军事的旧例,命令副总管率所部兵马赶赴河外,同时严令"遇贼将战,一禀副总管节度"。事实上,杨偕的做法体现了兵法中的"将在外,君命有所不受"的原则。在西夏李元昊乞和之际,杨偕认为国家连年作战,国力日蹙,应该先与夏谈和,再制定灭夏的长远之计。④ 从战场情况来看,杨偕有着丰富的作战经验,能够把握战争的进程。这与孙子"兵者,国之大事也"的观点是相符的。

(三)神宗、哲宗时期的将帅

神宗即位后,面对日益严峻的内外困境,王安石主持变法,以维护赵宋王朝的长治久安。王安石变法的主要目的之一就是富国强兵,向西吞并西夏,然后北上收复燕云地区,故而需要大量的、高素质的将帅,以开拓疆土。诚如《宋史》所言:"神宗奋英特之资,乘财力之富,锐然欲复河、湟,平灵、夏,而蔡挺、王韶、章楶辈起诸生,委褒衣,树勋戎马间。世非无材,顾上所趣尚磨厉奚如耳。观挺之治兵,韶之策敌,楶之制胜,亦一时良将。"⑤下面以这几位代表人物为例,分析他们的军事素养及其实践。

蔡挺在宋夏战争中战绩突出,是当时名将之一。他中进士后,任陕西转运副使,因上书论御戎攻守大计,遂任直龙图阁,兼任知庆州。⑥ 治平三年(1066),宋、夏在陕西大顺城发生了大规模的军事冲突。西夏君主李谅祚亲率数万大军进攻大顺城,蔡挺命边民入城自保,告诫诸寨不要出战,而在城壕中密布铁蒺藜,致使涉渡城壕的夏军多被铁蒺藜刺伤。于是,夏主李谅祚不得不亲披甲胄,前往督战。蔡挺事先命偏将林广率强弩兵埋伏于城壕外,飞矢注射,李谅祚受伤而退。在大顺城之战中,蔡挺表现出了卓越的军事才能。在奇谋方面,蔡挺事先放出口风说夏将李思顺且复来,"命葺其旧舍,出兵西为迎候之举。谅祚果疑思顺,毒之死"。事实证明,他对夏主李谅祚御将心理的分析正体现了《孙子兵法》中"兵者,诡道也"的原则,反映出他具有较高的军事素养。

蔡挺较高的军事素养还体现在具体的军事改革中。一是推行"将兵法"。蔡挺知渭州时,开始进行兵制改革。"轮诸将每五日一教阅,五伍为队,五队为陈。陈横列,三鼓而出之,并三发箭复位。又鼓之,逐队枪刀齐出,以步鼓节之,为击刺状,十步而复。以上

---

① 张玉璞. 尹洙及其论兵之文 [J]. 苏州大学学报(哲学社会科学版),2000(3):56.
② 杨偕. 再驳夏竦请增土兵议 [M] //曾枣庄,刘琳. 全宋文:卷三二五,第16册. 上海:上海辞书出版社,2006:90.
③ 脱脱,等. 宋史:卷三〇〇 [M]. 北京:中华书局,1977:9970.
④ 脱脱,等. 宋史:卷三〇〇 [M]. 北京:中华书局,1977:9956.
⑤ 脱脱,等. 宋史:卷三二七 [M]. 北京:中华书局,1977:10592.
⑥ 王称. 东都事略:卷八八 [M]. 济南:齐鲁书社,2000:688.

凡复位，皆闻金即退。骑兵亦五伍为列，四鼓而出之，射战盘马。先教前一日，将官点阅，全备乃赴教，再阅之。队中人马皆强弱相兼，强者立姓名，为奇兵隐于队中，遇用奇，则别为队出战。泾原路内外凡七将，又泾仪州左右策应将。每将皆马步军各十陈，分左右各第一至五，日阅一陈，此其大概也"①，这就是著名的"将兵法"，此法后来得到了神宗的肯定。熙宁年间，神宗推广的"泾原训兵法"及置三十七将等举措，均是蔡挺创制。② 二是推行屯边备战的策略。蔡挺核对边境地区无主或冒占土地，找出大量冒耕田地，且招募军民耕种，以此来稳定人心、巩固边防。

　　王韶是北宋中后期著名的军事家。他早年参加制科考试失败，游历陕西一带，得到"蔡挺以前后士大夫之言及边事者"③的帮助。王韶经过亲自调查，不仅对西部边情有了清晰认识，也掌握了朝野关于边事的主张。宋人亦说："本朝诸公游陕西者，多知边事，此亦是用兵之故。"④ 宋神宗即位后，王韶知道"天子智勇，有志于天下，乃上《平戎策》"⑤，陈述了关于西北边事的建议，得到了神宗的赏识，被"召问方略"⑥。可见，他的《平戎策》表现出了一位军事家正确判断和把握战略时机的卓越才能。这种才能主要表现在他向宋神宗提出的对西夏采取战略进攻时的几个关键环节上。一是神宗"有志于天下"，推行变法；二是契合了变法派人物王安石"兼制夏国，恢复汉唐旧境"的战略设想；三是西北各少数民族处于混乱状态；四是防止西夏吞并河湟地区，进而威胁到宋朝关中地区，乃至京城。事实证明王韶在《平戎策》中对战备进攻时机的把握是正确的。于是，他在王安石的大力支持下，发动了河湟之役，取得了北宋中后期在军事上少有的胜利。王韶以河湟之功，数年之间，位至枢密副使高位，可见其拥有杰出的军事才能。《宋史》评价王韶，"为人粗犷，用兵颇有方略，每召诸将授指，不复更问，所至辄捷"⑦。"尝夜卧帐中，前部遇敌，矢石已交，呼声震山谷，侍者往往股栗，而韶鼻息自如。"⑧ 可见，王韶取得河湟拓边胜利离不开其所具备的军事素养。

　　沈括博学多闻，天文、地理、典制、律历、军事等无所不晓。他担任边帅前，就具备了一定的军事素养。他出使辽国时，"察访河北边防，讲修边备，易其旧政者数十事"⑨，并提出独特的防御观点，如"窃详兵之利，攻其不备，出其不意。臣画夜讲求本路边防素不为备者数事，当先事有有以制之……有以待敌而致其必来，此必胜之术也"⑩。针对北方游牧民族的骑兵特点，沈括认为"中国利强弩，犹契丹之上骑也"，制胜的关键在于以己之长克敌；对于宋军而言，应加强兵器研制，使用先进的弓弩远距离射杀敌人骑兵。此外，他通过《梦溪笔谈》中的军事案例，阐释其对军事的基本看法。澶渊之盟后，宋辽双方保持相对和平的局面。为了防御辽军进攻，驻守雄州的李允则策划了寺庙丢失银香炉事

---

① 王称. 东都事略：卷八八 [M]. 济南：齐鲁书社，2000：688.
② 脱脱，等. 宋史：卷三二七 [M]. 北京：中华书局，1977：10575-10576.
③ 魏泰. 东轩笔录：卷五 [M]. 北京：中华书局，1983：56.
④ 黎靖德. 谈兵 [M] //黎靖德. 朱子语录：卷一一〇. 北京：中华书局，1986：2710.
⑤ 王称. 东都事略：卷八二 [M]. 济南：齐鲁书社，2000：690.
⑥ 脱脱，等. 宋史：卷三二八 [M]. 北京：中华书局，1977：10579.
⑦ 李焘. 续资治通鉴长编：卷三一三 [M]. 北京：中华书局，2004：7592.
⑧ 脱脱，等. 宋史：卷三二八 [M]. 北京：中华书局，1977：10582.
⑨ 沈括. 自志二 [M] //曾枣庄，刘琳. 全宋文：卷一六九三，第77册. 上海：上海辞书出版社，2007：370.
⑩ 沈括. 乞详酌河北西路边防数事奏 [M] //曾枣庄，刘琳. 全宋文：卷一六八六，第77册. 上海：上海辞书出版社，2007：257.

件，抓紧加强城池维护。沈括评价道："大都军中诈谋，未必皆奇策，但当时偶能欺敌，而成奇功。时人有语云：'用得着，敌人休；用不着，自家羞。'斯言诚然。"沈括这句话颇有军事远见，意指奇谋并不是奇在使人玄而难思，而是奇在以符合情理的形式实施，达到欺骗敌人的目的。

章楶是继王韶之后，在西北战场上又一位战功卓著的文人边帅，被称为"一时良将"①，史称"楶立边功，为西方最"②。同时，他撰写了大量的论兵之文，如《赵卨筑濆城壕奏》《请削夏人疆土奏》《备边之策奏》《破贼伐谋策奏》《请坚壁清野奏》《乞惩夏人奏》《折可适攻扰夏人奏》《困夏贼疏》《乞进筑灰家嘴及修复安疆寨奏》《折可适邀击西贼奏》《乞缓进筑奏》等，这些是具有可行性的守边良策。章楶擅长运用兵法论述实战内容，如"兵有奇正，用之各有所宜，兵法曰：'避其实，击其虚。'折可适据要窥隙，得避实击虚之意，出其不意，掩其不备，故能以少击众，力战成功"③。他按照知己知彼、出其不意的原则，了解敌情，制定作战方案，"勘会用兵之要，所贵机密。晦而密，则我之动静彼不能测，而彼之举动坐作皆在吾目中。乘机伺隙，出其不意，然后可以言胜"④。他根据宋夏多年战争情况，提出了"浅攻"之策，即宋军不断出兵攻击，破坏西夏边军耕作，步步为营，挤压夏人的生存空间，以达到吞并西夏的目的，"术固有不杀而能扼贼之咽，不战而能伐贼之谋者，惟择地筑垒，迫近横山，以渐困之，乃今之上策也"⑤。从中我们可以看出，章楶充分运用了"不战而屈人之兵"的战略思想。针对夏军时常骚扰的特点，他总结以往惨败的经验教训，提出"大抵战兵在外，则守兵乃敢坚壁"⑥的战术，即发挥宋军所长的制敌战术。

在战场上，章楶充分利用了他掌握的兵学知识。元祐初，朝廷保守派准备弃守葭芦、安疆等四寨。知庆州章楶料到西夏会贪得无厌，故说："夏嗜利畏威，不有惩艾，边不得休息，宜稍取其土疆，如古削地之制，以固吾圉。然后诸路出兵，据其要害，不一再举，势将自蹙矣。"不久，夏军果然围攻环州。绍圣年间，宋廷恢复了对西夏的战略进攻。知渭州章楶采取步步为营、蚕食西夏的"浅攻"方略，灵活运用胡芦河易守难攻的地形优势，苦心经营西北，取得了辉煌战果。在战术运用方面，他一方面向敌人示弱，一方面暗中修筑守战之备，"帅四路师出胡芦河川，筑二城于石门峡江口好水河之阴。二旬有二日成，赐名平夏城、灵平砦"。在平夏城战役中，章楶充分运用"兵者诡道""奇正""用间"等计谋，如他事先派人侦察夏军活动情况，派遣骁将折可适埋伏奇兵，大败夏军，又在牛圈潴水下毒，使得夏军的人和马死去不少。可以说，平夏城战役是北宋对夏战争以来战绩最为辉煌的一次，"尽俘其家，虏馘三千余、牛羊十万，夏主震骇"，从此宋朝掌握了宋夏战争的主动权。

综上所述，北宋文人朝中枢臣、边帅普遍具有一定的军事素养，除军事职位的要求

---

① 脱脱，等.宋史：卷三二七 [M].北京：中华书局，1977：10592.
② 脱脱，等.宋史：卷三二七 [M].北京：中华书局，1977：10589-10590.
③ 章楶.李浩邀击西贼奏 [M] //曾枣庄，刘琳.全宋文：卷一五六六，第72册.上海：上海辞书出版社，2007：109.
④ 章楶.折可适攻扰夏人奏 [M] //曾枣庄，刘琳.全宋文：卷一五六六，第72册.上海：上海辞书出版社，2007：100.
⑤ 章楶.困夏贼疏 [M] //曾枣庄，刘琳.全宋文：卷一五六六，第72册.上海：上海辞书出版社，2007：102.
⑥ 章楶.请坚壁清野奏 [M] //曾枣庄，刘琳.全宋文：卷一五六五，第72册.上海：上海辞书出版社，2007：96.

外，还因为他们本身热衷于学习军事知识。他们即使平时厌恶军事，一旦成为枢臣或边帅，也不得不去关注军事知识，否则难以处理复杂的军政事务。对于他们来说，谈兵论战无非是解决目前的职责困境，一旦战争结束，他们只会使用一些皮毛的兵学术语，装饰一下自己的文章，而缺乏真正的对战争的思考与研究，更很少能够将其成功运用到军事实践中。

二、文人将官

除了枢臣、边帅外，还有一些文人出身的将官，他们在武将群体中占相当低的比例。① 但是，他们中大多数人不仅精通兵略，熟悉经史诗文，而且参与具体的作战任务，拥有丰富的军事实践经验。因此，他们研习和运用军事知识的程度往往比朝中枢臣、将帅更深。从群体结构而言，他们有的任参赞枢机，身份为文官，有的从文职转武职，有的恩荫文人武职。大体上，可以分为以下三类。

（一）文人参赞枢机

北宋时期，文人任参赞枢机将官的很多，但真正称得上文武全才的却不多。有关这方面的情况，笔者在以下代表人物及事迹中证明。

郑文宝，"好谈方略，以功名为己任。久在西边，参预兵计"。太平兴国八年（983）中进士后，他从环庆部运粮，越过沙漠，进入灵武地区，多达十二次。因此，他熟悉少数民族的情况，学习当地语言，经过部落时，每次都住在酋长的帐中，当地人或呼他为"父"。朝廷商议修建古威州时，派人征求郑文宝的意见。郑文宝指出威州虽然战略位置重要，但不如先建伯鱼、青冈、清远三城，作为后勤之地。从战略上来看，郑文宝重视军队的后勤保障，认为应在"金城汤池，非粟不能守"的基础上，实行"建营田积粟实边之策，修五原故城，专三池盐利，以金帛啖党项酋豪子弟，使为朝廷用"②。又如，当时庆州发兵护粮草救援灵州，郑文宝熟悉灵州的地形，知道山川艰险，故说其必被李继迁击败。果然，李继迁攻破清远军，转运使陈纬战死。另外，郑文宝先后献策，如《河西陇右图》，极力反对朝廷弃守灵州，并亲自"易其服，引单骑，冒大雪，间道抵清远故城，尽得其实，遂奏班师"。

田京，"喜论议，然语繁而迂，颇通兵战、历算、杂家之术"。当李元昊称帝时，田京因知兵法得到侍读学士李仲容的推荐，被擢任通判镇戎军。随后，陕西经略使夏守赟举荐他兼管勾随军粮料。这期间，田京向朝廷献安边方略，后被委任为经略安抚判官。在夏竦幕府时，朝廷派翰林学士晁宗悫前往军中询问攻守计谋，大多数人赞成讨伐西夏，只有田京持反对意见，他说："夏人之不道久矣，未易破也。今欲驱不习之师，深入敌境，与之角胜负，此兵家所忌，师出必败。"或曰："不如讲和。"田京识破了夏军假投降的阴谋。果然，李元昊派使者黄延德到延州假意投降，然后以奇兵出原、渭地区，大败武将任福。由于受到边帅夏竦压制，田京被迫改任庐州通判，徙知邵武军，提点河北路刑狱事。在此期间，他请求朝廷加强北部边防要塞的守备，如"择要官守沧、卫，凿西山石臼废道以限

---

① 陈峰. 北宋武将群体与相关问题研究 [M]. 北京：中华书局，2004：60.
② 脱脱，等. 宋史：卷二七七 [M]. 北京：中华书局，1977：9426-9427.

戎马，义勇聚教，复给粮，置卒守烽燧，用奇正法训兵，徙战马内地以息边费"①。这个建议最后被宋仁宗采纳了。

游师雄曾师从著名学者张载，治平二年（1065）中进士后，他逐渐参与西北军事活动，积累了丰富的军事经验。同时，他还总结了"庆历以来边臣施置之臧否，朝廷谋议之得失，及方今御敌之要，凡六十事，名曰《绍圣安边策》"。又著《分疆录》一书。② 史书评价他"文武之器，文则华矣，其武伊何？矢谋于军，书劳实多"③。

游师雄在西北战场上因表现出卓越的军事才能，被边帅赵卨引为幕僚。王韶称赞他："幕中得士，良可贺也。"④ 徐禧赞叹道："诸幕府如游君，复何虑！"⑤ 他的军事才能主要表现在以下几个方面。一是战略方面。元祐初期，执政的保守派因对是否弃守葭芦、米脂、浮屠、安疆四寨一事争执不下，故征询游师雄的意见。但是，司马光、文彦博等人根本听不进游师雄的意见，最终将米脂等四寨割给西夏。事实证明，西夏得到四寨后，变得更加贪婪，连年侵扰北宋边疆，这些正如游师雄所预料的。元祐时期，青唐吐蕃不断侵扰北宋边境，首领鬼章与西夏"阴相结连"，"谋分据熙河"，造成严重后果。游师雄为此指出："元丰以拓土为先，故进筑之议略；元祐以和戎为务，故进筑之议废。"二是战术运用方面。鄜延将领刘琯制定了从延安攻入安定、黑水的方案，却遭到游师雄的反对。他认为，这地方既不利于宋军行走又深处敌境，很可能遭到敌人埋伏。经过间谍验证，夏军确实在黑水旁边埋伏了精锐骑兵等待宋军的到来。事后，刘琯对游师雄说："微君言，吾不返矣。"又如，在熙河期间，游师雄曾派间谍获取西夏军聚兵天都山、前锋屯通远境的消息。于是，他采取"先发以制之"的策略，攻击青唐一路，并得到熙河路经略使刘舜卿的支持。经过一番精心谋划，游师雄决定兵分两路，一路由河路总管姚兕率左军，一路以知岷州种谊率右军。姚兕率左军攻破六逋宗城，斩首一千五百人，又攻破讲朱城，烧毁黄河飞梁桥，切断青唐十万人马的救援进路。种谊率右军直奔青唐老巢洮州，擒获首领鬼章等，"捷书闻，百僚表贺，遣使告永裕陵"，但是朝中保守派"犹以为邀功生事，止迁一官"。不过，经此一役河湟地区重新恢复了神宗末年的良好形势。

（二）文职转武职

尽管在北宋一百多年间，很少有文官愿意接受，甚至主动要求转为武职的，但是不能说没有人愿意转为武职。这方面的代表人物及事迹如下。

柳开自称"少知兵略，识吴起、孙武之机钤"⑥。宋人称他"颇究《阴符》《素书》，孙武之术"⑦，可见他对兵学有一定的研究。在战略方面，柳开曾制定了出其不意、攻其不备

---

① 脱脱，等.宋史：卷三〇三 [M].北京：中华书局，1977：10051.
② 张舜民.游公墓志铭 [M]//曾枣庄，刘琳.全宋文：卷一八二〇，第83册.上海：上海辞书出版社，2007：368.
③ 脱脱，等.宋史：卷三三二 [M].北京：中华书局，1977：10688-10690.
④ 张舜民.游公墓志铭 [M]//曾枣庄，刘琳.全宋文：卷一八二〇，第73册.上海：上海辞书出版社，2007：362.
⑤ 张舜民.游公墓志铭 [M]//曾枣庄，刘琳.全宋文：卷一八二〇，第83册.上海：上海辞书出版社，2007：362.
⑥ 柳开.知邠州上陈情表 [M]//曾枣庄，刘琳.全宋文：卷一一九，第6册.上海：上海辞书出版社，2007：267.
⑦ 张景.故如京使金紫光禄大夫检校使司空知沧州军州事兵马钤辖兼御史大夫上柱国河东县开国伯食邑九百户柳公行状 [M]//曾枣庄，刘琳.全宋文：卷二七一，第13册.上海：上海辞书出版社，2007：359.

的直取幽州城方案，"会仲涂易地而罢"①。柳开知宁边军时，已经"声压沙漠"②。可见，他确实有一定的军事水平。柳开转武职之前，押送军粮到前线，碰上宋辽交战，双方处于僵持状态。最后，辽军因箭支用尽，以假投降的策略来争取时间。柳开根据兵法中的"无约而请和者，谋也"，判断出这是辽军实行的缓兵之计。事后证明，他的判断是正确的。柳开还善于利用间谍侦察辽国军情，以做好防御准备。即使没有间谍，他也能运用兵法来判断敌人的进攻时间。知宁边军时，柳开在没有间谍的帮助下，料到"蕃贼此者不来犯边。其事有五：一天顺；二时晚；三地困；四人牢；五势怯"。由此可见，柳开精通天文、阴阳、奇门遁甲之法，如"兵主杀，杀主阴，阴主凄惨、寒烈、晦冥、昏霾""凡兵动有战，破军杀将，即天顺示变于人"③ 等。在军情研判方面，他强调"兵行贵诈，古今自同。且以匹夫之事喻之，而可知其不来之理明矣"④。就人生经历来看，柳开虽然常自称是具备文武素质的文人，但是一生未获得朝廷重用。柳开"于其儒为文者，庶乎近于古人矣。比之书、奕、占、药、梓匠、方士翘然出众者，开亦不愧于前数子；而不得如前数之遇知于上者，盖无其大君子力为开言之于上也。所以每常自叹，至于食无味，寝无寐，居不为家，存不为生者。尤念其动得谤，行得毁，以谗以害，屈而莫伸之，所为困踬颠沛也……即开悲恨为儒不及于为他者也，将终身为终否之人矣"⑤。

刘平出身将门，能文能武，是北宋一位经历奇特的将官。真宗时期，他以进士入仕，成为朝廷的一名文官。在地方为官期间，他获得寇凖的赏识。然而，刘平任御史时，因直言得罪权臣丁渭，被调往西北任军职，后改任武职，成为带兵的禁军大将。也可以说，他是宋朝历史上第一位科举文臣出身的大将。⑥ 仁宗称刘平为"诗书之将"。在他兵败后，宋祁称之为近世不可多得的"儒将"⑦。事实上，刘平对敌人的了解偏偏不像他兵论中所说的知己知彼，一旦遇到战事，他便贸然出战，因此他称不上是文武兼备的儒将。如刘平认为陕西四路兵马及蕃汉弓箭手、步骑可"得精兵二十万"，是西夏军队的三倍多，"不出一月，可坐致山界洪、宥等州"⑧。或许以前没有遇到真正的敌人，他可以侃侃而谈，使外行的文臣为之折服，从而捧他、信他，倚为国之柱石。然而，刘平的儒将神话在三川口之战被戳破，倘若他遇上的不是天才军事家李元昊，他仍会欺骗更多的文人士大夫。

张亢，年少时豪迈有奇节，进士及第，曾上书朝廷表达为国效力的愿望，如"契丹岁享金帛甚厚，今其主屡而岁歉，惧中国见伐，特张言耳，非其实也。万有一倍约，臣请擐甲为诸军先"⑨。张亢的军事实践充分体现了他谙熟兵学的特点。庆历二年（1042），张亢押运粮食途中，遇到夏军围攻。他深谙"死地则战"的思想，激励将士说："汝辈皆陷死地，能前斗，则生；不然，则尽死于是。""士皆感厉"，故大败夏军。张亢还重视和善于

---

① 王辟之. 杂录 [M] //王辟之. 渑水燕谈录：卷九. 北京：中华书局，1981：111.
② 文莹. 玉壶清话：卷三 [M]. 北京：中华书局，1984：29.
③ 柳开. 上郭太傅书 [M] //曾枣庄，刘琳. 全宋文：卷一二三，第 6 册. 上海：上海辞书出版社，2007：331.
④ 柳开. 上郭太傅书 [M] //曾枣庄，刘琳. 全宋文：卷一二三，第 6 册. 上海：上海辞书出版社，2007：332.
⑤ 柳开. 与广南西路采访司谏刘昌言书 [M] //曾枣庄，刘琳. 全宋文：卷一二三，第 6 册. 上海：上海辞书出版社，2007：333.
⑥ 陈峰. 仁庙岁月 [M] //陈峰. 武士的悲哀：北宋崇文抑武现象研究. 北京：人民出版社，2011：209.
⑦ 何冠环. 败军之将刘平（973—1040 后）——兼论宋代的儒将 [M] //何冠环. 北宋武将研究. 香港：中华书局（香港）有限公司，2003：284.
⑧ 李焘. 续资治通鉴长编：卷一二五 [M]. 北京：中华书局，2004：2957.
⑨ 李焘. 续资治通鉴长编：卷一一五 [M]. 北京：中华书局，2004：2708.

使用间谍,及时掌握对手的动向,并采取相应的举措。而为了寻找间谍,他不惜花费重金,甚至将心爱的紫竹鞭送给间谍,以便掌握辽军的动向。① 诚如兵法所说,"欲索知敌情者,非间不可也"。因此,韩琦称赞他"少磊落有大志,博学能文之外,喜读诸家兵法,常慕古大夫立奇功伟节以震暴于当世,不为拘儒龊龊之行"②。元人也称赞道:"张亢起儒生,晓韬略,琉璃堡、兔毛川之捷,良快人意,区区书生,功名如此,何其壮哉。"③

景泰,"进士起家",曾向朝廷献《边臣要略》《平戎策》等御夏方略。他因"知兵"被朝廷召对,而改为武职,历任知宁州、镇戎军兼兵钤辖及秦凤路马步军部署、西上阁门使,领遥郡刺史。在作战方面,景泰根据山川地势布阵,用疑兵之计,击败了西夏骑兵,④从而破坏了李元昊趁定川寨大捷,向渭州进军的计划。在谋略方面,景泰预料到李元昊将要反叛,并指出:"元昊虽称臣奉贡,然包藏祸心,特未发尔。今主将率任军伍,无长策,而器械钝缺,士卒惰窳,城池不修,资粮无备,一旦有警,何以应敌?"⑤ 可见,景泰对宋夏双方的军情了如指掌,做到了"知己知彼"。

(三) 文人恩荫将官

北宋时期,通过恩荫入仕的文人将官大多数缺少进取精神,故在他们中很少见到文武兼备的人才。现将少数文武兼备的代表人物及事迹列举出来。

刘几以恩荫入仕,宋夏战争中,被范仲淹荐举为邠州通判,后来又受到孙沔的赏识,"荐其才勘将帅",遂被换为武职,知宁州。广西侬智高叛乱,刘几被朝廷任命为广东、广西捉杀之职。他与主帅狄青分析敌情,认为"贼若退守巢穴,瘴毒方兴,当班师以俟再举。若恃胜求战,此成擒耳"⑥。归仁铺之战,他率右军与敌激战,立下战功。然而,刘几不愿升任皇城使,知泾州,而是请求换回文职,却遭到仁宗的拒绝。后来,他又历任太原、泾原路总管、秦凤路总管、知保州等职,最终以秘书监的文职致仕。

范纯祐"少有大志"⑦,"能读诸书,为文章,籍籍有称"。其父范仲淹在苏州任职时,兴建学校,聘请胡瑗为师。范纯祐师从胡瑗,学习成绩突出,并打下了深厚的兵学基础。在后来的西北战场可以看出范纯祐卓越的军事才能。一是治军方面。宝元年间,范仲淹出任关陕地区主帅,防御西夏侵扰。范纯祐常随父率军作战,因此他与将士交往密切,"钩深摘隐,得其才否。由是仲淹任人无失,而屡有功"。二是谋划方面。在西北战场上,他协助范仲淹谋划边事,往往能如神一样判断出西夏的军事动向。"故公每制胜料敌如神者,监簿之力也。"⑧ 三是用兵方面。环庆路主师范仲淹派人在宋夏边境修建马铺寨,却遭到夏军的骚扰。为此,范纯祐率兵攻占其地,"夏军众大至,且战且役,数日而成,一路恃之

---

① 李焘. 续资治通鉴长编:卷一三六 [M]. 北京:中华书局,2004:3269.
② 韩琦. 故客省使眉州防御使赠遂州观察使张公墓志铭并序 [M] // 曾枣庄,刘琳. 全宋文:卷八五七,第40册. 上海:上海辞书出版社,2007:88.
③ 脱脱,等. 宋史:卷三一九 [M]. 北京:中华书局,1977:10498.
④ 脱脱,等. 宋史:卷三二六 [M]. 北京:中华书局,1977:10517.
⑤ 景泰. 言元昊将反奏 [M] // 曾枣庄,刘琳. 全宋文:卷五八〇,第29册. 上海:上海辞书出版社,2007:232.
⑥ 脱脱,等. 宋史:卷二六二 [M]. 北京:中华书局,1977:9075-9077.
⑦ 龚明之. 中吴纪闻:卷二 [M] // 上海古籍出版社编辑部. 宋元笔记小说大观:第3册. 上海:上海古籍出版社,2001:2855.
⑧ 张邦基. 墨庄漫录:卷五 [M]. 北京:中华书局,2002:138.

以安"①。这场战役体现出了范纯祐卓越的军事才能。

范纯粹是其父范仲淹西北防御思想的继承者。在防御方面，他执行了由范仲淹首创的牵制策应之法，"诚由连城比帅，并统重兵，利害相同，左右相援，首尾相副，声势相连，心一而力同，气远而势重，如一身之有手足，上下交相为用，而无有偏废，此我之所长，而彼之所畏者也"②。另外，他清醒地认识到宋廷一味地屈让西夏，不但不能解决和平问题，反而纵容了西夏的贪欲，明确指出"夏国今年之内，大兵三举，猖狂已甚"。在这种情形下，范纯粹积极加强边防备战，举行大规模的军事演习，来威慑西夏。如"俄而骑出，两翼围之，命观者皆列坐，五人结一保，已而有十许人无保，呼使前问故，叩头曰：'夏国之人也。'复问曰：'尔国使尔来觇我乎？'曰：'然。'因令坐帐前，而后阅试技艺。迨暮而毕，复呼问之曰：'吾之兵不亦精乎？'曰：'然。'曰：'归语而主吾在此有以相待，欲为寇者幸早来。'饮食而遣之"。可见，他所率的军队由于素质较高，在一定程度上起到了防御西北地区的作用。为此，宋人评价范纯粹"得其将略也。边人至今畏服焉"③。

综上所述，文人为将者，大多数事迹平平，如张佶、靳怀德、蒋偕、史方、卢鉴、刘几、王果等人，"皆碌碌者矣"④。但是，在北宋"重文抑武"的政治氛围下，他们能从事将官事业已实属不易。当时许多文人虽然论兵卓有成效，但是让他们从文职转为武职尤为艰难。庆历二年（1042），宰相吕夷简认为宋军之所以屡战屡败，原因在于"四帅（韩琦、范仲淹、庞籍、王沿）皆儒臣，于军政非便，奉禄又薄于偏帅，遂皆除观察使，欲责其成功"。韩琦以"临军易帅，兵家大忌"⑤来威胁朝廷。与韩琦不同的是，范仲淹认为吕氏在打击报复他，故"抗章辞让"⑥。为了避免动摇军心，朝廷不得不放弃了让文臣转为武职的想法。出现这种情况并不是因为文人士大夫个人讨厌武职，而是长期推行的"重文抑武"政策让他们"谈武色变"。因此，文人从事将官事业非常艰难，稍不留神，就会被朝廷扣上"好兵而喜杀"⑦的帽子。

三、帅府幕僚

唐末五代以来，文人经常为进入仕途而投身藩镇幕府，自愿效力于武夫悍将，因此出现了"大凡才能之士，名位未达，多在方镇"⑧的境况。到了北宋，在重文抑武的政治氛围与社会风气之下，武将在整个社会中的地位下降，文人自愿成为帅府幕僚的比起前代少得多。从客观上看，宋与周边民族政权的战争为一般文人从事边防工作提供了契机。康定元年（1040），朝廷下诏选拔"敢勇智谋之士"，尤为关注"关陇之要区，有英豪之旧俗，固多奇略，容有滞材，然伏在草茅。罔能闻达，宜示询求。应陕西州军、有勇敢智谋之

---

① 脱脱，等. 宋史：卷三一四 [M]. 北京：中华书局，2004：10276.
② 李焘. 续资治通鉴长编：卷三六八 [M]. 北京：中华书局，2004：8885.
③ 徐度. 却扫编：卷下 [M] // 朱易安，傅璇琮，等. 全宋笔记. 郑州：大象出版社，2008：170.
④ 脱脱. 等. 宋史：卷三二六 [M]. 北京：中华书局，1977：10538.
⑤ 韩琦. 乞陕西仍分四路各依旧职奏 [M] // 曾枣庄，刘琳. 全宋文：卷八四四，第39册. 上海：上海辞书出版社，2007：207.
⑥ 田况. 儒林公议 [M] // 朱易安，等. 全宋笔记：一编五. 郑州：大象出版社，2019：90.
⑦ 佚名. 政事五十九：贬责四 [M] // 司义祖. 宋大诏令集：卷二〇六. 北京：中华书局，1962：771.
⑧ 刘昫. 旧唐书：卷一三八 [M]. 北京：中华书局，1975：3778.

士，或谙山川要害、西贼情伪，及知攻取之方者"①。熙宁年间，朝廷派遣沈起、刘彝相继讨伐交趾，于是"士人执《交趾图》言攻取之策者，不可胜数"②。可见，当时不少热衷边功的豪侠加入帅府，参与边政、军事谋划等事务。随着战争形势的日益严峻，文人也要求提高帅府幕僚的地位，"今凡命将守边，仍取识孤虚成败、知寇戎情状者为参谋，入官阶资，优与选职"③。因此，军功爵禄是文人谋士参与边防战争的主要动力之一。

在战事日益吃紧的形势下，将帅需要大量的文人谋士参与处理幕府军政事务。文彦博在《乞令诸路择机宜奏》中说："臣切见诸路机宜司文字繁多，所系至重。主管之官，往往不先时检阅详熟。遇有急速应答外界文字，或处分军中事宜，致有差误未当。臣欲乞遍下诸路帅臣，令掌机宜官尽将本司前后所授宣札子，不下司文字，并军中前后行遣处置事状，一一分门编类排、置册封掌。遇有应报外界文字及处置军中事宜，参详检会，不致差误。所有掌机宜官，亦乞令帅臣慎择奏举。"④ 在西北战场上，四路统帅郑戬的幕府就有很多豪侠之士。⑤ 当时，有些文人通过帅府幕僚成为中枢大臣或边帅，如尹洙、王韶⑥、赵卨⑦、司马光⑧、王安礼、范育等。

实际上，北宋王朝并没有网罗到所有的失意文人加入幕府。西夏李元昊之所以入侵宋朝，据说与宋朝书生张元、吴昊的叛逃有一定关系。他们"负气倜傥，有纵横才"，却时运不济，连年无法中举，不得不结伴游历塞北，慨然有经略边塞之志，却没有受到边帅的重视。⑨ 为此，笔者这里选取一些进入幕府的普通文人，包括未获取科举功名的普通文人、基层官员以及有科举功名而喜兵的官员。他们之中不少具备边疆治理经验，并在战争中历经磨炼，擅长各种军事手段的运用。然而，他们多随将帅幕府而聚散，短暂地参与军机，加之他们做的是幕后工作，除了偶尔有些议论载入史册外，其参与谋议的大部分细节不得而知。这方面的代表人物及例证如下。

姚嗣宗，因"其才乃获骋，乞京迁其官，令佐陕西帅府"⑩。他之所以成为韩琦幕府中的一员，主要是因为宋人张元曾经向鄜延帅韩琦献策，却没有获得重用。于是，他跑到西夏，辅佐李元昊叛乱。当时，有些家道没落或未中举的书生经常跑到西北了解边情，这引起了朝廷的恐慌。为防范张元事件再次发生，朝廷出台了一系列拉拢士人的措施。年轻

---

① 佚名. 政事十九：举荐下 [M] // 司义祖. 宋大诏令集：卷一六六. 北京：中华书局，1962：635.
② 司马光. 涑水记闻：卷一三 [M]. 北京：中华书局，1989：248.
③ 赵汝愚. 上真宗答诏论边事 [M] // 赵汝愚. 宋朝诸臣奏议：下. 上海：上海古籍出版社，1999：1434.
④ 文彦博. 乞令诸路择机宜奏 [M] // 曾枣庄，刘琳. 全宋文：卷六四四，第30册. 上海：上海辞书出版社，2007：179.
⑤ 曾瑞龙. 拓边西北——北宋中后期对夏战争研究 [M]. 香港：中华书局（香港）有限公司，2006：32.
⑥ 脱脱，等. 宋史：卷三四二 [M]. 北京：中华书局，1977：10901.
⑦ 脱脱，等. 宋史：卷三三二 [M]. 北京：中华书局，1977：10683-10684.
⑧ 司马光. 送何济川为庞兵使庆阳席上探得冬字 [M] // 司马光. 司马温公集编年笺注：卷六. 李之亮，笺注. 成都：巴蜀书社，2009：336.
⑨ 熙宁中，吕汲公建言："今缘边经略使独任一人，而无僚佐谋议之助。虽有副总管、钤辖之属，皆奉节制，备行阵，非有折冲决胜之略预于其间。朝廷每除一帅，幸而得能者，则一路兵民实受其赐；不幸不才与焉，则是以三军之众，一听庸人所为也。请诸路经略使各置副使或判官一人，朝廷选差素有才略职司以上人充；参谋一人，委经略使奏辟知边事、有谋略知县以上人充。盖自古设官，必置贰立副者，所以纾危难而适时用，聚聪明而济不及也。如此，则可用之士不以下位而见遗，中材之帅又以人谋而获济，兼得以博观已试之效，以备缓急之用。"引自：徐度. 却扫编：卷下 [M] // 朱易安，傅璇琮，等. 全宋笔记. 郑州：大象出版社，2008：160.
⑩ 李焘. 续资治通鉴长编：卷一四四 [M]. 北京：中华书局，2004：3483.

的姚嗣宗向韩琦献诗曰:"踏碎贺兰石,扫清西海尘。布衣能效死,可惜作穷鳞。"① 韩琦担心又出现一个张元,于是推荐他为官。从宋人的记载中,也可以窥视姚嗣宗的豪爽性格。

> 姚嗣宗,关右诗豪,忽绳检,坦然自任,杜祁公帅长安,多裁品人物,谓尹师鲁曰:"姚生如何人?"尹曰:"嗣宗者,使白衣入翰林亦不忝,减死一等黜流海岛亦不屈。"姚闻之大喜曰:"善评我者也。"②

据史载,姚嗣宗除了空空而谈外,没有多少值得称道的军事才能。

穆衍,进士出身,曾随名将种谔西征,参与其幕府的军事谋划。针对种谔重视军功赏赐、轻视战死将士的情况,穆衍批评道:"此非所以劝忠也。"等种谔率军返回城寨后,朝廷命种谔前往灵武增援渭、庆两路军队。穆衍劝道:"吾兵惰,归未及解甲,安能犯不测于千里外哉?"于是,种谔停止行动。某同僚恭维穆衍:"师不再举,君之力也。"穆衍看透了这层意思,指出:"全万众之命,以一身塞责,衍无憾焉。"元祐初,朝廷商议弃守熙兰路等地区,穆衍认为如果朝廷放弃熙兰地区,关中地区便会受到威胁,进而京城也有危险,因此戒惕朝廷,"若一旦委之,恐后患益前,悔将无及矣"③。后来,朝廷采纳了他的建议。

著名学者胡瑗曾被边帅范仲淹征召为丹州推官,成为其帅府的一员。④ 在丹州期间,他"访备边利害,得以资其帅府",如"建议更陈法,治兵器,开废地,为营田,募土人为兵,给钱使自市劲马,渐以代东兵之不任战者"⑤。所以,他自称"曾任边陲,颇知武事"⑥,拥有丰富的军事战斗经验。当然,胡瑗没有留下兵书,但我们可以通过宋人记载的胡瑗与山阳学官谈兵论战的内容,来窥见其军事才能。据记载,当谈到西戎时,学官说:

> 四夷者,中国之外患也,而西戎最甚。其故何邪?以其所备者多故也。关中之五路,河东之四路,皆所备也,即一路弗之备,即贼兵之所出者,必其所弗备也。其备如此,则我师之势常分,贼兵之势常合。以其所合攻其所分,此兵法之所忌也。

胡瑗问:如何制定方略?

学官回答:

> 在问辩。审问而明辩之,继之以精讲,则方略出矣。以韩信之奇,以累胜之师,以败军之将,犹且敬而问之。此其所以无敌也。盖多多益善者,才也;战胜而好问者,智也。此信之所以奇乎。

胡瑗问:

> 将有五德,智为之首,信乎孙子之知言也。盖以其书考之,圆深微妙,诸子弗逮

---

① 陈鹄.西塘集耆旧续闻:卷六[M].北京:中华书局,2002:350.
② 文莹.湘山野录:续录[M].北京:中华书局,1984:76-77.
③ 脱脱,等.宋史:卷三三二[M].北京:中华书局,1977:10691.
④ 李焘.续资治通鉴长编:卷一二八[M].北京:中华书局,2004:3031.
⑤ 朱熹.八朝名臣言行录:卷十 安定胡先生[M]//朱熹.朱子全书:第12册.上海:上海古籍出版社,2002:320.
⑥ 朱熹.八朝名臣言行录:卷十 安定胡先生[M]//朱熹.朱子全书:第12册.上海:上海古籍出版社,2002:318.

也。此兵之难乎？

学官回答：

> 兵为最难，其形有常，而其变无常。其甚者如猝风，如猛雨，如雷奔云腾，如逸群鸷鸟从空而下，如伏兽，如攫豹怒虎。忽起乎前，忽起乎后，或出乎左，或出乎右。于此之时，意气自若，神色不动，如坐乎户牖之间、簟席之上，顾视裕然，方且左右前后而应之也。如此庶乎能制其胜矣。以曹操之英而畏孙权，以孙权而畏司马懿，以其用兵之变化有如鬼神也。及至与武侯相持二百余日，懿终不敢决，战则必败也。盖兵之难也如此。

胡瑗说：

> 信乎兵之难也。我且去矣，子亦有以遗我者乎？于是乎述兵之难也。①

由此可见，胡瑗谙熟兵法，并对方略制定、驭将、治军、作战等问题与学官进行了探讨。

在军事教育方面，胡瑗非常重视武学人才的培养。他建议朝廷大兴武学，聘请良师教授学生，如"梅尧臣曾注《孙子》，大明深义，孙复而下，皆明经旨"，"尧臣兼莅武学，每日讲《论语》，使知忠孝仁义之道，讲《孙》《吴》，使知制胜御敌之术，于武臣子孙中选有智略者三二百人教习之，则一二十年之间，必有成效"②。虽然胡瑗的建议未被朝廷采纳，但他却开创了著名的"苏湖教法"。他"自庆历中教学于苏湖间二十余年，束脩弟子前后以数千计"，学生中不乏"好谈兵战者"③，如范纯祐、顾临、徐积等。而这批人中在战场上真正能发挥出卓越军事才能的却少之又少，所以说，胡瑗的军事教育算不上成功。

巢谷，少年时跟随士大夫读书，老年时回到乡里为师。在参加科举考试时，他看到参加武举的士人，颇为向往。他身体素质好，向来力量大，逐渐弃文习武，攻读兵书，置办弓箭，练习骑马射箭，以便在战场上建功立业。他听说西北多有骁勇之士，骑射击刺等技术为天下第一，所以离家前往秦凤、泾原等地学习。在此期间，他结交了许多杰出的朋友。其中，将领韩存宝与巢谷交好，他向韩存宝传授读兵书的经验，从此二人结为金石之交。熙宁年间，河州将领韩存宝立下赫赫战功，成为熙河名将。于是，朝廷派韩存宝前去剿灭泸州蛮军乞弟叛乱。韩存宝以不熟习当地情况为由邀请巢谷一同参与军事谋划。④

张载"少喜谈兵"，跟随邠人焦寅学习兵法，打算组织人马对夏作战，收复失地，解除边患。嘉祐二年（1057），张载考中进士，先后做过几任地方官。治平四年（1068），他任签书渭州军事判官公事，到蔡挺的幕府做事，"军府之政，小大咨之，先生夙夜从事，所以赞助之力为多"⑤。在这期间，他留下了不少参与军机谋划的文章，如《边议》《与蔡帅边事画一》《泾原路经略司论边事状》《经略司画一》等。据《与蔡帅边事画一》记载，张载得知西夏主李谅祚死去的消息后，提出安抚西夏新君"五事"建议，总结道：

---

① 徐积．论兵［M］//曾枣庄，刘琳．全宋文：卷一六一八，第74册．上海：上海辞书出版社，2007：173-174．
② 朱熹．八朝名臣言行录：卷十 安定胡先生［M］//朱熹．朱子全书：第12册．上海：上海古籍出版社，2002：318．
③ 李廌．师友谈记：吕元明言胡翼之专学政天下高之［M］．北京：中华书局，2002：36．
④ 苏辙．巢谷传［M］//苏辙．苏辙集：栾城后集：卷二四．北京：中华书局，1990：1139．
⑤ 吕大临．横渠先生行状［M］//曾枣庄，刘琳．全宋文：卷二三八七，第110册．上海：上海辞书出版社，2007：183．

> 乞将上件五事，拣择中外有心智词笔臣僚，令作诏书付夏国新主，以观其谋，以夺其心，以正其初，使知过恶在彼，不敢妄动。①

可见，张载以谋制谋、以谋制胜、攻心夺心的策略是汲取了"强力不能破"的兵学思想精髓。

何涉，进士及第，以博学强识闻名。据记载，他"泛览博古，上自'六经'、诸子百家，旁及山经、地志、医卜之术，无所不学。一过目，不复再读，而终身不忘"。何涉被边帅范仲淹征召为彰武军节度推官，后迁任著作佐郎、管勾鄜延等路经略安抚招讨司机宜文字。西夏入侵西北边境时，何涉在军中参与谋划，获得将帅的赏识。②

钱即，进士出身，通过在鄜延路将帅幕府做谋士，积累了丰富的兵学知识。崇宁年间，宋军攻克银州，粮草成了最大问题。宋徽宗询问："灵武可取乎？"时任陕西转运判官的钱即根据夏军战术特点，建议宋军采取积极的防御措施，说："夏人去来飘忽，不能持久，是其所短。然其民皆兵，居不縻饮食，动不勤转饷，愿敕边臣先为不可胜以待衅，庶可得志。"徽宗问："大砦泉可取否？"他根据其边疆经验，判断这些沙漠地区"皆舄卤，无水泉，或以饮马，口鼻皆裂，正得之无所用"③。这反映了他既熟悉宋朝西北地区的风土人情，又拥有良好的军事实践经验。

总而言之，幕府文人谋士虽然精通兵法，了解边情及参与军机，对北宋的军事决策、指挥产生了深远影响，也对战争进程起到了一定的作用，但是，在北宋"重文抑武"政策的影响下，他们当中几乎没有出现过像诸葛亮那样足智多谋的文人谋士，即使有，他们只要有所作为，就会遇到各方面的压力，也很难发挥军事才能。

四、士大夫论兵群体的军事作用

在北宋"重文抑武"的大环境下，文人士大夫虽然不能通过谈兵论战实现建功立业的理想，但其行为已很难得了。这是因为，在染上"恐武症"的社会风气下，一些文人士大夫即使想论兵、喜武或热衷边功，也会被周边的各种因素所束缚，难以实行下去。柳开为人任侠，善于击剑，却被人描述成"嗜脍人肝"④的暴徒。如出一辙，张咏曾经杀掉黑店店主后，放火烧店，被称为"前店人失火，举家被焚"⑤。又如，张载曾以好兵自许，拜见范仲淹时，却遭到训斥："儒者自有名教可采，何事于兵！"⑥王韶到晚年时，忏悔其在河湟之役中杀人无数。据说，他得了一种怪病，终日不敢闭眼，还跟人说："安敢开眼？斩头截脚人有许多在前。"⑦靖康年间，士子贾元孙多游历大将门下，谈兵骋辩，顾揖无暇，自称"贾机宜"，被人戏称，"贾机宜假机宜"⑧。不难看出，当人们对"文治"的推崇达到一种近似疯狂的程度时，一些文绉绉、酸溜溜的文人往往会受到追捧，而那些果敢、好武

---

① 张载. 与蔡师边事画一[M]//张载. 张载集. 北京：中华书局，1978：360.
② 脱脱，等. 宋史：卷四三二[M]. 北京：中华书局，1977：12842.
③ 脱脱，等. 宋史：卷三一七[M]. 北京：中华书局，1977：10351.
④ 丁传靖. 柳开[M]//丁传靖. 宋人轶事汇编：卷四. 北京：中华书局，1981：169.
⑤ 丁传靖. 张咏[M]//丁传靖. 宋人轶事汇编：卷六. 北京：中华书局，1981：232.
⑥ 张载. 吕大临横渠先生行状[M]//张载. 张载集. 北京：中华书局，1978：381.
⑦ 丁传靖. 王韶[M]//丁传靖. 宋人轶事汇编：卷十一. 北京：中华书局，1981：541.
⑧ 王明清. 挥麈录：后录[M]. 上海：上海书店出版社，2001：254.

人士的形象却遭到宋人丑化和扭曲。在这种环境下，北宋文人论兵群体中，像张齐贤、范仲淹、蔡挺、王韶、张亢这样既懂兵法，又有军事实践的人少之又少，其他人均战绩平平，毫无作为。这些文人的毫无作为主要表现在以下几个方面。

第一，在战场上，一些文人志大才疏，缺乏真正的军事才干。三川口之战中，将领刘平、石元孙皆被俘，使延安城陷入危机。在守城期间，"好谋而少成"的范雍除不断向朝廷求援外，基本上毫无作为。据记载，夏军围困延州时，范雍忧形于色。有位老军校自言自语："某边人，遭围城者数次，其势有近于今日者。虏人不善攻，卒不能拔。今日万万无虞，某可以保任。若有不测，某甘斩首。"范雍认为老军校在鼓舞士气。事后，他赏赐老军校，称其能料敌如神。有人问老军校："当敢肆妄言，万一言不验，须伏法。"他笑着说："君未之思也。若城果陷，何暇杀我耶？聊欲安众心耳。"① 可见，身为边帅的范雍不仅缺乏基本的军事常识，而且防范战争的做法更是愚蠢至极。当延安城处于夏军的重重围困时，范雍不是坚守城防，而是祷告神灵，说："我死王事，足矣，生灵何辜，为虏鱼肉？神享庙食于兹土，其无意乎？"② 由此可见，范雍本身志大才疏，没有任何军事才能，只不过是"以文驭武"的机制让他成为一名边帅而已。

无独有偶，张方平自称"区区壮志，颇涉孙、吴之书"③，经常在奏议中援引兵法来论证他的观点，如"故昔之为国者，先为不可胜，以待敌之可胜，不可胜在己，可胜在敌，故为国者，能为不可胜，不能使敌之必可胜"④。在秦州时，他得到夏军入侵的消息，便放出风声准备出战。最后，张方平对夏军判断失误，虚惊了一场。司马光批评张方平轻举妄动、虚张声势，"身为元帅，系一方安危，举措施为，众所瞻倚。今乃怯懦轻易，一至于此。万一疆场实有警急，使方平当之，岂不败事"⑤！张方平的空谈兵法、不懂装懂终于败露了。元人评价张方平"论事益切，至于用兵、起狱，尤反复言之"⑥。这些志大才疏的文人将帅也被敌人讥讽道："满川龙虎举，犹自说兵机！"⑦

第二，有些文人徒有谈兵虚名，拿着丰厚的爵禄，混迹于边防前线，不仅没有建立奇功伟绩，反而给国家带来了严重灾难。庞籍"习知夷狄情"⑧，以使相判太原，负责西北边防事务。当时，宋夏边境之间摩擦不断，庞籍没有认真调查，只是听从好友、并州通判司马光的建议，决定在河西增建堡垒，用禁止边界贸易的办法来遏制西夏入侵。没想到夏军伏击宋军，攻破堡垒，使守城宋军几乎覆灭。于是，朝廷调查庞籍擅自出兵作战的原因，庞籍将过错揽到自己的身上，"益默不一语，温公用是免"⑨。不难看出，无论庞籍还是司马光几乎都不懂军事，把用兵作战当成儿戏。

---

① 沈括. 补笔谈：卷二［M］//沈括. 新校正梦溪笔谈. 胡道静，校注. 北京：中华书局，1957：217.
② 范雍. 资政殿大学士礼部尚书赠太子太师谥忠献范公划付志铭［M］//曾枣庄，刘琳. 全宋文：卷三九〇，第19册. 上海：上海辞书出版社，2006：59.
③ 张方平. 平戎十策［M］//曾枣庄，刘琳. 全宋文：卷七八四，第37册. 上海：上海辞书出版社，2006：41.
④ 张方平. 武备论［M］//曾枣庄，刘琳. 全宋文：卷八一二，第38册. 上海：上海辞书出版社，2006：94.
⑤ 司马光. 论张方平守边轻易状［M］//司马光. 司马温公集编年：卷二〇. 李之亮，笺注. 成都：巴蜀书社，2009：116.
⑥ 脱脱，等. 宋史：卷三一八［M］. 北京：中华书局，1977：10358.
⑦ 周辉. 韩魏公遇刺［M］//周辉. 青波杂志校注：卷二. 刘永翔，校注. 北京：中华书局，1994：71.
⑧ 司马光. 太子太保庞公墓志铭［M］//司马光. 司马温公集编年笺注：卷七六. 李之亮，笺注. 成都：巴蜀书社，2009：520.
⑨ 蔡绦. 铁围山丛谈：卷三［M］. 上海：上海古籍出版社，2012：47.

又如，徐禧"好读兵书，善学"①，素以边事自任，狂谋轻敌，却并不知兵。当宋神宗派徐禧经略陕西军事时，王安礼提醒道："禧志大材疏，必误国。"② 到达陕西后，徐禧率领一干人马修筑永乐城。永乐城地处银、夏、宥三州交界处，有所谓"接宥州，附横山"之说，为宋、夏两国必争之要地。修筑永乐城时，夏军前来侦察，没有作战就退却了。徐禧误以为夏军胆怯，遂不再防备，并放言："虏若大来，是吾立功迁官之秋也。"武将高永亨劝诫道："永乐城小人寡，又无水泉，恐不可守。"当徐禧等率军增援永乐城后，高永能劝徐禧趁敌军未立稳，出城袭之。徐禧嗤之以鼻："汝何知！王师不鼓不成列。"③ 于是，夏军利用永乐城依山无水的缺点，先切断水源，使宋军渴死者甚多，而"众兵怨怒，凡汲一罂，众兵皆以衣渍而吮之。众渴不已，请开城饮于壕，虽死不憾"。最后，夏军攻破城池，徐禧等人被乱军所杀，史称永乐城之战。史家评价此战：

> 禧疏旷有胆略，好谈兵，每云西北可唾手取，恨将帅怯尔……禧素以边事自任，狂谋轻敌，猝与强虏遇，至于覆没。自是之后，帝始知边臣不可信倚，深自悔咎，遂不复用兵，无意于西伐矣。④

再如，沈起生平喜谈兵，尝以《兵说》献范仲淹。范仲淹认为他是个人才，期待以后有所施用，"乃著《吴武子》三篇以自见"⑤。在宋与交趾的战争中，沈起只会纸上谈兵，致使宋军失败。元人评价他，"注孙武书以自见，卒用此败"⑥。

第三，有些文人具备较高的军事素养，却因受到各种因素的束缚，难以获得朝廷的重用。如张宗诲，"少喜学兵法，阴阳、象纬之书，无不通究"⑦，后来他在其父张齐贤的帐下效力，"预参密画，或俾按视行列，传布号令，公亦善骑射，驰突生返，几危者数矣"。他精通"兵家奇正之说"，却一生没有获得朝廷的重用。尹洙为此惋惜道："被遇已晚，不究其用。"⑧ 然而，张宗诲的遭遇绝非特例，不少文人与其处境几乎一样。高志宁曾经"取诸家兵法读之，了如夙习，心得微奥"，且著述颇丰，如《皇王治统》《文武经纬》《太平助化策》《儒将前议》《兵机总要》等。在严峻的边疆形势下，他曾多次上书朝廷，陈述御敌治边方略。随着宋夏战争的结束，他也失去了施展军事才华的平台。韩琦为此惋惜道："朝廷不能果于信用，使功业不大见于世。时论惜之。"⑨ 又如，康定年间，朝廷派遣石延年与吴安道前往河东地区。在行程中，吴安道昼访夕思，"所至郡县，考图籍，见守令，按视民兵、刍粟、山川、道路，莫不究尽利害"，仍忧虑无法完成朝廷任务。于是，石延年陈述途中"将兵之勇怯，刍粮之多寡，山川之险易，道路之通塞，纤悉具备，如宿所经

---

① 李廌. 师友谈记：李希声言徐德占死永乐兵事 [M]. 北京：中华书局，2002：30.
② 脱脱，等. 宋史：卷三二七 [M]. 北京：中华书局，1977：10556.
③ 司马光. 涑水记闻：卷一四 [M]. 北京：中华书局，1989：284.
④ 脱脱，等. 宋史：卷三三四 [M]. 北京：中华书局，1977：10724.
⑤ 沈括. 故天章阁待制沈兴宗墓志铭 [M] // 曾枣庄，刘琳. 全宋文：卷一六九六，第78册. 上海：上海辞书出版社，2006：54.
⑥ 脱脱，等. 宋史：卷三三三 [M]. 北京：中华书局，1977：10728.
⑦ 王称. 东都事略：卷三二 [M]. 济南：齐鲁书社，2000：267.
⑧ 尹洙. 故金紫光禄大夫秘书监致仕上柱国清河县开国子食邑六百户食实封一百户张公墓志铭并序 [M] // 曾枣庄，刘琳. 全宋文：卷五九〇，第28册. 上海：上海辞书出版社，2006：113.
⑨ 韩琦. 故卫尉致仕高公墓志铭 [M] // 曾枣庄，刘琳. 全宋文：卷八五七，第20册. 上海：上海辞书出版社，2006：85.

虑者。安道乃大惊服，以为天下之奇才，且叹其不可及也"①。由于掌权的士大夫们从内心深处鄙视石延年等人，②所以他们一直没有报效国家的机会。

更能说明问题的是，一些颇知文武之道的士大夫推荐或提及的人才也没有受到朝廷的重用。翻阅史料就会发现这样的例子。

欧阳修在《举陆询武札子》中写道："进士陆询武有材勇，久在边上，累曾随诸将战斗，乞朝廷录用。臣亦曾召询武询问。其人曾应进士举，熟知边事，通习兵书，善弓马，有胆勇。伏乞朝廷特赐收录，与一借奉职或县尉名目安排，令于边防或内地多贼县分展效。如后本人犯入己赃及不如举状，臣并甘同罪。"③

王安石在《送郑叔熊归闽》一诗中写道："郑子喜论兵，魁然万人敌。尝持一尺箠，跨马河南北。方今边利害，口手能讲画。疑师谷城翁，方略已自得。天兵卷甲老，壮士不肉食。低徊向诗书，文字锐镵刻。科名又龃龉，弃置非人力。"④

像欧阳修冒着连坐风险极力推荐的陆询武，王安石诗中赞誉的郑叔熊等人，在整个北宋战争历程中，几乎没有看到他们取得多少战绩。也就是说，他们中的大多数人一直没有受到朝廷的重用，更谈不上有何战功了。

应当指出，在北宋"重文抑武"的氛围下，士大夫论兵群体中的大多数人充满了理想主义色彩，再加上缺乏军事实践，他们几乎只凭借历史经验教训、祖宗"故事"以及朝廷公开的军事信息，撰写兵书或兵论文章。当时号称知兵的学者，如李觏、苏洵、秦观⑤、李觏等人，均没有任何军事实践，完全凭借一些兵法术语或历史经验来谈兵论战，这对当时的战争形势起不了多大的积极作用。

综上所述，北宋文人士大夫论兵群体中不仅出现了一批具有军事素养的将帅，而且他们之中的个别将帅的能力与前代相比丝毫不差。但从总体上来看，他们的军事能力没有对北宋战争全局起到关键性作用，究其原因，我们会发现，与北宋王朝的专制制度、具体军政措施以及"重文抑武"的社会风气有关。⑥

---

① 王辟之.才识[M]//王辟之.渑水燕谈录：卷四.北京：中华书局，1981：41.
② 王辟之.歌咏[M]//王辟之.渑水燕谈录：卷七.北京：中华书局，1981：88.
③ 欧阳修.举陆询武札子[M]//欧阳修.欧阳修全集：卷一一六.北京：中华书局，2001：1773.
④ 王安石.送郑叔熊归闽[M]//王安石.临川先生文集：卷六.上海：上海书店，1989：124.
⑤ 秦观，"少豪隽，慷慨溢于文词。举进士不中。强志盛气，好大而见奇，读兵家书与己意合"。引自：脱脱，等.宋史：卷四四四[M].北京：中华书局，1977：13112.
⑥ "卿知永兴军府日，所为乖当，闻于朝廷。除用刑惨酷外，至如置武库，建视草堂，开三门，筑甬道，早晚衙令军人执梃左右夹阶，引马队教阵，率禁军出打围。"引自：佚名.戒谕陈尧咨诏[M]//司义祖.宋大诏令集：卷一九一.北京：中华书局，1962：702.

第五章 北宋文人论兵在兵学史上的价值和历史地位

北宋文人士大夫谈兵论战的勃兴,促进了兵学研究的发展,取得了辉煌成就。而这种成就的取得,既与当时民族政权、阶级矛盾的交织发展有关,也与宋朝辉煌的文明有关。诚如邓广铭先生对宋代文明所做的精辟论断,"宋代文化的发展,在中国封建社会历史时期之内,截至明清之际的西学东渐时期,可以说已经达到登峰造极的高度"①。正如前辈学者的精辟判断一样,北宋文人所创造的兵学成就不仅在宋代文明中占据重要地位,也在中国兵学史上具有不可磨灭的时代价值。② 因此,本章就文人论兵在兵学史上的价值和历史地位,进行剖析。

一、文人论兵的兵学价值

(一) 兵学研究的繁荣

与专制政治体制的调整相配套,赵宋统治者比较重视思想文化建设。宋初,太祖利用统一战争的机会,将地方割据势力的大量图书送到开封,成立了专门机构进行管理。同时,他鼓励民间献书,给予功名、钱财的奖赏,掀起了文人献书高潮。乾德四年(966),朝廷"诏求亡书"的同时,还规定"凡吏民有以书籍来献者,令史馆视其篇目,馆中所无则收之"③。随着北宋"重文抑武"政策的推行,朝廷虽然继续鼓励民间献书,但限制了献书的种类。雍熙元年(984),太宗对侍臣说:"夫教化之本、治乱之原,苟非书籍,何以取法?今三馆贮书数虽不少,比之开元,则遗逸尚多,宜广求访。"④ 这说明他深深懂得,想要巩固政权,除了凭借武力外,还必须重视"文治"。因此,对于文人士大夫来说,北宋王朝的"文治"建设为他们积极谈兵论战奠定了基础,有助于兵学研究的繁荣,并取得

---

① 邓广铭. 宋代文化的高度发展与宋王朝的文化政策——《北宋文化史述论稿》序引 [M] //邓广铭. 邓广铭治史丛稿. 北京:北京大学出版社,2010:66.
② 王瑞明. 宋儒风采 [M]. 长沙:岳麓书社,1997;刘庆. 论中国古代兵学发展的三个阶段与三个高潮 [J]. 军事历史研究,1997(2).
③ 李焘. 续资治通鉴长编:卷七 [M]. 北京:中华书局,2004:178.
④ 徐松. 宋会要辑稿:崇儒 [M]. 开封:河南大学出版社,2001:234.

丰硕成果，即兵书数量增多，种类丰富，形式多样化，参与的人员多，覆盖范围广，风气浓厚。下面对北宋兵学研究的特点加以分析。

第一，朝廷组织文人士大夫整理兵书的成绩显著。朝廷对兵书的解禁，经历了一个复杂的过程。宋太祖发动陈桥兵变上台后，对任何与兵事相关的事情都表现出忌惮和谨慎。这在兵书的整理和使用方面也有所反映。宋初，朝廷将兵书、天文、阴阳奇术等列为禁书，一直束之高阁，绝不允许他人窥探。太平兴国年间，宋太宗诏修《太平御览》，其兵部就达九十卷之多，但也仅供"御览"。太宗明确地说："朕听政之暇，惟文史是乐。讲论经艺，以日系时，宁有倦耶？"① 可见，太宗所爱好的书籍，只有文史类，没有兵书。

随着"重文抑武"政策的执行，朝野上下对兵书过于忌惮，甚至到了谈兵色变的地步。到了中期，宋军在对夏作战中败多胜少，暴露出"上下安于无事，武备废而不修；庙堂无谋臣，边鄙无勇将；将愚不识干戈，兵骄不知战阵"② 等弊病，这使宋廷一时充满了危机感，开始对兵书的整理和校勘工作重视起来。宝元年间，宋仁宗鉴于"群帅昧于古今之学"，任命王洙编纂《武经圣略》十二卷。庆历三年（1043）十月，朝廷任命曾公亮、丁度等人编纂大型军事丛书《武经总要》，以供将领学习。由于这套军事丛书的编纂人员，如曾公亮、丁度等人并非谙熟军事，因而《武经总要》带有明显的缺陷，但他们在本书中开创了兵书编纂体例，因此本书在兵学史上仍占有重要地位，③ 其"前集备一朝之制度，后集具历代之得失，亦有足资考证者"④。嘉祐六年（1061）四月，朝廷任命大理寺丞郭固编校秘阁所藏兵书，共计抄成黄本一百七十二册。⑤ 朝廷组织学者整理兵书，却不允许其对外传播，故而兵书仍然沉睡在秘阁之中。宋神宗即位后，颇想有一番作为，于是在他的支持下所进行的"熙丰变法"中的一项重要内容，就是培养高素质的将领。熙宁三年（1070），朝廷任命馆阁校勘王存、杜纮、顾临等人共同编修《经武要略》等兵书。此外，宋神宗对唐代的《李靖兵法》颇为推崇，时常与王安石等人在朝堂上讨论其优劣以及运用方法。熙宁八年（1075），神宗以"唐《李靖兵法》，世无全书，杂见《通典》，离析讹舛。又官号物名与今称谓不同，武人将佐多不能通其意"⑥ 为由，任命王震、曾旼、王白及郭逢原等人整理唐代的《李靖兵法》。元丰三年（1080）四月一日，宋神宗任命武学教授朱服、何去非等人校订《孙子兵法》《吴子兵法》《司马法》《六韬》《三略》《尉缭子》《李卫公问对》等七部兵书，正式定为武学教科书。这七部兵书统称为"武经七书"。在整理这七部兵书时，朱服等人取曹注《孙子兵法》本，"《李卫公问对》者，出阮逸家，盖逸依仿杜氏所载靖兵法为之，非靖全书也"。

朝廷组织整理和校勘兵书的举措不但推动了兵学研究的繁荣，而且产生了一大批专门研究兵学的学者，如丁度、郭固、王震、曾旼、王白、郭逢原、朱服、何去非、顾临等。其中不乏具有代表性的学者，如丁度。丁度，字公雅，开封人，大中祥符年间，登服勤词学科，历任大理评事、知制诰、翰林学士、枢密副使、参知政事等职务，著有《龟鉴精

---

① 江少虞.卷第一：祖宗圣训［M］//江少虞.宋朝事实类苑.上海：上海古籍出版社，1981：25.
② 李焘.续资治通鉴长编：卷二〇四［M］.北京：中华书局，2004：4936.
③ 姜勇.《武经总要》纂修考［J］.图书情报工作，2006（11）：133.
④ 永瑢，纪昀，等.兵家类：武经总要［M］//永瑢，纪昀，等.四库全书总目提要：卷九九.北京：中华书局，1995：838.
⑤ 徐松.宋会要辑稿：崇儒［M］.开封：河南大学出版社，2001：220.
⑥ 李焘.续资治通鉴长编：卷二六〇［M］.北京：中华书局，2004：6339.

义》《备边要览》《庆历兵录》《赡边录》等兵书①。又如，何去非，字正通，浦城人，"自直坟典传训、系史子记，以至天文、地理、阴阳、时数、山川、虫鱼、草木、诡异之说，莫不诵晓"②。元丰五年（1082），他因对策"词理优瞻，长于论兵"入仕，在任职武学教授期间，撰写军事人物和事件评论集《何博士备论》一书。③ 再如，顾临自少"好谈兵"④，"以孙武、诸葛为师法，时人咸谓才堪将帅"。顾临师从胡瑗，通经学，擅长训诂学。仁宗皇祐年间，他举说书科，任职国子监，迁馆阁校勘，提举常平司，后改同判武学，累迁直龙图阁、河东转运使等职。宋神宗对顾临的才华颇为赏识，命其参与编纂《经武要略》，且一遇到军事问题，便召见顾临问兵，"对曰：'兵以仁义为本，动静之机，安危所系，不可轻也。'因条十事以献"⑤。宋神宗主持西北拓边时，许多文人士大夫向朝廷献计献策，唯有顾临"深藏远引，默默若无能者，知兵之未可用也。已而师出无效，子敦之智益明"⑥。像丁度、顾临这样懂兵的学者在北宋并不少见，但是他们的著作没有多少能够流传下来。

第二，文人撰写了大量形式多样的兵书。在文人论兵之风的影响下，朝野出现了以《孙子兵法》为主的传统兵书注解高潮。据记载，"仁庙时，天下久承平，人不习兵，元昊既叛，边将数败，朝廷颇访知兵者，士大夫人人言兵矣。故本朝注解孙武书者，大抵皆当时人也"⑦。除了《十家注孙子》的主要注家梅尧臣、王晳、何氏、张预等外，⑧ 还有不少其他兵法注家。沈起生平喜谈兵，"著《吴武子》三篇以自见"⑨。熙宁七年（1074）三月，知制诰王益柔言："试将作监主簿麻皓年尝注《孙》《吴》二书及唐《李靖对问》，颇得古人意旨，兼自撰《临机兵法》，甚精当。"⑩ 元丰元年（1078）闰正月十二日，大名府元城县主簿吴璋上所注《司马穰苴兵法》三卷。⑪ 吕惠卿撰《三略素书解》一卷，⑫ 张商英注《素书》，⑬ 张载注解《尉缭子》一卷。⑭ 应当指出，这些文人学习兵书时极为认真，尤其他们注解兵书时往往一字一句，抠得细，讲解词义，分析内容，注意将其中冷僻不顺的字句改得通俗易懂。

就现存史料来看，文人士大夫撰写了大量有关北宋边事的兵书，主要有以下这些：景德二年（1005），许洞著《虎钤经》；高士宁著《阃外书》。张田"性质端劲，文艺该博，周知河朔之事，尝著《边说》七篇，词理切直，深究时病"。包拯称赞他"学术精深，志

---

① 脱脱，等. 宋史：卷二九二 [M]. 北京：中华书局，1997：9761-9764.
② 王洋. 东牟集 [M]. 纪昀，永瑢，等. 文渊阁四库全书. 影印本. 台北：台湾商务印书馆，1986：512.
③ 苏轼. 举何去非换文资状 [M] // 苏轼. 苏轼文集：卷二九. 北京：中华书局，1986：837.
④ 王辟之. 谈谑 [M] // 王辟之. 渑水燕谈录：卷十. 北京：中华书局，1981：126.
⑤ 黄宗羲. 宋元学案：卷一 [M] // 黄宗羲. 安定学案. 北京：中华书局，1986：46.
⑥ 孔武仲. 送顾子敦使河北序 [M] // 曾枣庄，刘琳. 全宋文. 卷二一九〇，第100册. 上海：上海辞书出版社，2006：255-256.
⑦ 晁公武. 郡斋读书志校证：卷二 [M]. 上海：上海古籍出版社，1990：634.
⑧ 魏鸿. 宋代孙子兵学研究 [M]. 北京：军事科学出版社，2011：65.
⑨ 沈括. 故天章阁待制沈兴宗墓志铭 [M] // 曾枣庄，刘琳. 全宋文：卷一六六九，第78册. 上海：上海辞书出版社，2006：54.
⑩ 李焘. 续资治通鉴长编：卷二五一 [M]. 北京：中华书局，2004：6138.
⑪ 徐松. 宋会要辑稿：崇儒 [M]. 开封：河南大学出版社，2001：281.
⑫ 陈振孙. 直斋书录解题：卷一二 [M]. 上海：上海古籍出版社，1987：361.
⑬ 张商英. 素书：序 [M] // 中国兵书集成编委会. 中国兵书集成：第7册. 北京：解放军出版社，1992：1.
⑭ 晁公武. 郡斋读书志校证：卷一四 [M]. 上海：上海古籍出版社，1990：638.

虑宏远，能穷边琐，善启忠规，文成七篇，说通三训，虽杜牧之注《孙子》，臧嘉猷之集《羽书》，会粹研覃，曾不是过也"①。并州乡贡进士刘羲，撰成《边议》十卷，司马光称其"援据古今，指陈得失，用意甚勤，论理颇多"②。天圣五年（1027）十二月，秘书监致仕胡旦献《将帅要略》五十三卷。③ 康定元年（1040）九月四日，渭州前军事推官魏庭坚撰《四夷龟鉴》三十卷；殿中丞充武胜军院伴读王琥献《平戎万略》。康定元年（1040）十二月，通判滑州秘书丞蔡宣撰《通志论》十三篇，"备言攻守之策，如其可采，乞于陕西缘边任使"④。庆历元年（1041），雄州赵珣撰写《五阵图》《兵事》等十余篇文章和《聚米图经》五卷，被执政者称赞"用兵以来，策士之言以万数，无如珣者"⑤。皇祐四年（1052），殿中丞、通判信安军张田，"周知河朔之事，尝著《边说》七篇"⑥。皇祐五年十一月，管勾司天监公事周琮献《军中占》三卷，诏送秘阁。⑦ 至和三年（1056）正月，定州乡贡进士赵肃献《兵民总论》十卷。⑧ 布衣邵亢应制举，曾经献《康定兵说》十篇。⑨ 庆历年间，张绂向朝廷献上所著《御戎策》三十篇。⑩ 嘉祐五年（1060）五月，国子博士赵至忠献《契丹蕃汉兵马机密事》十册及《契丹出猎图》。⑪ 嘉祐年间，苏洵著《权书》；通判潮州滕甫著《孙威敏征南录》一卷，"言平南之功，皆本孙沔元规，狄青之至，莫能出其右者。余靖归美于青，非实也"。熙宁六年（1073）九月三日，"虞部郎中赵至忠上房廷伪主宗族、蕃汉仪制、文物宪章、命将出师、攻城野战次第、兵众户口、州城钱粟都数，四至邻国、远近地里、山河古迹等，共十一册，并戎主阅习武艺于四季、出猎射虎等图各二副，外有《戎主登位仪制图》《拜木叶山图》，并《入国人使宴图》"。⑫ 熙宁九年（1076）正月十三日，宣徽北院使王拱辰献《平蛮杂议》十卷，诏送安南招讨使。⑬ 元丰元年（1078）五月，前守化州文学赵世卿进《安南边说》五篇；⑭ 观文殿学士王韶撰《熙宁收复熙河阵法》三卷；⑮ 天章阁侍讲王洙撰《三朝经武圣略》十五卷；金部员外郎知凤翔府家安国撰《元丰平蛮录》三卷；直龙图阁京兆游师雄撰《元祐分疆录》二卷。清河张预集《百将传》十卷，"每传必以《孙子兵法》断之"⑯。监察御史新安朱安国注《阴符玄机》一卷，即《阴符经》，"此书本出于李筌，云得于骊山老姥，旧志皆列于道家。安国以为兵书之祖，

---

① 包拯. 赐信安军通判殿中丞张田敕［M］//包拯. 包拯集校注：卷四. 杨国宜，校注. 合肥：黄山书社，1999：246.
② 司马光. 章奏三：荐刘羲［M］//司马光. 司马温公集编年笺注：卷一八. 李之亮，笺注. 成都：巴蜀书社，2011：69.
③ 徐松. 宋会要辑稿：崇儒［M］. 开封：河南大学出版社，2001：271.
④ 徐松. 宋会要辑稿：崇儒［M］. 开封：河南大学出版社，2001：273-274.
⑤ 李焘. 续资治通鉴长编：卷一三二［M］. 北京：中华书局，2004：3123.
⑥ 包拯. 进张田边说状［M］//包拯. 包拯集校注：卷四. 杨国宜，校注. 合肥：黄山书社，1999：245.
⑦ 徐松. 宋会要辑稿：崇儒［M］. 开封：河南大学出版社，2001：276.
⑧ 徐松. 宋会要辑稿：崇儒［M］. 开封：河南大学出版社，2001：277.
⑨ 叶梦得. 石林燕语：卷七［M］. 北京：中华书局，1984：99.
⑩ 宇文之邵. 宋故朝请郎守殿中丞骑都尉赐绯鱼袋张公墓志铭［M］//曾枣庄，刘琳. 全宋文：卷一六四七，第75册. 上海：上海辞书出版社，2006：297.
⑪ 徐松. 宋会要辑稿：崇儒［M］. 开封：河南大学出版社，2001：279.
⑫ 徐松. 宋会要辑稿：崇儒［M］. 开封：河南大学出版社，2001：280.
⑬ 徐松. 宋会要辑稿：崇儒［M］. 开封：河南大学出版社，2001：281.
⑭ 徐松. 宋会要辑稿：崇儒［M］. 开封：河南大学出版社，2001：281.
⑮ 陈振孙. 直斋书录解题：卷一二［M］. 上海：上海古籍出版社，1987：362.
⑯ 陈振孙. 直斋书录解题：卷一二［M］. 上海：上海古籍出版社，1987：361.

要之非古书也"①。陈瓘编纂王安石《日录》，"编类其语，得六十五段，厘为八门：一曰圣训，二曰论道，三曰献替，四曰理财，五曰边机，六曰论兵，七曰处己，八曰寓言"②。李清臣著有《平蛮书》，"言汉以来用事于南者上之"③。以上这些著作，真正流传下来的并不多，堪称优秀的作品少之又少。尽管如此，我们仍可以从现存兵书目录或评价中看出，这些兵书涉及北宋的方方面面，尤以敌情、军事技术、战略战术、御将及治军等内容为主。从编纂内容上来看，宋代文人擅长系统地整理历代战例，总结战争的经验教训，其主要目的是让读者看得懂，接受自己的思想。他们的研究虽然不具有较高的军事价值，却激发了人们研究兵学的热情。

第三，文人士大夫撰写了大量形式多样的兵论。这些兵论主要以评论、阐发传统兵书和古人兵学思想为要旨，服务于北宋的军事斗争。如李觏的《强兵策十首》，石介的《贵谋》《兵制》，张方平的《武备论》，苏轼的《孙武》《管仲》《魏武帝论》《策别》，秦观的《将帅》《奇兵》《谋主》《兵法》等篇。其中，李廌的《兵法奇正论》与秦观之文类似。李廌简化兵法，使武将易读易懂，并说："今夫以武为业，动累亿万，斗力勇而已，鲜知兵；学兵之法，动累数千，分行阵而已，鲜知兵之理；穷兵之理，动累数十，分强弱而已，鲜知奇正。借或有人，但能知奇为奇，知正为正而已，鲜在奇正之变，臣故曰兵法贵胜。"④《四库全书总目提要》评价李廌之论："其议论奇伟，尤多可取，固与局促辕下者异焉。"这些论兵之文既有防守或进攻战术，也有用人、治军之道。

除了评论、阐发传统兵书思想外，文人士大夫还要面对周边民族政权的侵扰和军事改革的问题，故其兵论不同于传统兵书侧重注解与思想的阐发，而是主要对北宋所面临的现实问题提出相应的对策。如王禹偁的《上太宗答诏论边事》，田锡的《上太宗答诏论边事》，张齐贤的《上真宗论陕西事宜》，赵安仁的《上真宗答诏论边事》，钱若水的《上真宗论备边之要有五》，王济的《备边策》，孙何的《上真宗论御戎画一利害》，寇準的《上真宗议澶渊事宜》，范仲淹的《上仁宗攻守二策》《上仁宗再议攻守》，庞籍的《上仁宗论范仲淹攻守之策》，宋祁的《和戎论》《御戎论》，贾昌朝的《上仁宗备边六事》，田况的《上仁宗兵策十四事》《上仁宗论和守攻备策》，欧阳修的《上仁宗论庙算三事》，富弼的《上仁宗河北守御十三策》，尹洙的《叙燕》《息戎》《兵制》，张方平的《平戎十策及表》中的《攻心》《伐交》《专胜》《以夷狄攻夷狄》等篇，仲讷的《议御戎》，胡瑗的《请兴武学疏》，王安石的《省兵》，苏辙的《私试进士策问二十八首》《私试武学策问二首》等，刘挚的《以备契丹》，曾巩的《本朝政要策》中的《训兵》《添兵》《兵器》《城垒》《侦探》《军赏罚》诸篇，孙觉的《上神宗治边之略》，李清臣的《议兵策》《议戎策》，侯溥的《将臣论》，张舜民的《论河北备边五事》，许将的《治兵议》，黄裳的《择将》《御戎》，华镇的《论兵》《论边事》《论御戎》《主帅论》，晁补之的《兵法》《上皇帝论北事书》，张耒的《将论》《择将篇》《审战篇》，陈瓘的《论治虏之术奏》，杨时的《上时事札子》中的《边事》《军制》《择将》，等等。

---

① 陈振孙. 直斋书录解题：卷一二［M］. 上海：上海古籍出版社，1987：361.
② 陈瓘. 四明尊尧集序［M］//曾枣庄，刘琳. 全宋文：卷二七八五，第129册. 上海：上海辞书出版社，2006：119.
③ 晁补之. 资政殿大学士李公行状［M］//曾枣庄，刘琳. 全宋文：卷二七四一，第127册. 上海：上海辞书出版社，2006：63.
④ 李廌. 兵法奇正论［M］//曾枣庄，刘琳. 全宋文：卷二八五二，第132册. 上海：上海辞书出版社，2006：154.

不难看出，这些文人士大夫论兵往往站在统治集团的立场，普遍援引兵法作为论兵依据，致力于维护北宋王朝的长治久安。如关于战争观，司马光援引"兵者，国之大事，死生之地，存亡之道"的思想反对神宗的开拓战争。[①] 李觏继承和发扬了"兵者，国之大事"的思想，既主张"有兵"，又强调"足兵"的作用。他指出："兵者，国之大事，人知之矣。然先王足兵而未尝有兵，后世有兵而尝足矣。"在"慎战"方面，李觏认为，"兵盖不祥之器，学者未得其千一，而志意已壮"[②]。而王安石将"慎战"理解成了反战，他说："佳兵者，坚甲利兵也。兵，凶器也，所以为不祥之器。""兵者，凶器，动则万物尚恶，故有道者必无处此。"[③]"庄子曰：'圣人以必不必，故无兵。众人以不必必之，故多兵。'勇于敢，以不必必之，故多兵而杀。勇于不敢，以必不必，故无兵而活。"[④] 关于备战，包拯、尹洙、欧阳修、张方平、王安石、陈师道等人均引《孙子》"无恃其不来，恃吾有以待之""先为不可胜，以待敌之可胜"等言论为论兵依据。[⑤] 在用兵作战方面，晁补之认可《孙子》的"赏莫厚于间，事莫密于间。非圣智不能用间，非仁义不能使间，非微妙不能得间之实"[⑥]，他认为只有"仁义之兵"才能达到"无术而自胜"的效果。

（二）论兵形式的多样化

由于地位、学识及实践能力等方面的差异，北宋文人论兵的形式也有所不同。归纳起来，他们论兵形式主要有以下几种。

第一，以儒家经义论兵。文人士大夫以复兴儒道为己任，在博采众长的基础上，重视对儒家经典著作的直接探求，剖析义理，其中也包含不少对兵学知识的解读。如许多文人经常引用《左传》厨邑大夫说过的话，"先人有夺人之心，后人有待其衰"，作为论兵依据，指先发制人可以摧毁敌人的意志，后发制人要等到敌人士气衰竭，要乘机在他们疲劳且立足未稳时进攻，否则一切都晚了。苏辙对《春秋》中的相关军事问题作了注解，"《春秋》书曰'戎伐凡伯于楚丘'。而为卫伐凡伯。《春秋》书曰：'齐仲孙来。'而以为吾仲孙怒而至于变人之国。此又喜怒之所不及也。愚故曰：'《春秋》者，亦人之言而已"[⑦]。

当然，文人士大夫还援引《春秋》解释宋朝具体的战争和战略战术问题。田锡说："今交州未下，战士无功，《春秋》所谓'老师费财'者是也。"[⑧] 张舜民在《论进筑非便奏》中说："窃按《春秋》之法，凡称城者，谓既得其土地人民，然后城之，以宅人民耳。"[⑨] 事实上，文人士大夫在吸取唐末五代的历史教训的同时，也借助《春秋》中的战争

---

① 赵汝愚．上哲宗论新法便民者存之病民者去之［M］//赵汝愚．宋朝诸臣奏议：下．上海：上海古籍出版社，1999：1283．
② 李觏．储将［M］//李觏．李觏集．卷二二．北京：中华书局，1981：244．
③ 王安石．王安石老子注辑本［M］．北京：中华书局，1979：32-33．
④ 王安石．王安石老子注辑本［M］．北京：中华书局，1979：57．
⑤ 魏鸿．宋代孙子兵学的发展轨迹［M］//魏鸿．宋代孙子兵学研究．北京：军事科学出版社，2011：69．
⑥ 晁补之．上皇帝论北事书［M］//曾枣庄，刘琳．全宋文：卷二七一三，第125册．上海：上海辞书出版社，2006：332．
⑦ 苏辙．春秋论［M］//苏辙．苏辙集．北京：中华书局，1990：1275．
⑧ 脱脱，等．宋史．卷二九三［M］．北京：中华书局，1977：9787．
⑨ 张舜民．论进筑非便奏［M］//曾枣庄，刘琳．全宋文：卷一八一三，第83册．上海：上海辞书出版社，2006：273．

道理来阐发尊王大义，期待为北宋专制体制建设提供理论基础和历史依据。有学者说："以孙复为代表的北宋士大夫普遍以《春秋》大义为思想指导，大谈尊王攘夷，意在尊奉现实社会的宋朝皇帝。"①

此外，文人士大夫继承和发扬了前人"以易演兵"的传统，多数解语均选用《易经》作为理论依据。苏轼以《易经》注解为依据，反对《孙子》中"兵者诡道也"的思想，如"《易》曰：'介于石，不终日。贞吉。'君子方其未发也，介然如石之坚，若将终身焉者；及其发也，不终日而作。故曰：不役于利，则其见之也明。见之也明，则其发之也果。今夫世俗之论则不然，曰：'兵者，诡道也。'非贪无以取，非勇无以得，非诈无以成。廉静而信者，无用于兵者也"②。夏竦则以《易》来论证将领应该灵活处理紧急情况，"《易》曰：'自强不息'。《书》曰：'明作哲。'盖强者临机而有断，明者遭事而惑"③。对于将领来说，《易经》是他们成为名将的重要兵书。种氏将门子弟因继承与发展了种放的易学，均成为北宋名将。同样，"郭逵以将帅显，而其后兼山、白云皆明《易》。盖《易》之为书，兵法尽备，其理一也"④。对于文人士大夫来说，《易经》还成为他们与帝王谈兵论战的理论依据。据记载，"康定中，仁宗命讲《易》《乾》《坤》《既济》《未济》。又问：'今岁直何卦？西兵欲出如何？'复对岁直'小过'，而太一守中宫，兵宜内不宜外。仁宗善其言"⑤。可见，徐复根据《易经》中的阴阳思想来预测战争发生的时间、地点及程度，帮助帝王做出相应的决策。

在学术文化方面，文人士大夫借助对《易经》的注解谈兵，来批判对方的学术漏洞。程颢和程颐不赞同王安石注解的《易经》中兵论的内容，并指出："介甫以武王观兵为九四，大无义理，兼观兵之说亦自无此事。如今日天命绝，则今日便是独夫，岂容更留之三年？今日天命未绝，便是君也，为人臣子，岂可以兵胁其君？安有此义？又纣鸷很若此，太史公谓有七十万众，未知是否；然书亦自云，纣之众若林。三年之中，岂肯容武王如此便休得也？只是《太誓》一篇前序云'十有一年'，后面正经便说'惟十有三年'，先儒误妄，遂转为观兵之说。先王无观兵之事，不是前序一字错却，便是后面正经三字错却。"⑥可见，文人士大夫的论兵内容中糅合了儒家义理思想，使兵学研究走向更开阔更深入。

第二，借助灾异事件论兵，讽喻及影射朝廷的军政事务。北宋时期战争频仍，自然灾害深重，再加上受《老子》"大军之后，必有凶年"的灾异说影响，人们往往选择流落他乡，他们打杀劫掠或攻陷城池，从而引起周边民族政权窥视中原地区的野心。在这种情形下，文人士大夫每遇到灾异事件，就会提醒朝廷做好防范北方民族政权铁骑入侵中原的准备。宝元元年（1038）十二月，胥偃在《忻州地震奏》中说道："地震，阴之盛。今朝廷政令，不专上出，而后宫外戚，恩泽日蕃，此阳不胜阴之效也。加之边寇内侮，宜选将练师，以防侵轶。"⑦包拯在《论地震》中说道："近闻登州地震山摧，今又镇阳、雄州五月

---

① 牟润孙. 两宋春秋学之主流 [M] //宋史座谈会. 宋史研究集：第三辑. 台北：中华丛书编审委员会，1966：109.
② 苏轼. 孙武论上 [M] //苏轼. 苏轼文集. 卷三. 北京：中华书局，1986：92.
③ 夏竦. 将帅部强明篇序 [M] //曾枣庄，刘琳. 全宋文. 卷三五〇，第17册. 上海：上海辞书出版社，2006：145.
④ 王应麟. 易 [M] //王应麟. 困学纪闻：卷一. 上海：上海古籍出版社，2008：118.
⑤ 王应麟. 易 [M] //王应麟. 困学纪闻：卷一. 上海：上海古籍出版社，2008：127.
⑥ 程颢，程颐. 杨遵道录 [M] //程颢，程颐. 二程集. 北京：中华书局，2004：250.
⑦ 胥偃. 忻州地震奏 [M] //曾枣庄，刘琳. 全宋文：卷三五八，第17册. 上海：上海辞书出版社，2006：262.

朔日地震，北京、贝州诸处蝗蝻虫生，皆天意先事示变，必不虚发也……顷岁并、代地震，寻以昊贼拒命；近者广南英、连等州亦震，而蛮寇内侵，皆必然已应之兆耳。"① 嘉祐五年（1060）五月，范师道在《论灾异疏》中引用"《汉》《晋天文志》：天狗所下，为破军杀将，伏尸流血。《甘氏图》：天狗移，大贼起"的谶语，以此来警告朝廷"虽有将帅，不老则愚，士卒虽多，劲勇者少。夷狄可保也，如州郡何？州郡可保也，如盗贼何"②。庆历五年（1045）四月，李京在《论定襄地震孟雷未发声奏》中说道："自宝元初定襄地震，坏城郭，覆庐舍，压死者以数万人，殆今十年，震动不已，岂非西、北二边，有窥中国之意乎！……愿陛下饬边臣备夷狄，戒辅臣慎出命，以厌祸于未形。"③ 庆历七年（1047）五月，唐询在《请严边备奏》中说道："近者京师雨雹、地震，此阴盛阳微、夷狄侵侮中国象。今朝廷以西北讲和，常默以为忧。愿下圣诏，申饬守边之臣，其于兵防敢有慢隳者，以军法论。"④ 神宗时期，郑獬援引灾异之说抵制武将种谔的拓边活动，如"臣以为太白犯天，四方地震，皆为兵象，切恐兵祸起于横山之，今见其端矣"⑤。在儒家经义里面，阴阳失调可能带来灾难，而这种灾难往往是由朝廷失道引起的。陈舜俞分析"阴阳"与"甲兵"在一起的后果，希望引起统治者对"内忧外患"的警惕，并说："阴之为物也，为甲兵，为阴谋，为强臣，为夷狄，为宦官宫妾。或者天以其类大为动摇以告陛下，亦惟陛下深思远虑，忧患而预防之。"⑥ 可见，这些论兵之文往往以灾异事件为由，期待统治者采取相应的举措，维护政权的长治久安。

　　第三，以史论兵，即注意运用历史上战争的经验与教训，论证和阐明一些道理。北宋时期，许多文人士大夫缺乏真正的实战经验，只能从历史经验教训中获取相关的兵学知识，作为自己的谈兵依据。诚如张方平所言："军旅之事，虽未之学，历代史册所著得失成败，亦可言之矣。"⑦ 在兵书编纂方面，曾公亮在编纂的《武经总要》中明确表示，"今采春秋以来列国行师制敌之谋，出奇制胜之策，并着于篇"⑧。而张预撰写《百将传》所依据的材料是"观历代史书，上下千余载间，将兵者所以成、所以败……凡史辞泛漫而不切于兵者，一去之；或非兵略而可以资人之智虑者，间亦存焉"⑨。

　　在兵论文章方面，钱若水借鉴周世宗讨伐北汉的经验，为宋统治者的征战提供历史依据，他说："臣尝读前史，周世宗即位之始，刘崇结敌入寇，敌遣其将杨衮领骑兵数万，随崇至高平。当时懦将樊爱能、何徽等临敌不战，世宗大陈宴会，斩爱能等，拔偏将十余人，分兵击太原。刘崇闻之，股栗不敢出，即日遁去。自是兵威大振。其后收淮甸，下

---

① 包拯. 论地震［M］//包拯. 包拯集校注：卷二. 杨国宜，校注. 合肥：黄山书社，1999：92.
② 范师道. 论灾异疏［M］//曾枣庄，刘琳. 全宋文：卷六三八，第30册. 上海：上海辞书出版社，2006：81.
③ 李京. 论定襄地震孟雷未发声奏［M］//曾枣庄，刘琳. 全宋文：卷六三九，第30册. 上海：上海辞书出版社，2006：98.
④ 唐询. 请严边备奏［M］//曾枣庄，刘琳. 全宋文：卷六三八，第30册. 上海：上海辞书出版社，2006：85.
⑤ 赵汝愚. 上神宗论种谔擅入西界［M］//赵汝愚. 宋朝诸臣奏议：下. 上海：上海古籍出版社，1999：1530.
⑥ 陈舜俞. 上神宗皇帝言天变书［M］//曾枣庄，刘琳. 全宋文：卷一五三四，第70册. 上海：上海辞书出版社，2006：318.
⑦ 王巩. 文定张公乐全先生行状［M］//曾枣庄，刘琳. 全宋文：卷一八四一，第84册. 上海：上海辞书出版社，2006：373.
⑧ 曾公亮. 武经总要后集序［M］//曾枣庄，刘琳. 全宋文：卷五四八，第26册. 上海：上海辞书出版社，2006：86.
⑨ 张预. 百将传序［M］//曾枣庄，刘琳. 全宋文：卷二七〇八，第125册. 上海：上海辞书出版社，2006：237.

秦、凤，平关南，特席卷尔。以陛下之神武，岂让世宗乎？此今日御敌之奇策也。"① 与钱若水一样，张方平在《武备论》中称，"今所论著，皆参校前史旧迹得失之状可施于世者，冀上赞庙堂之余论焉"②。可见，他们在论兵中以古为鉴的意识极其鲜明，这也为他们措置边事提供了历史依据。诚如罗炳良先生所说："一个人所具有的历史知识越丰富，借鉴历史的素养越高，那么对现实问题的理解和处理的能力就越强。"③

在文人论兵的潮流中，也有不少学者脱离历史事实而主观地评判军事人物，形成了"好议古人得失，而不考其事之虚实"④ 的不良风气。尤其是他们发挥儒家的义理思想，对历史人物仅做道德评判，而不顾及史实，导致兵书或兵论存在差异。苏轼在评价先秦燕国名将乐毅伐齐的战例时，推翻了前人所论燕惠王临阵换将，致使燕军大败的结论。他认为名将乐毅屯兵即墨城下，数年围而不攻，是想以仁义感化齐人，达到"不战而屈人之兵"的目的，然而，这种战法却为庸将骑劫的失败埋下了隐患，即"以百万之师，相持而不决，此固所以使齐人得徐而为之谋也"⑤。程颐批评时人对军事人物缺乏客观评价，"只见成者便以为是，败者便以为非，不知成者煞有不是，败者煞有是底。惜科，韩信与项羽，诸葛亮与司马仲达，不曾合战。更得这两个战得几阵，不妨有可观"⑥。从上述例子来看，文人士大夫的史论虽然充满了儒家的义理思想，但从侧面来看，他们具有独立的学术意识和批判精神，不惧权威，大胆怀疑，敢于创新。

第四，借助各种文学体裁论兵。北宋文人继承和发展了古代"以文载道"的传统，借助文学体裁，既把兵学人物、思想或话题描绘得惟妙惟肖，又将儒家义理思想、浪漫主义文学色彩体现了出来。

（1）散文方面。许多文人士大夫的兵书或论兵之文既是军事著作，也是古典散文优秀的代表。著名文学家苏洵的《权书》中的《六国论》一文，就是时人所传颂的论兵名作。文章开头就点明主题："六国破来，非兵不利，战不善，弊在赂秦。赂秦而力亏，破灭之道也。或曰：六国互丧，率赂秦耶？曰：不赂者以赂者丧，盖失强援，不能独完，故曰弊在赂秦也。"与此相应的，有些文人相映争辉，炫奇争胜，往往在评价对方的文学水平时犹如用兵作战一样。晁补之曾经刻苦努力地撰写文章，在文学才华上仍没有超越苏轼，于是感叹道："盖天才能驱驾，如孙吴用兵，虽市井乌合，亦皆为我臂指，左右前却，在我顾盼间，莫不听顺也。"⑦

（2）诗歌领域。关注兵家人物与兵法的诗歌虽然凤毛麟角，却对兵学研究的发展起到了一定作用。⑧ 石介在《过魏东郊》一诗中赞美友人："帐下立孙吴，罇前坐伊吕。笑谈韬铃间，出入经纶务。匈奴恨未灭，献策言可虏。幽州恨未复，上书言可取。"⑨ 可见，他把与友人的论兵形象勾勒成与孙子、吴起等兵家一起商讨军国大事、为国出谋划策的情景。梅尧臣在《依韵和李君读余注孙子》诗中讲述了自己在国难当头时，不得不"唯余兵家

---

① 脱脱，等. 宋史：卷二六六 [M]. 北京：中华书局，1977：9167.
② 张方平. 武备论 [M] // 曾枣庄，刘琳. 全宋文：卷八一二，第38册. 上海：上海辞书出版社，2006：95.
③ 罗炳良. 范仲淹历史意识初探 [M] // 罗炳良. 宋史赘识. 北京：北京师范大学出版社，2011：113.
④ 崔述. 释例 [M] // 崔述. 考信录提要：卷上. 上海：商务印书馆，1937：21.
⑤ 苏轼. 乐毅论 [M] // 苏轼. 苏轼文集：卷四. 北京：中华书局，1986：100.
⑥ 程颢，程颐. 杨遵道录 [M] // 程颢，程颐. 二程集. 北京：中华书局，2004：258.
⑦ 惠洪，朱弁，吴沆. 冷斋夜话·风月堂诗话·环溪诗话 [M]. 北京：中华书局，1988：108.
⑧ 阎盛国. 宋代诗人笔下的孙武与《孙子兵法》[J]. 军事历史研究，2011（3）：191.
⑨ 石介. 过魏东郊 [M] // 石介. 徂徕石先生文集：卷二. 北京：中华书局，1984：21.

说，自昔罕所论"，积极地注解《孙子兵法》，并从宋夏实战的要求出发，摒弃前辈所注的不切实战的烦琐语言，删繁就简，阐幽发微，增强其实用性和可操作性，如"庙谋盛夔离，正议灭乌孙。吾徒诚合进，尚念有新尊"。他还肯定了《孙子兵法》的重要军事作用，如"将为文者备，岂必握武贲。终资仁义师，焉愧道德藩"①。又如，司马光在《读武士策》中写道："汉家求猛士，云集未央宫。天外朝星淡，山西将种空。奇谋纷并进，壮节凛生风。八阵纵横势，依然见目中。"②曾巩在《冬暮感怀》中描述道："六军骑皆骏，争先雪中登。天时倾人意，踊跃士气增。大义虽不杀，四方慑兵棱。"今时今日，此种气势不复存，"今此效安在，东南塞犹乘。将帅色涸槁，蚍蜉势趑腾。"面对严峻的战争形势，"惨错天运内，止戈信谁能？"③弦外之音是，朝廷不能采取"以和止戈"的方式，应该着手整军备战，恢复王者气势，威慑敌人。祖无择借《送孟湘虞部赴阙》一诗抒情："科名拾芥职三虞，落落雄才与众殊。为政人惊今遂霸，论兵自比古孙吴。倚庐已见因心著，结绶还陪辨色趋。不似冯唐空白首，汉皇今正渴嘉谟。"④可见，祖无择送别朋友的场合，称赞友人的论兵水平堪与著名兵家孙武、吴起相媲美。

（3）笔记小说。在宋人的笔记小说中，文人士大夫记载了许多战争事例，并对有些军事问题做了评价。魏泰在《东轩笔录》中评价历代战争成败的同时，也对"以夷制夷"之策的结果表示怀疑，"世人每见夷狄自相攻讨，以为中国之利，不知其先绝后顾之患，然后悉力犯我，此知兵者所宜察也。诸葛亮岂乐为渡泸之役，而矜能于孟获辈哉？亦欲先欲先绝后患，而专意于中原也"⑤。魏泰在评价鄜州战役时，对将领的作战水平产生了质疑。"嘉祐中，麟州之役，谅祚二年间连以兵屯窟野河，进逼边界，聚而复散。故武戡、郭恩习以为常，轻兵而出，至忽里堆，覆发而兵败。然则敌人出没聚散，盖将有谋，知兵机者宜深察也"⑥。

应当指出的是，宋以前颇有价值的兵书，仍受到文人的普遍重视。他们除了注解文字、串讲大意外，还利用古代战例和先秦兵家言论来印证自己的思想，大有儒家"六经注我"的气势。文人还对兵书体裁进行创新。如在《虎钤经》中经常见到许洞采取自问自答的方式解释问题。

> 或曰：彼得天时，讵可破乎？许洞曰：天之所祐，正也。怙天时而戾军政，与天违也。天人相违，不凶何俟？故兵利以顺应顺也。顺而逆应之，必凶之兆也。或曰：军乘天时，跨有地利，将吏骄怠，谋划不精，军阵散乱，如之何？洞曰：可击也……许洞曰：先以人，次以地，次以天，然后攻之，必克敌也。⑦

这种体裁在北宋现存兵书中是比较少见的，它不仅适合谙熟兵法者谈兵、论将以及破阵，而且对于未经历过战场的文人士大夫来说，使用起来也得心应手，它将兵学演化得更为生动。因此，文人士大夫在体例编纂、经世致用等方面既承袭了传统优秀兵书的思想，

---

① 梅尧臣. 依韵和李君读余注孙子[M]//梅尧臣. 梅尧臣集编年校注：卷十. 朱东润，校注. 上海：上海古籍出版社，1980：159.
② 司马光. 读武士策[M]//司马光. 司马温公集编年笺注：卷六. 李之亮，笺注. 成都：巴蜀书社，2009：423.
③ 曾巩. 冬暮感怀[M]//曾巩. 曾巩集：卷一. 北京：中华书局，1984：9.
④ 北京大学古文献研究所. 全宋诗：卷三五六[M]. 北京：北京大学出版社，1998：4417.
⑤ 魏泰. 东轩笔录：卷一五[M]. 北京：中华书局，1983：172.
⑥ 魏泰. 东轩笔录：卷一五[M]. 北京：中华书局，1983：173.
⑦ 何去非. 三才应变[M]//中国兵书集成编委会. 中国兵书集成：第6册. 北京：解放军出版社，1992：14.

又根据实际情况有所发展与补充，进而推动了兵学研究的繁荣。

（三）宋人兵学研究的价值

北宋文人士大夫出于报国之心与救国之志，热衷于兵事的研究，不但对中国传统兵学进行了深入钻研，而且对北宋整军备战、用兵之道，多能以古喻今、古为今用。因此，他们的研究对于我们深刻理解北宋兵学成就和贡献是很有意义的，主要有以下几点。

第一，兵学研究中的政治价值。文人士大夫挖掘历代论兵的言行，为帝王处理军政事务提供了指南性的范本。他们通过对本朝故事、《宝训》与《圣政》的编纂、讲授，从圣哲、祖宗的思想中寻求济世良方，以求构筑一个维护北宋专制体制的防御工程。正因如此，文人士大夫热衷于编纂、整理历朝军政事例，并阐释其对主流政治文化的基本看法。① 宋仁宗曾命富弼、王洙、余靖、孙甫、欧阳修等人编纂《祖宗故事》，其侧重点、内容方式无不与帝王处理军政事务相关，如"三朝赏罚之权、威德之本、责任将帅之术、升黜官吏之法、息费强兵之制、御戎平寇之略"② 等方面。此外，石介的《先朝政范》、张唐英的《仁宗君臣政要》、苏颂的《迩英要览》等书，均有"任将""边鄙备御""御戎"等门类，为后世帝王按图索骥、有针对性地学习军政事务提供了便利。范祖禹选择前代材料中的"补政治者"，以备仁宗观览。③ 据范祖禹的《进故事》记载：

> 臣祖禹曰：古者至治之世，麟凤在郊薮，龟龙游宫沼，河出图，洛出书。舜之时，箫韶九成，凤凰来仪。文王之兴，鸑鷟鸣于岐山。圣人在上，则四灵为畜，所以谓之瑞也。汉武帝幸雍祠五畤，获一角兽，若麃然，有司以为麟。武帝博谋群臣，而终军上对，宜因昭时令日，改定告元，苴白茅于江淮，发嘉号于营丘。帝甚异之，由是改元为元狩。臣窃考元狩之间，有淮南衡山之狱，坐死者数万人，吏益惨急而法令察。武帝方甘心快意，结怨于匈奴，命卫青、霍去病等将兵连岁出征，匈奴亦数入为寇。于是天下骚然，仓库空虚，贫民流徙。乃与公卿议白金及皮币，以夺商贾之利，取诸侯之财，吏民犯法者不可胜数。于是酷吏用事，多至公卿，而绣衣直指之使斩断于外。当此之时，生民如处于炉炭之上，然则何以致天地之和气，麟曷为出哉？昔鲁哀公十四年，西狩于大野，获麟，以为不祥，以赐虞人。仲尼观之，曰'麟也'，然后取之。麟于鲁，出非其时，惟圣人识之，故《春秋》书获麟。武帝得一角兽，而有司谓之麟，终军因劝以改元封禅，甚矣，群臣之谀也！后世言帝王穷兵黩武、严刑峻法者，必曰秦皇汉武，盖以始皇无道，而武帝亦近似之矣。④

从内容上来看，范祖禹在《进故事》中虽然模仿史家口吻，阐释历代帝王处理军事事务的意义，但从侧面来看，这不是严格的史学记载，而是政治规范的"最高指示"。这说明文人士大夫能够满足论兵与政治导向的特殊要求，将兵学思想融入文章中，向帝王灌输历朝历代积累的军政经验，从而使研究兵学具有了政治价值。

---

① 邓小南. "祖宗之法"的正式提出[M]//邓小南. 祖宗之法：北宋前期政治述略. 北京：生活·读书·新知三联书店，2006：370.
② 王应麟. 庆历三朝太平宝训条[M]//王应麟. 玉海：卷四九. 南京：江苏古籍出版社，1987：929.
③ 马端临. 经籍考：二八[M]//马端临. 文献通考：卷二〇一. 北京：中华书局，1986：1679.
④ 范祖禹. 进故事[M]//曾枣庄，刘琳. 全宋文：卷二一四六，第48册. 上海：上海辞书出版社，2006：277-281.

北宋时期，许多文人士大夫颇为推崇《孙子兵法》，经常以此为谈兵依据。王安石指出："古论兵无如孙武者，以其粗见道故也。"[1] 杨时说："古之善言兵者，莫如孙武。"[2] 晁补之也说："天下之言兵曰微妙者祖孙、吴。"[3] 不难看出，在部分文人士大夫的心目中，《孙子兵法》至高无上，包容万千。然而，北宋政治波诡云谲，《孙子兵法》时常成为一些文人士大夫抨击对手的话题。熙宁五年（1072），朝廷重新创办武学教育。宋神宗派朱服等人整理和校勘"武经七书"。司马光、苏轼及何去非等保守派出于政治斗争的需要，极力怀疑、批评孙子兵学，讽喻改革派破坏祖宗家法。司马光通过《将军行》一诗，描绘汉朝大将霍去病不喜兵法的形象，批评时人谈兵论战的风气，如"自言不喜读兵法，智略何必求孙吴"[4]。苏轼讥讽孙子，"天子之兵，天下之势，武未及也"[5]。苏洵也说过，"吾疾夫世之人不究本末，而妄以我为孙武之徒也。夫孙氏之言兵，为常言也。而我以此书为不得已而言之书也"[6]。与苏轼关系较好的何去非在《何博士备论》中也对孙子进行了批评，他还将《管子》与《周礼》《司马法》等传统兵法，做了细致比较，认为管仲兵法"截然而易晓矣"，而运用这种兵法犹"如贯绳，如画棋局，疏畅洞达，虽有智者无所施其巧""简而直者""而有所必胜矣"[7]。徐积也以贬低孙子等人、抬高管子为主，并说："古之善为兵者，各以其书名家。而三家者最著：司马穰苴，兵之正者；孙武，兵之有术；吴起，兵之应变者也。三人者可谓能言，不可谓之已试矣。然其略亦有已试能取胜者乎？晚有晁错者，其学虽不说于兵，而善言兵事，故其大指盖若涉乎管子矣。管子者，可谓知兵也，其亦可谓必胜之将乎？"[8]

第二，兵学研究中的文献学价值。文人士大夫在充分利用文献考辨、发扬疑古传统的基础上，重视校勘、义理辨析，体现了兵学研究中的文献学价值。在《孙子兵法》方面，文人士大夫经常以孙子兵学为基础，编纂兵书，如许洞的《虎钤经》、张预的《百将传》等。在《孙膑兵法》方面，自东汉以来，虽《孙膑兵法》已亡佚，但北宋文人的兵书或谈兵之文仍保存不少《孙膑兵法》的内容。曾公亮在《武经总要》中就曾引用"孙膑亦曰"的内容。

> 骑战之道，以虚实为主，变化为辅也，形为佐。又有十利八害焉。一、乘其未定。二、掩其不固。三、攻其不属。四、邀其粮道。五、绝其关。六、袭其不虑。七、乱其战器。八、陵其恐情。九、掩其奔散。十、追其奔散。此十利也。八害者：一、敌乘背虚，寇蹴其后。二、越阻追背，为敌所覆。三、往而无以反，入而无以出。四、所从入者隘，所回去者远。五、涧谷所在，地多林木。六、左右水火，前后山阜。七、土地多污泽，难以进退。八、地多沟坑，众草接茂。此八害者。皆骑士成

---

[1] 李焘.续资治通鉴长编：卷二四八 [M].北京：中华书局，2004：6056.
[2] 杨时.上钦宗皇帝疏 [M] // 曾枣庄，刘琳.全宋文：卷二六七五，第124册.上海：上海辞书出版社，2006：88.
[3] 晁补之.上皇帝论北事书 [M] // 曾枣庄，刘琳.全宋文：卷二七一三，第125册.上海：上海辞书出版社，2006：330.
[4] 司马光.将军行 [M] // 司马光.司马温公集编年笺注：卷二.李之亮，笺注.成都：巴蜀书社，2009：33.
[5] 苏轼.孙武论下 [M] // 苏轼.苏轼文集：卷三.北京：中华书局，1986：92.
[6] 苏洵.权书序 [M] // 苏洵.嘉祐集笺注：卷二.曾枣庄，金成礼，笺注.上海：上海古籍出版社，1993：26.
[7] 苏轼.管仲论 [M] // 苏轼.苏轼文集：卷三.北京：中华书局，1986：88.
[8] 徐积.策问八 [M] // 曾枣庄，刘琳.全宋文：卷一六一八，第74册.上海：上海辞书出版社，2006：178.

败之机。将必习之，乃可从事焉。①

以上言论说明，宋人记载的《孙膑兵法》虽然只有只言片语，但对后世研究该兵法的亡佚轨迹提供了文献依据。

随着宋学疑古之风的盛行，不少学者核查宋以前兵书的版本、卷数与史料记载出入，或从文辞高下差别及学术风格等方面进行研究，促进了宋代文献学的发展。元祐元年（1086）五月，程颐斥责武学教材中《三略》《六韬》《尉缭子》等"鄙浅无取"，并对其真伪提出了怀疑。此外，刘恕怀疑《六韬》为后人附会姜太公所作的兵书，说："今《六韬》文王、武王问太公兵战之事，其言鄙俚烦杂，不类太公之语，盖后人依托为之。"② 李昭玘不赞成这种说法，"然此尚有可诿者，曰：'六韬非圣人之书，盖战国相倾之士，借太公以为市者。'至于《诗》《书》为帝王之遗迹，岂复有可议者耶"③。这说明，文人士大夫虽然质疑兵书作者与文本的真实性、合法性，但考辨者没有最终解决这些问题。陈师道认为有两种《司马兵法》：一种是齐威王命大夫"追论古者《司马兵法》，附以先齐大司马田穰苴之说，号曰《司马穰苴兵法》。夫所谓古者《司马兵法》，周之政典也"；一种是司马迁所论的《司马穰苴兵法》，为"今博士弟子之所诵说者也"。对此，他质疑司马迁的学说：

> 臣谨案传记所载《司马法》之文，今书皆无之，则亦非齐之全书也。然其书曰："礼与法表里，文与武左右"，又曰："杀人以安人，杀之可也；攻其国爱其民，攻之可也；以战去战，虽战可也"，又曰："冬夏不兴师，所以兼爱民也"。此先王之政也，何所难乎？至其说曰："击其疑，加其卒，致其屈，袭其规"。此穰苴之所知，秦汉之所行，迁之所见，而谓先王为之处。④

这反映了北宋文人士大夫研究兵学的较高理论水平和学术见识。同时在论证方面，他们的材料来源有据可查，可信度高，可以说在目录、校勘、辑佚、史料等方面均有较高的价值。

第三，在军制、作战指导以及军事技术等领域有了重大发展。优秀的传统兵学思想、大量的战争实例和当时的战争经验教训，均为北宋文人士大夫总结兵学理论提供了丰富的素材。当然，频繁的战争也推动了兵法、军事技术的进步。一是在阵法方面，文人士大夫论述阵法时颇为独到。韩琦称赞郭固创造的车阵法，不仅"临阵遇敌，缓急易集"，而且在平原地带具有两点优势，"一则临阵以折奔冲，二则下营以为寨脚"⑤。二是在兵战方面，文人士大夫寻找古战车作战方式是有依据的。吴淑在《古车战之法》中论述了防御辽军骑兵的战法，⑥ 周士隆在《论车战》中论述了以古车阵破解交趾象阵的战法，晁补之在《阵

---

① 曾公亮，等．用骑［M］//曾公亮．武经总要：前集．北京：解放军出版社，1988：148．
② 刘恕．资治通鉴外纪：卷一［M］．纪昀，永瑢，等．文渊阁四库全书．影印本．台北：台湾商务印书馆，1986：673．
③ 李昭玘．八阵图论［M］//曾枣庄，刘琳．全宋文：卷二六一二，第121册．上海：上海辞书出版社，2006：197-201．
④ 陈师道．拟御试武举策［M］//曾枣庄，刘琳．全宋文：卷二六六八，第123册．上海：上海辞书出版社，2006：345．
⑤ 李焘．续资治通鉴长编：卷一七八［M］．北京：中华书局，2004：4306．
⑥ 李焘．续资治通鉴长编：卷五〇［M］．北京：中华书局，2004：1085．

法》中写道，"合诸家之术而修诸有司，农隙讲事"①。三是军制研究成果比较突出，超过了军事理论研究的其他方面。文人士大夫在军制研究方面，取得了突出成果。欧阳修、宋祁撰《新唐书》，开拓了正史的新体例，首创兵志一目，专门记载了唐代的军制。曾公亮、"三苏"都有专论军制的文章。王安石在变法时也曾大谈军制改革对富国强兵的意义，并提出保甲法和保马法等新制度。②四是文人士大夫开始重视火药兵器的军事用途。许洞的《虎钤经》载："飞火者，谓火炮、火箭之类是也。"这是目前所知最早记载燃烧性的火器的兵书。五是在火药配置方面，曾公亮的《武经总要》记载了当时流行的三种火药配方："毒药烟球""火药法""蒺藜火球"。③此外，还有爆炸性武器"霹雳火球"，即"用干竹两三节，径一寸半，无罅裂者，存节勿透，用薄瓷如铁钱三十片，和火药三四斤，裹竹为球，两头留竹寸许，球外加傅药（火药外傅药，注具火球说）。若贼穿地道攻城，我则穴地迎之，用火锥烙球，开声如霹雳，然以竹扇簸其烟焰，以熏灼敌人"④。这说明中国是世界上最早发明和使用火药的国家。从内容上看，这些论兵之文包括论兵法、论述引用兵法、论边事、论用人。六是文人士大夫重视地图绘制对军事的作用。宋辽、宋夏交聘之时，许多文人士大夫将沿途风土人情概貌记录下来，为朝廷制定对外战略提供参考。盛度参考"汉、唐故地，绘为《西域图》"。他还高度评价地图的军事作用，如"酒泉、张掖、武威、敦煌、金城五郡之东南，自秦筑长城，西起临洮，东至辽碣，延袤万里。有郡、有军、有守捉，襟带相属，烽火相望，其为形势备御之道至矣。唐始置节度，后以宰相兼领，用非其人，故有河山之险而不能固，有甲兵之利而不能御。今复绘山川、道路、壁垒、区聚，为《河西陇右图》，愿备上览"⑤。尹洙也强调军事地图的作用，说："昨闻屯田员外郎刘复曾进西鄙地图，颇亦周备。平夏图谋，秘府及民间当有存者，伏望博加求访，命近臣参较同异，形于绘素，而颁之于边将，俾其见利则按图而出师，寇出则分兵而守险。"⑥沈括除精心策划边防事宜外，还潜心绘制我国首例木质立体图，称之为"木图"⑦。他说："予奉使按边（任鄜延路经略使），始为木图，图写其（鄜延路）山川道路。其初遍履山川，旋以麦（面）糊木屑写其形势于木案上，未几寒冻，木屑不可为，又熔蜡为之，皆欲其轻，易赍故也。至官所，则以木刻上之。"⑧可见，沈括绘制木质立体图，历尽艰难。上述兵学理论及技术无疑对古代兵学体系做了有益的补充。

二、北宋文人论兵的历史地位

（一）文人论兵对北宋社会文化的影响

第一，在论兵过程中，文人士大夫具有批判精神、创造精神和实践精神，对宋学构建

---

① 晁补之.策问二：阵法［M］//曾枣庄，刘琳.全宋文：卷二七二七，第126册.上海：上海辞书出版社，2006：203.
② 张云勋.宋元时期的军事哲学［M］//张云勋.中国历代军事哲学概论.成都：西南交通大学出版社，2012：145.
③ 吕变庭.北宋科技思想研究［D］.保定：河北大学，2006：59.
④ 曾公亮.守城［M］//曾公亮，等.武经总要：前集.北京：解放军出版社，1988：643.
⑤ 脱脱，等.宋史：卷二九二［M］.北京：中华书局，1977：9759.
⑥ 尹洙.按地图议［M］//曾枣庄，刘琳.全宋文：卷五八三，第27册.上海：上海辞书出版社，2006：298-299.
⑦ 任树民.沈括的边防筹策与他的边区木版立体图［J］.西北民族研究，2001（2）：115.
⑧ 沈括.杂志［M］//沈括.新校证梦溪笔谈：卷二五.上海：上海人民出版社，2011：179-180.

起到了一定作用。自先秦以来就有"儒者不言兵"的说法，以至于不少文人士大夫形成了一种儒家崇礼不谈兵的思维。到了北宋时期，一些论兵文人逐渐批评这种观点。苏洵公开批判"儒者不言兵"的观点。他在《权书》中说："人有言曰：'儒者不言兵。仁义之兵，无术而自胜。'使仁义之兵无术而自胜也。"① 可见，苏洵所谈"儒者不言兵"，不只是为自己谈兵论战进行辩护，更是批评那些否定儒家不谈兵的人。李昭玘在批评那些以"俎豆之事，则尝闻之矣，军旅之事，未之学也"为由的学者的同时，赞扬一些文武兼备的儒家学者，"武侯八阵之美，以谨后世之武备，而又辟鱼丽、鹳鹅之属，以终孔子俎豆之意焉"②。甚至有人把"儒者不言兵"的行为看作愧对圣人孔子，说："夫奇正之变，虽不可胜穷，而要其归宿，不过沈几伐谋、因敌制胜两科而已。厥有深得，悉著于篇，毋使有文事者必有武备徒为空言，以愧吾夫子。"③ 从上述论兵文辞中可以看出，文人士大夫认为孔子不但学习军事知识，而且懂得一些军旅、战阵之事，其主要目的是通过儒家"修仁德以王天下"的思想，实现"仁者无敌于天下"的治国理念。

除了论证儒家论兵外，他们构建了儒家人物谱系，还纳入不少著名兵家人物，借此扩大儒家思想的影响力。程颐评判历史上的著名人物时，也千方百计地将其纳入儒家谱系。在他与弟子们的谈话中可见一斑。

> 问："文中子谓'诸葛亮无死，礼乐其有兴乎！'诸葛亮可以当此否？"先生曰："礼乐则未敢望他，只是诸葛已近王佐。"……
> 张良亦是个儒者，进退间极有道理。人道汉高祖能用张良，却不知是张良能用高祖。良计谋不妄发，发必中。④

通过驳斥"儒家不言兵"的言论，文人士大夫吸收了不少传统兵学智慧，推动了宋学的发展。毕仲游不但引用孔子"足食，足兵，民信之矣"之言，而且也吸取道家老子"兵者凶器也，圣人不得已而用之"⑤ 等智慧，来论述其兵学思想。有些懂儒学的僧人也在其学说中引入兵家思想。著名僧人契嵩以儒家口吻高谈兵学，阐释儒兵诸家相互贯通的道理。《问兵》就是他糅合诸家学说的代表作。

> 客以论兵问，而叟愀然曰："何是问之相属也？叟，野人也，安知兵乎？"客曰："谓子其学兼儒，儒之道具于文武。兵也者，武之效也，不知兵，孰谓之道？"曰："道也者何？真兵亦仁义而已矣。"客不达，且引去，叟介然谓席人曰："兵者刑也，发于仁而主于义也。发于仁，以仁而悯乱也；主于义，以义而止暴也。以义而止暴，故相正而不相乱；以仁而悯乱，故图生而不图杀。是故五帝之兵谓之正刑，三王之兵谓之义征。义征举而天下莫不怀也，正刑行而天下莫不顺也。炎帝之后不逞，而轩辕氏陈于涿鹿，兵未接而其人已服。……夫兵，逆事也，无已则君子用之。是故圣人尚德而不尚兵，所以明兵者不可专造天下也。谷梁子曰：'被甲婴胄，非所以兴国也，则以诛暴乱也。'文中子曰：'亡国战兵，霸国战智，王国战仁义，帝国战德，皇国战

---

① 苏洵. 权书序 [M] //苏洵. 嘉祐集笺注：卷二. 曾枣庄，金成礼，笺注. 上海：上海古籍出版社，1993：26.
② 李昭玘. 八阵图论 [M]. 曾枣庄，刘琳. 全宋文：卷二六一二，第121册. 上海：上海辞书出版社，2006：197-201.
③ 邹浩. 策问四五 [M]. 曾枣庄，刘琳. 全宋文：卷二八三九，第131册. 上海：上海辞书出版社，2006：303.
④ 程颢，程颐. 伊川先生语五 [M] //程颢，程颐. 二程集. 北京：中华书局，2004：262-263.
⑤ 毕仲游. 论兵制疏 [M] //曾枣庄，刘琳. 全宋文：卷二三九〇，第110册. 上海：上海辞书出版社，2006：229.

无为.'圣王无以尚,可以仁义为,故曰仁义而已矣。孤虚诈力之兵而君子不与,吾其与乎?"席人咨嗟曰:"未之闻也。"罗拜而罢。①

在宋学的疑古风潮之下,兵书的神秘感和权威性受到了怀疑,这从客观上降低了文人士大夫进入兵学领域的门槛,使得儒家思想对兵学的影响日益突出,促进了兵学研究的儒学化进程。文彦博在《仲尼学文武之道论》一文中,阐释了兵儒融合的必然性。

> 今言学者,盖由垂世立教,化民成俗,大圣兼该,故文武并用。若夫唐虞之兴化,本由文武之道;姬旦之致治,盖拘文武之迹。若俾仲尼以文武之道致文武之变,夫何难矣。则知礼乐征伐出于天下之道者,非圣人达于极挚,孰能备矣!②

著名理学家邵雍也赋诗道:"既为文士,必有武备。文武之道,皆吾家事。"③ 可见,他们不但对文武之道深入钻研,而且对文事与武备不可偏废有了充分认识,这从客观上对"以儒统兵"的进程起到了重要推动作用。

第二,兵学文化广泛渗透到北宋社会生活中的多个方面。在占卜方面,范仲淹知苏州时,曾担忧西北地区可能发生叛乱,故其请擅长《易经》及"六壬遁甲术"的徐复占卜,得出"西方用师,起某年月,盛其年月"的结论。事实证明,徐复所占卜的事情无一不应验。仁宗也向徐复咨询兵事,曰:"今岁直小过刚失位而不中,惟强君德乃可济尔。""与(徐)复同时者又有郭京,亦通术数,好言兵而任侠不伦,故不显。"④ 在战歌创作方面,北宋文人在诗文集中提到了凯歌,如沈括的《鄜延凯歌》五首。沈括在《梦溪笔谈》中谈到当时创作战歌的情况:"边兵每得胜回,则连队抗声凯歌,乃古之遗音也。凯歌词甚多,皆市井鄙俚之语。予在鄜延时,制数十曲,令士卒歌之。"⑤ 以下战歌为沈括所创作:

> 其一:先取山西十二州,别分子将打衙头。回看秦塞低如马,渐见黄河直北流。其二:天威卷地过黄河,万里羌人尽汉歌。莫堰横山倒流水,从教西去作恩波。其三:旗队浑如锦绣堆,银装背嵬打回回。先教净扫安西路,待向河源饮马来。⑥

又如,"银袍校艺观勃敌,玉帐收工听凯歌"⑦ "前军已胜后兵继,唱罢凯歌毡帐睡"⑧ "凯歌声动天颜喜,金虎三珠拟报功"⑨ 等。

在弈棋游戏方面,文人展现了兵法运用的魅力。程颢在《象戏》中曰:"大都博奕皆戏剧,象戏翻能学用兵。车马尚存周战法,偏裨兼备汉官名。中军八面将军重,河外尖斜步卒轻。却凭纹楸聊自笑,雄如刘项亦闲争。"⑩ 他认为下象棋如布阵作战一样奇妙,高深莫测。元丰二年(1079)六月,晁补之在《广象戏图序》中阐释了象棋名称的来源和其研

---

① 契嵩.问兵[M]//曾枣庄,刘琳.全宋文:卷七七四,第36册.上海:上海辞书出版社,2006:263-264.
② 文彦博.仲尼学文武之道论[M]//曾枣庄,刘琳.全宋文:卷六五八,第31册.上海:上海辞书出版社,2006:45-47.
③ 邵雍.文武吟[M]//邵雍.邵雍集:卷一五.北京:中华书局,2010:427.
④ 叶梦得.避暑录话:卷四[M].上海古籍出版社编辑部.宋元笔记小说大观:第3册.上海:上海古籍出版社,2001:2675.
⑤ 沈括.乐律一[M]//沈括.新校证梦溪笔谈:卷五.上海:上海人民出版社,2011:43.
⑥ 沈括.乐律一[M]//沈括.新校证梦溪笔谈:卷五.上海:上海人民出版社,2011:44.
⑦ 张耒.同文唱和诗[M]//张耒.张耒集:卷六五.北京:中华书局,1990:948.
⑧ 徐积.戏答[M]//纪昀,永瑢,等.文渊阁四库全书.影印本.台北:台湾商务印书馆,1986:823.
⑨ 李复.赠张万户征闽凯还[M]//纪昀,永瑢,等.文渊阁四库全书.影印本.台北:台湾商务印书馆,1986:149.
⑩ 程颢,程颐.象戏[M]//程颢,程颐.二程集.北京:中华书局,2004:479.

究的原因，如"象戏，戏兵也。黄帝之战，驱猛兽以阵，象，兽之雄也，故戏兵而以象戏名之。余为儿时，无他弄，见设局布棋为此戏者，纵横出奇，愕然莫测，以为小道可喜也。稍长，观诸家阵法，虽画地而守，规矩有截，而变化舒卷，出入无倪，其说益可喜"[1]。可见，他认为下棋如同用兵打仗，变幻无穷。又如，曾巩也以弈棋为例，说明将领指挥军队应如同善于下棋者，随敌应变，应付自如："夫将之于兵，犹弈之于棋。"[2]

在语言艺术方面，文人表现出对兵学灵活运用的能力。论兵成为社会文人茶余饭后的谈资。顾临因好谈兵，被人称为"顾将军"[3]。又如，彭几（字渊材）好谈兵，常常语出惊人，成为时人话题。绍圣初，他与友人一起吃饭，却没钱结账。彭几调侃道："兵计将安出。"然后用手捋了一下胡须，径自从后门逃跑了。他健步如飞，很快把追债人甩开，等"予与奴杨照追逐二相公庙，渊材乃敢回顾，喘立，面无人色，曰：编虎头，撩虎须，几不免于虎口哉！予又戏曰：在兵法何如？渊材曰：三十六计，走为上计"[4]。无独有偶，有位知潭州官员与客人聊天，谈到宋军对侬智高的叛乱无计可施。客人感叹道："此皆士卒素不练习行阵，一旦用以应敌，宜有折北。"官员说："此何异'欧'市人以战也。"原来《汉书》作"欧"字，音驱，而官员不认识，误读为"欧"字，这令在座客人"皆忍笑不禁"[5]。在医药文化方面，文人把吃药形容为"用兵作战"。再如，邵雍在《又五首》中称："用药似交兵，兵交岂有宁。求安安未得，去病病还生。汤剂未全补，甘肥又却争。何由能寿考，瑞应老人星。"[6] 从上述事例来看，兵学文化已渗透到社会的各个角落，这也对宋代文化的发展产生了深远影响。

第三，文人士大夫通过"以兵论政"的方式对北宋政治产生深远影响。在北宋"内忧外患"的形势下，许多文人士大夫重操守、崇道义、讲忠心，以施展其"修身、齐家、治国、平天下"的政治抱负。当时，文人士大夫在政治上欲有所进取，亟须借鉴兵学中的治国经验及教训，故而他们很重视与帝王"以兵论政"的交流方式。对文人士大夫来说，他们把这种交流方式看作影响帝王思想的重要途径。而对帝王来说，这是他推行文治的重要举措。据记载，宋神宗与大臣们经常谈论司马、孙、吴及李靖等兵法。[7]

> 王安石曰："古论兵无如孙武者，以其粗见道故也。如日有长短，月有死生，五声之变不可胜听，五色之变不可胜观，奇正之变不可胜穷。盖粗能见道，故其言有及于此。"
>
> 上曰："能知奇正，乃用兵之要，奇者天道也，正者地道也，地道有常，天道则变而无常。至于能用奇正，以奇为正，以正为奇，则妙而神矣。"
>
> 安石曰："诚如此。天能天而不能地，地能地而不能天，能天能地，利用出入，则所谓神也。神故能以奇为正，以正为奇也。"
>
> ……

---

[1] 晁补之. 广象戏图序 [M] // 曾枣庄，刘琳. 全宋文：卷二七二二，第126册. 上海：上海辞书出版社，2006：114.
[2] 曾巩. 请减五路城保札子 [M] // 曾巩. 曾巩集：卷三〇. 北京：中华书局，1984：453.
[3] 魏泰. 东轩笔录：卷一一 [M]. 北京：中华书局，1983：125.
[4] 惠洪. 三十六计走为上 [M] // 惠洪. 冷斋夜话：卷九. 北京：中华书局，1988：73.
[5] 魏泰. 东轩笔录：卷一一 [M]. 北京：中华书局，1983：126.
[6] 邵雍. 又五首 [M] // 邵雍. 邵雍集：卷一七. 北京：中华书局，2010：454.
[7] 李焘. 续资治通鉴长编：卷二四八 [M]. 北京：中华书局，2004：6056.

从表面上来看,君臣们在朝堂上一问一答,显得气氛融洽,将兵法道理融入治国方略。实际上,君臣们论兵的背后隐藏着文人士大夫之间的政治倾轧。

随着北宋政争、党争的残酷倾轧,许多文人士大夫把原本具有救国图存功用的论兵方式,转换为在云谲波诡的政治舞台上立足的重要工具。诚如韩琦所说:"虏边计则冒用朋党之疑。"① 庆历时期,范仲淹为打消仁宗对君子朋党说的疑虑,利用主战派或主和派之说来辩解:"臣在边时,见好战者自为党,而怯战者亦自为党,其在朝廷,邪正之党亦然,惟圣心所察耳。苟朋而为善,于国家何害也?"② 他的解释虽然不断强调其竭力忠君爱国,但是这种观点也有点牵强。政敌贾昌朝善谈兵,"作相,当范韩兴废之时,而朋党倾坏,皆其力焉;至于事业,则未闻能践此言,何也?"③ 可见,他们所谓的论兵多流于形式,其目的是服务于当时的政治斗争。元丰四年(1081),张舜民随从高遵裕大军出征西夏,大败而归。张舜民因《兵论》中"白骨似沙沙似雪""官军砍受降城柳为薪"等句,得罪了朝廷,被贬郴州。据记载,张舜民"坐进《兵论》,世言'白骨似沙沙似雪'之诗,此特一事耳。《兵论》近于不逊矣"④。可见,文人士大夫的"论兵"行为已转变成其在政争、党争中的重要工具。

(二) 文人论兵对后世兵学的影响

文人论兵之所以在中国兵学史上占有重要地位,还有一个重要原因,就是其对后世兵学的发展产生了深远影响。这个影响是多方面的,归纳起来,主要有以下几点。

第一,后世文人对于兵家价值、地位的认定,仍沿袭北宋文人论兵的基本思路。一是在传统兵书方面,后世文人秉承了宋人的学说。梅尧臣标榜其儒家身份,为其注《孙子》辩解,"我世本儒术,所谈圣人篇。圣篇辟乎道,信谓天地根。众贤发蕴奥,授业称专门。传笺与注解,璨璨今犹存。始欲沿其学,陈迹不可言。唯余兵家说,自昔罕所论"⑤。欧阳修高度称赞他以儒论兵的水平:"吾知此书当与三家并传,而后世取其说者往往于吾圣俞多焉。圣俞为人谨质温恭,仁厚而明,衣冠进趋,眇然儒者也。后世之视其书者,与太史公疑张子房为壮夫何异。"⑥ 苏轼认为,"今夫孙、吴之书,其读之者,未必能战也。多言之士,喜论兵者,未必能用也"⑦。何去非对《六韬》《唐李问对》等兵书的真伪产生了质疑。据何去非之子所说,"先君言,《六韬》非太公所作,内有考证处,先以禀司业朱服,服言,此书行之已久,未易遽废也。又疑《李卫公对问》亦非是。后为徐州教授,与陈无己为交代,陈云,尝见东坡先生言,世传《王氏元经》《薛氏传》《关子明易传》《李卫公对问》,皆阮逸著撰,逸尝以草示奉常公也"⑧。他们质疑传统兵家的观点,为后世文人所继承与发展,如南宋罗泌承袭了北宋的《六韬》伪作说,明确指出此书是战国诸家集成之

---

① 韩琦. 谢扬州表 [M] // 曾枣庄, 刘琳. 全宋文: 卷八三三, 第39册. 上海: 上海辞书出版社, 2006: 30.
② 李焘. 续资治通鉴长编: 卷一四八 [M]. 北京: 中华书局, 2004: 3580.
③ 叶适. 皇朝文鉴二 [M] // 叶适. 习学记言序目: 卷四八. 北京: 中华书局, 1977: 718.
④ 佚名. 道山清话 [M] // 上海古籍出版社编辑部. 宋元笔记小说大观: 第3册. 上海: 上海古籍出版社, 2001: 2941.
⑤ 梅尧臣. 依韵和李君读余注孙子 [M] // 梅尧臣. 梅尧臣集编年校注: 卷十. 朱东润, 校注. 上海: 上海古籍出版社, 1980: 159.
⑥ 欧阳修. 孙子后序 [M] // 欧阳修. 欧阳修全集: 卷四二. 北京: 中华书局, 2001: 606.
⑦ 苏轼. 策别训兵旅一 [M] // 苏轼. 苏轼文集: 卷九. 北京: 中华书局, 1986: 274.
⑧ 何薳. 古书托名 [M] // 何薳. 春渚纪闻: 卷五. 北京: 中华书局, 1983: 72.

作，其依据是在班固的《汉书》目录中找不到。他说：

> 《六韬》之书，顾非必太公也。班固述权谋不见其书，《志》虽有太公兵谋，而乃列之道家，儒家有《六韬》六篇，则又周史所作。定襄时人，或曰显王之世，故崇文自谓汉世无有。今观其言，盖杂出于春秋战国兵家之说尔。自墨翟来，以太公于文王为午合，而孙武之徒谓之用间，故权谋者每并缘以自见，盖以尝职征伐，故言兵者本之。以为说骑战之法著于武灵之伐，而今书首列其说要之。楚汉之际好事者之所掇，岂其本哉？君子于此，其可不审所取，而谰说之是徇耶！①

南宋的王应麟、黄震，明代的焦竑，清代的张萱等人均认为《六韬》是伪作。②

除《六韬》外，明清学者继承了北宋文人尊崇《孙子》的立场。明代学者梅国桢说："古今兵法亡虑数十百家，世所尊为经者七，而首《孙子》。"③ 清代学者夏振翼说："自古谈兵者不可胜数，有不权舆于孙、吴、司马诸兵书者乎？"④ 从研究内容上看，北宋文人研究兵学的思想对后世渗透日益广泛。北宋的"武经七书"颁布后，不但被作为武学的教科书，而且还成为后世文人推动兵学儒学化的工具。如该书中的《孙子》中说："道者，令民与上同意也，故可以与之死，可以与之生，而不畏危。"明人刘寅将这种思想阐释为"道者，仁义、礼乐、孝悌、忠信之谓。为君者，渐民以仁，摩民以义，维护之以礼乐，教之以孝悌、忠信，使民亲其上、死其长，故为君同心同德，上下一意，可与之同死同生，虽有危难而不畏惧也。"⑤

其一，在宋人撰兵书方面，后世文人士大夫也产生了质疑，如明清学者对《何博士备论》一书产生了不同的观点。"（何）去非本以对策论兵得官，故是编皆评论古人用兵之作。其文雄快踔厉，风发泉涌，去苏氏父子为近。苏洵作《六国论》，咎六国之赂秦；苏辙作《六国论》，咎四国之不救。去非所论，乃兼二意，其旨尤相近，故轼屡称之。卷首惟载轼荐状二篇，所以志是书之缘起也。卷末有明归有光《跋》，深讥是论之谬。且以元符、政和之败，归祸本于去非。夫北宋之衅，由于用兵。而致衅之由，则起于狃习晏安，废弛武备，驱不可用之兵而战之。故一试而败，再试而亡。南渡以后，卒积弱以至不振。有光不咎宋之溃乱由士大夫不知兵，而转咎去非之谈兵。明代通儒所见如是，明所由亦以弱亡欤！"⑥ 由此可以看出，清人对《何博士备论》《六国论》主旨的分析，推翻了明代学者的观点。

其二，后世兵学家继承和发扬了北宋文人谈兵论战的精神。北宋文人士大夫以"先天下之忧而忧，后天下之乐而乐"的担当之气去谈兵论战，就是对士人积极立功精神的最好表述。诚如张耒所说："近世之士大夫，其雄俊辨博好立武事而以将帅自许者，则尝窃疑之，以谓用兵者，果无事于古人之绪余，而一切自己出也。"⑦ 而这种文人士大夫谈兵论战

---

① 罗泌. 论太公 [M]// 纪昀，永瑢，等. 文渊阁四库全书. 影印本. 台北：台湾商务印书馆，1986：472.
② 解文超，崔宏艳. 《六韬》真伪考 [J]. 青海师范大学学报（哲学社会科学版），2005（2）：74.
③ 梅国桢. 孙子参同契序 [M]// 《四库禁毁书丛刊》编纂委员会. 四库禁毁书丛刊补编. 北京：北京出版社，2005：234.
④ 夏振翼著的《增补武经三子体注》（清康熙庚子三多斋刊本）中的《原序》.
⑤ 刘寅. 武经七书直解：孙子直解 卷上 [M]// 中国兵书集成编委会. 中国兵书集成：第10册. 北京：解放军出版社，1990：110-111.
⑥ 永瑢，等. 兵家类：何博士备论 [M]// 四库全书总目提要：九九. 北京：中华书局，1995：848.
⑦ 张耒. 审战篇 [M]// 张耒. 张耒集：卷四四. 北京：中华书局，1990：712-713.

的精神在以后的历史中得到了传承。与北宋一样，明代多以文臣兼任军事统帅，从而使军事成为当时儒家学人关注乃至必须参与的领域。尤其在明朝中期，朝廷腐败，外患加剧，社会动荡不安，使兵学的重要性凸显。明清学人继承北宋文人论兵的衣钵，将兵学汇入儒学体系之中。① 如王阳明、戚继光、陈子龙、颜元、李贽、顾祖禹、林则徐、魏源、胡林翼、曾国藩、左宗棠、李鸿章等，他们本质上都是儒家学者。

鸦片战争惨败后，一些有识之士看到了中国与西方列强之间的差距。同时，为了抵御这些打上门来的千古未遇的外敌，他们纷纷著书立说，研究防海御侮之策，② 从而推动了文人谈兵论战的复兴。到了抗战时期，许多文人继承和发扬了谈兵论战的优良传统，影响极大。在这个紧要的历史关头，有的文人为学者宿儒，有的文人为新闻工作者，有的文人为文艺工作者，有的文人为军事教育家等，诸如此类的人甚多。他们勇担救亡图存的历史重任，凭借其所掌握的文化知识，竭力唤起民众的抗战意志，发展和壮大以国共合作为基础的抗日民族统一战线，他们客观冷静地分析抗战军事形势，积极大胆地提出抗战军事方略，为全国军民提供了精神动力和智力支持，为抗战胜利做出了巨大贡献。③

其三，北宋文人所取得的论兵成就对后世的兵学研究产生了广泛影响。随着生产力的发展、战争规模的不断扩大、战争形式的复杂化，后世兵书研究日趋成熟。北宋产生的一系列兵学著作为后世的兵书编纂提供了范式。南宋吕祖谦所撰《历代兵制详说》中专列兵制一门；陈傅良的《历代兵制》、元代马端临的《文献通考》都专列了兵；大型类书，如王应麟的《玉海》、章如愚的《山堂考索》等都新辟兵制一门，这些均是以欧阳修等撰的《新唐书》专辟的兵志一目为依据。后代的史书也大多沿用此方式处理。④ 此外，明代尹宾商的《兵垒》、揭暄的《兵经百篇》，继承了《百战奇法》的编纂体例和基本思想，并且对兵学范畴的探讨是相当深刻的。明代何乔新的《续百将》、赵光裕对《百将传》的批评本、张澡的节评本，以及经陈元素、黄道周等多次增删评注而成的《广名将传》，均是张预《百将传》的后续之作。

当然，在北宋文人编纂的兵书中，对后世影响较大的是"武经七书"。明代对兵书释、评、批、注最多的就是"武经七书"，如刘寅的《武经七书直解》、何守法注《武经七书》二十八卷、郑廷鹄注《武经七书》四十卷、陈玖学的《新镌增补标题武经七书》七卷、陈元素的《标题评释武经七书》十卷、赵光裕的《新镌武经标题正义》八卷、王守仁批《武经七书》、周亮辅的《增补武经讲意备旨》、张居正的《增订武经七书直解》、李贽的《七书参同》，等等。⑤ 还有清代朱墉的《武经七书汇解》等大量服务于武举、武学的《孙子》讲义。康熙帝也对此评价说："'武经七书'，朕俱阅过，其书甚杂，未必皆合于正。所言火攻水战，皆是虚文。若依其言行之，断无胜理。且有符咒占验风云等说，适足启小人邪心。昔平三逆、取台湾、平定蒙古，朕料理军务甚多，亦曾亲身征讨，深知用兵之道。七书之言，岂可全用？"⑥ 这也与清代贬抑传统兵书、强调实战的思想有关。但总体上来看，

---

① 张亭立. 明代兵儒合流与《陈忠裕公兵垣奏议》[J]. 青海师范大学学报（哲学社会科学版），2007（1）.
② 毛振发，刘庆. 中国近代兵书概论 [J]. 历史研究，1987（2）：170.
③ 赵欣. 全面抗战时期文人论兵的群体分析 [J]. 军事历史研究，2011（2）.
④ 张云勋. 宋元时期的军事哲学 [M] // 张云勋. 中国历代军事哲学概论. 成都：西南交通大学出版社，2012：145.
⑤ 范中义. 明代兵书概论 [M]. 张中正. 第五届中国明史国际学术讨论会暨中国明史学会三届年会论文集. 合肥：黄山书社，1993：414.
⑥ 马齐，等. 清圣祖实录 [M] // 中华书局，清实录. 第6册. 北京：中华书局. 1985：417.

北宋文人论兵之风的兴起，促进了兵学向系统化、体系化方向发展。同时，他们的论兵又出现脱离实际、不重视总结实战经验等问题，给后世兵学研究带来了消极影响。

总之，北宋文人士大夫的兵学研究尽管有这样那样的不足之处，但是无损其较高的学术价值，以及其对后世兵学发展所产生的深远影响，故而在中国古代兵学史上占有非常重要的地位。特别是他们归纳总结了汉唐及北宋时期的军事经验，以兼容并包的方式吸收了儒、道、法诸家的兵学思想，推动了古代兵学研究在一个更高层次上的重新整合。[①] 从某种意义上来说，北宋文人论兵在中国古代兵学史上起着承前启后的作用。

---

① 刘庆.论中国古代兵学发展的三个阶段与三次高潮[J].军事历史研究，1997（2）：97.

结　语

北宋时期，文人士大夫阶层作为王朝统治的主要支柱之一，肩负着维护专制主义中央集权统治的重任。他们以极大的热情关注边疆问题，以扭转北宋王朝长期被动挨打的局面为己任，具体落实到谈兵论战的行动上，从而打上了强烈的时代烙印。因此，本文对北宋主流意识支配下的文人论兵和相关问题研究获得了一些认识，择其要者言之，有以下几点。

第一，文人论兵的兴起缺乏持久性。北宋专制主义中央集权统治的强化和长期"积弱"的军事态势，为文人士大夫群体走上政治舞台、进行谈兵论战奠定了基础。而在这种基础上，许多文人为了扭转北宋"积弱"的军事态势，积极参与提高宋军将士的作战水平，兵学研究也随之勃兴。而这种勃兴是短暂的，缺乏持久性。这是因为，宋廷只有在面临重大边疆危机时，才会鼓励文人士大夫群体参与相关军事活动，而对这种鼓励又因担忧内部危机而采取严密防控，所以一旦战争危机解除，文人论兵的动力也就随之消失了。

第二，在北宋"重文抑武"及"守内虚外"政策的贯彻下，文人士大夫对待武力解决与民族政权的冲突持有"避战求和"的态度。从雍熙北伐失败后，朝廷的政治重心逐渐从对外战争转向内政治理，"避战求和"的态度逐渐成为朝廷的主流意识，使得文人士大夫对待战争的态度也随之转变。在这种情况下，他们尽可能采取一切手段避免战争，以求天下安然无事，保证赵宋王朝的长治久安。特别是从澶渊之盟后，文人士大夫在论兵高潮中把"避战求和"的战争态度作为其主要的价值取向和道德理想，这对北宋王朝的战争态度、战略决策产生了消极影响。

第三，文人论兵对国防建设缺乏成效。从论兵内容上看，文人士大夫所谈的只是一些无关紧要的皮毛问题，很少有解决现实问题的良策。正如苏舜钦所说："天下言兵者不可胜计，大抵不过训练兵卒、积聚刍粟而已，其言泛杂，无所操总，又陈烂使人耳厌其闻而笑忽之。"[1] 其实，他们中大多数人表现出浓厚的文人书生气息。[2] 如杨亿在《论灵州事宜》中说，"独以公孙弘为辞，然则见利害不尽，设策画不精，泛滥缀辑，以空言误后人"[3]。又如，寇準的《论澶渊事宜》，"此疏正是擘移兵马，寇深则抽那在军护驾尔，了无

---

[1] 苏舜钦. 论西事状 [M] // 苏舜钦. 苏舜钦集：卷一一. 上海：上海古籍出版社，2011：134.
[2] 王军营. 北宋中期文人谈兵风尚基本特征初探 [J]. 船山学刊，2011 (3)：147.
[3] 叶适. 皇朝文鉴二 [M] // 叶适. 习学记言序目：卷四八. 北京：中华书局，1977：714.

奇计"①。韩琦虽然为边疆危机而忧虑，"可昼认泣事，非直恸哭太息"，但他的《论时事》却被评价为"固国家所常行，未有可以制敌也。若夫阴营洛邑以为游幸之所，则疏矣。使虏果向汴，而洛阳仓猝不得为播迁乎？况奔溃之余，何由可守？亦书生意貌之论耳"②。既然这些在北宋时期富有盛名的文人士大夫如此，那么毫无军事经验的文人谈兵论战更是纸上谈兵，很难对国防建设起到作用。

第四，在"内忧外患"的严峻形势下，许多文人士大夫往往摆出一副喜论兵、乐从戎的样子，但是他们中的大多数人从内心深处始终鄙视使用武力。就身份而言，许多文人虽然撰写了丰富的论兵之文或兵书，却不敢承认自己是兵家或知兵。宋祁说："臣一诸生，弗知军旅事，偶有所见，不敢隐。"③吕诲则称："臣非知兵者，但累任陕西官，稔闻四路之事。"④吕大临坦言道："臣儒生，素不知兵，但长关陕，当任边郡，至于夷狄之情，御备之要，亦妄留心，知其一二。"⑤这说明在"重文抑武"的大环境下，他们自我定位的儒家身份，使他们对兵学知识不敢过于深究，并在谈兵论战之后，往往投以鄙视的目光。梅尧臣从内心抵触兵书，如"谈兵究弊又何益，万口不谓儒者知。酒酣耳热试发泄，二于尚乃惊我为。露才扬己古来恶，卷舌噤口南方驰"。他们之所以从内心深处鄙视谈兵论战行为，是因为首先，传统儒家耻于论兵的思想在作怪。欧阳修在撰写墓志时，担心尹洙因"喜论兵"被人指责，便把"喜"与"论兵"分开解释。"论兵，儒者末事，言喜无害。喜，非嬉戏之戏，喜者，好也，君子固有所好矣。"⑥可见这种荒诞的怪论在文人士大夫内心已根深蒂固了。

其次，专制政治体制的排斥和打击。在"重文抑武"的大环境下，一些论兵之人不但不敢说自己善于兵事，而且拼命地弃武职，转文职。苏轼为帮助何去非由武职改为文职，明确表示："去非虽喜论兵，然本儒者，不乐为武吏。"⑦士人王庭鲤曾做过边将幕僚，因获得军功，补为军将。于是，他以世代文臣出身和其参加过进士考试为由，希望朝廷批准他换文职。经过多年努力，他终于如愿以偿，"改文资即可权注州县差遣，大喜。洎告下，乃得石州摄助教，不理选限，终身不厘务。大凡爵禄，岂可以计取哉"⑧。可见，他虽然以军功获得升迁，但是其对武职极其鄙视。

最后，社会环境对尚武事业持有敌视态度。宝元年间，西夏军入侵北宋西北边疆，许多士大夫争先恐后地谈兵，却遭到曾易占的斥责："《春秋》之义先自治，吾能自治，夷狄非所忧也。自治且否，何遽言兵耶？"⑨陈师道也对兵学研究怀有敌意，并说："臣愿陛下循大禹之事，服下惠之言，而却兵家之图书，将不敌于天下而威行万世，区区之虏，何足留圣意哉！"⑩在这种氛围下，士大夫谈兵论战的行为，不但得不到社会的认可，而且结局

---

① 叶适．皇朝文鉴二［M］//叶适．习学记言序目：卷四八．北京：中华书局，1977：716.
② 叶适．皇朝文鉴二［M］//叶适．习学记言序目：卷四八．北京：中华书局，1977：718.
③ 赵汝愚．上仁宗论河北根本在镇定［M］//赵汝愚．宋朝诸臣奏议：下．上海：上海古籍出版社，1999：1519.
④ 赵汝愚．上仁宗论边备驰废［M］//赵汝愚．宋朝诸臣奏议：下．上海：上海古籍出版社，1999：1521.
⑤ 吕大临．论御边奏［M］//曾枣庄，刘琳．全宋文：卷二三八五，第110册．上海：上海辞书出版社，2006：151.
⑥ 欧阳修．论尹师鲁墓志［M］//欧阳修．欧阳修全集：卷七二．北京：中华书局，2001：106.
⑦ 苏轼．举何去非换文职状［M］//苏轼．苏轼文集：卷二九．北京：中华书局，1986：837.
⑧ 朱彧．萍洲可谈：卷二［M］．北京：中华书局，2007：119.
⑨ 李清臣．曾博士易占神道碑［M］//曾枣庄，刘琳．全宋文：卷一七一八，第79册．上海：上海辞书出版社，2006：75.
⑩ 陈师道．拟试武举策［M］//曾枣庄，刘琳．全宋文：卷二六六八，第123册．上海：上海辞书出版社，2006：348.

极其糟糕。文人杨何"狂率喜功",成为刘汲幕府谋士,后来,金兵攻破邓州,全家皆死于战火中,他不仅没有博得乡人同情,反而被讥讽,如"牝驴牡马生骡子,道士师姑养秀才""盖谓父本黄冠,母尝为尼也"①。由此可见,在北宋"重文抑武"的环境下,他们即使拥有很高的军事素养及丰富的实践经验,也终究是隔靴搔痒、无济于事,很难扭转北宋长期被动挨打的局面。

第五,兵学研究繁荣的背后,打上了鲜明的时代烙印。赵宋统治集团从防弊主题出发,视兵学研究为其专有,并采取既利用又打压的手段,将其限制在统治阶层中的极小范围内。因此,朝廷通过征集兵书、组织编修、设立武学教育的方式,试图从根本上控制兵学研究的范围,又通过禁毁民间兵书,严禁兵学的传播,压制兵学研究的发展,从而为兵学研究打上了鲜明的时代烙印。神宗时期,朝廷任命武臣张诚一负责编修《经武要略》,"是夕忽御批提举改作管勾。诘朝,执政启上所以,上云:'已差馆职编修,岂可令武臣提举?'"②可见在"重文抑武"的政治环境下,文人士大夫把持着兵学研究的大权,使武臣很难获得兵书编修的资格。另外,文人士大夫虽然用丰富的文化知识推动了兵学研究的繁荣,但是那些研究不适合军事斗争。秦观批评道:"臣病夫世之论兵者,止知重将帅之选,急士卒之练,讲器械阵营之所宜,究山川形势之所便,而推风角鸟占之说。"③清代赵翼极力批判文人论兵:"文人逞才气,往往好论兵。及夫事权属,鲜见成功名。……如何纸上谈,辄欲见施行?君看云台上,何曾有书生。"④清代四库馆臣批评北宋文人论兵为"书生空谈",甚至将北宋王朝的灭亡归咎于此。据记载:

> 仁宗为守成令主,然武事非其所长;公亮等亦但襄赞太平,未娴将略。所言阵法战具,其制弥详,其拘牵弥甚,大抵所谓检谱角抵也。至于诸番形势,皆出传闻,所言道里山川,以今日考之,亦多刺谬。⑤
>
> 然其分配多未确当,立说亦未免近迂。仍为宋人之谈兵而已矣。⑥

由此可见,繁荣的兵学研究不但没有使北宋走上富国强兵之路,反而沦为专制统治的奴婢和儒学的附庸,受到后人的批评。

综上所述,北宋时期文人士大夫的谈兵论战行为虽然对兵学勃兴、激发民族意识、鼓舞军队士气、提高战斗力等方面,起到了一定作用,但是不能因此而过高估计他们论兵所达到的水平。这是因为,除了文人自身的缺陷外,更重要的是维护北宋专制统治的主流意识始终支配着他们的谈兵论战行为。所以,只有把握住北宋专制主义中央集权统治的特点,才能了解文人士大夫在谈兵论战过程中的位置及其基本面貌,并且认识到他们所提出的一些切中要害的主张为何不能实现。笔者学术能力有限,对本研究的认识还存在一些不足之处,但希望在今后的学习工作中能对此研究做进一步的推进。

---

① 庄绰.杨何[M]//庄绰.鸡肋编:上卷.北京:中华书局,1983:6.
② 王明清.挥麈录:前录[M].上海:上海书店出版社,2001:11.
③ 秦观.谋主[M]//秦观.淮海集笺注:卷一六.徐培均,笺注.上海:上海古籍出版社,1994:627.
④ 赵翼.瓯北集:卷一[M]上海:上海古籍出版社,1997:5.
⑤ 永瑢,等.兵家类:武经总要[M]//永瑢,等.四库全书总目提要:卷九九.北京:中华书局,1995:838.
⑥ 永瑢,等.兵家类:百将传[M]//永瑢,等.四库全书总目提要:卷九九.北京:中华书局,1995:843.

参考文献

（一）古籍文献类

［1］孙武．十一家注孙子校理［M］．曹操，等，注．北京：中华书局，1993．

［2］班固．汉书［M］．北京：中华书局，1962．

［3］司马迁．史记［M］．北京：中华书局，1959．

［4］刘寅．武经七书直解［M］//中国兵书集成编委会．中国兵书集成：第10册．北京：解放军出版社，1990．

［5］杨士奇，等．历代名臣奏议［M］//纪昀，永瑢，等．文渊阁四库全书．影印本．台北：台湾商务印书馆，1986．

［6］王夫之．宋论［M］．北京：中华书局，1964．

［7］夏振翼．增补武经三子体注［M］．清康熙庚子三多斋刊本．

［8］徐松．宋会要辑稿：崇儒［M］．开封：河南大学出版社，2001．

［9］徐松．宋会要辑稿［M］．北京：中华书局，1957．

［10］永瑢，等．四库全书总目提要［M］．北京：中华书局，1995．

［11］赵翼．瓯北集［M］．上海：上海古籍出版社，1997．

［12］包拯，包拯集校注［M］，杨国宜．校注．合肥：黄山书社，1999．

［13］毕仲游．西台集［M］//纪昀，永瑢，等．文渊阁四库全书．影印本．台北：台湾商务印书馆，1986．

［14］蔡絛．铁围山丛谈［M］．北京：中华书局，1983．

［15］曾公亮．武经总要［M］．北京：解放军出版社，1988．

［16］曾巩．曾巩集［M］．北京：中华书局，1984．

［17］曾肇．曲阜集［M］//纪昀，永瑢，等．文渊阁四库全书．影印本．台北：台湾商务印书馆，1986．

［18］晁补之．鸡肋集［M］//纪昀，永瑢，等．文渊阁四库全书．影印本．台北：台湾商务印书馆，1986．

［19］晁公武．郡斋读书志校证［M］．上海：上海古籍出版社，1990．

［20］晁说之．景迂生集［M］//纪昀，永瑢，等．文渊阁四库全书．影印本．台北：

[21] 陈傅良. 历代兵制 [M] //中国兵书集成编委会. 中国兵书集成：第 7 册. 北京：解放军出版社，1992.

[22] 陈鹄. 西塘集耆旧续闻 [M]. 北京：中华书局，2002.

[23] 陈师道. 后山集 [M] //纪昀，永瑢，等. 文渊阁四库全书. 影印本. 台北：台湾商务印书馆，1986.

[24] 陈振孙. 直斋书录解题 [M]. 上海：上海古籍出版社，1987.

[25] 程颢，程颐. 二程集 [M]. 北京：中华书局，2004.

[26] 杜大珪. 名臣碑传琬琰之集 [M] //纪昀，永瑢，等. 文渊阁四库全书. 影印本. 台北：台湾商务印书馆，1986.

[27] 范能濬. 范仲淹全集 [M]. 南京：凤凰出版社，2004.

[28] 范祖禹. 范太史集 [M] //纪昀，永瑢，等. 文渊阁四库全书. 影印本. 台北：台湾商务印书馆，1986.

[29] 韩琦. 安阳集 [M] //纪昀，永瑢，等. 文渊阁四库全书. 影印本. 台北：台湾商务印书馆，1986.

[30] 何去非. 何博士备论 [M]. 北京：解放军出版社，1988.

[31] 何薳. 春渚纪闻 [M]. 北京：中华书局，1983.

[32] 黄裳. 演山集 [M] //纪昀，永瑢，等. 文渊阁四库全书. 影印本. 台北：台湾商务印书馆，1986.

[33] 江少虞. 宋朝事实类苑 [M]. 上海：上海古籍出版社，1981.

[34] 黎靖德. 朱子语类 [M]. 北京：中华书局，1986.

[35] 李复. 潏水集 [M] //纪昀，永瑢，等. 文渊阁四库全书. 影印本. 台北：台湾商务印书馆，1986.

[36] 李纲. 李纲全集 [M]. 长沙：岳麓书社，2004.

[37] 李觏. 李觏集 [M]. 北京：中华书局，1981.

[38] 李焘. 续资治通鉴长编 [M]. 北京：中华书局，2004.

[39] 李幼武. 宋名臣言行录别集 [M] //纪昀，永瑢，等. 文渊阁四库全书. 影印本. 台北：台湾商务印书馆，1986.

[40] 李昭玘. 乐静集 [M] //纪昀，永瑢，等. 文渊阁四库全书. 影印本. 台北：台湾商务印书馆，1986.

[41] 李廌. 济南集 [M] //纪昀，永瑢，等. 文渊阁四库全书. 影印本. 台北：台湾商务印书馆，1986.

[42] 李廌. 师友谈记 [M]. 北京：中华书局，2002.

[43] 刘攽. 彭城集 [M] //纪昀，永瑢，等. 文渊阁四库全书. 影印本. 台北：台湾商务印书馆，1986.

[44] 刘敞. 公是集 [M] //纪昀，永瑢，等. 文渊阁四库全书. 影印本. 台北：台湾商务印书馆，1986.

[45] 刘跂. 学易集 [M] //纪昀，永瑢，等. 文渊阁四库全书. 影印本. 台北：台湾商务印书馆，1986.

[46] 刘挚. 忠肃集 [M]. 北京：中华书局，2002.

[47] 陆佃. 陶山集[M]//纪昀, 永瑢, 等. 文渊阁四库全书. 影印本. 台北: 台湾商务印书馆, 1986.

[48] 罗泌. 路史[M]//纪昀, 永瑢, 等. 文渊阁四库全书. 影印本. 台北: 台湾商务印书馆, 1986.

[49] 吕中. 大事记讲义[M]//纪昀, 永瑢, 等. 文渊阁四库全书. 影印本. 台北: 台湾商务印书馆, 1986.

[50] 吕祖谦. 宋文鉴[M]. 北京: 中华书局, 1992.

[51] 梅尧臣. 梅尧臣集编年校注[M]. 朱东润, 校注. 上海: 上海古籍出版社, 1980.

[52] 欧阳修. 欧阳修全集[M]. 北京: 中华书局, 2001.

[53] 彭百川. 太平治迹统类[M]//纪昀, 永瑢, 等. 文渊阁四库全书. 影印本. 台北: 台湾商务印书馆, 1986.

[54] 秦观. 淮海集笺注[M]. 徐培均, 笺注. 上海: 上海古籍出版社, 1994.

[55] 邵伯温. 邵氏闻见录[M]. 北京: 中华书局, 1983.

[56] 邵博. 邵氏闻见后录[M]. 北京: 中华书局, 1983.

[57] 邵雍. 邵雍集[M]. 北京: 中华书局, 2010.

[58] 沈括. 新校证梦溪笔谈[M]. 上海: 上海人民出版社, 2011.

[59] 石介. 徂徕石先生文集[M]. 北京: 中华书局, 1984.

[60] 惠洪. 冷斋夜话[M]. 北京: 中华书局, 1988.

[61] 文莹. 湘山野录: 续录[M]. 北京: 中华书局, 1984.

[62] 文莹. 玉壶清话[M]. 北京: 中华书局, 1984.

[63] 司马光. 涑水纪闻[M]. 北京: 中华书局, 1989.

[64] 司马光. 司马温公集编年笺注[M]. 李文亮, 笺注. 成都: 巴蜀书社, 2009.

[65] 苏轼. 苏轼文集[M]. 北京: 中华书局, 1986.

[66] 苏颂. 苏魏公文集[M]. 北京: 中华书局, 1988.

[67] 苏洵. 嘉祐集笺注[M]. 曾枣庄, 金成礼, 笺注. 上海: 上海古籍出版社, 1993.

[68] 苏辙. 苏辙集[M]. 北京: 中华书局, 1990.

[69] 田锡. 咸平集[M]//纪昀, 永瑢, 等. 文渊阁四库全书. 影印本. 台北: 台湾商务印书馆, 1986.

[70] 王安石. 王安石老子注辑本[M]. 北京: 中华书局, 1979.

[71] 王安石. 临川先生文集[M]. 北京: 中华书局, 1959.

[72] 王称. 东都事略[M]. 济南: 齐鲁书社, 2000.

[73] 王明清. 挥麈录[M]. 上海: 上海书店出版社, 2001.

[74] 王辟之. 渑水燕谈录[M]. 北京: 中华书局, 1981.

[75] 王应麟. 困学纪闻[M]. 翁元圻, 注. 上海: 上海古籍出版社, 2008.

[76] 王应麟. 玉海[M]. 上海: 上海古籍出版社, 1992.

[77] 王栐. 燕翼诒谋录[M]. 北京: 中华书局, 1981.

[78] 王禹偁. 小畜集[M]//纪昀, 永瑢, 等. 文渊阁四库全书. 影印本. 台北: 台湾商务印书馆, 1986.

[79] 王铚. 默记[M]. 北京：中华书局，1981.

[80] 韦骧. 钱塘集[M]//纪昀，永瑢，等. 文渊阁四库全书. 影印本. 台北：台湾商务印书馆，1986.

[81] 魏泰. 东轩笔录[M]. 北京：中华书局，1983.

[82] 夏竦. 文庄集[M]//纪昀，永瑢，等. 文渊阁四库全书. 影印本. 台北：台湾商务印书馆，1986.

[83] 徐积. 节孝集[M]//纪昀，永瑢，等. 文渊阁四库全书. 影印本. 台北：台湾商务印书馆，1986.

[84] 徐自明. 宋宰辅编年录校补[M]. 王瑞来，校补. 北京：中华书局，1986.

[85] 许洞. 虎钤经[M]. 北京：解放军出版社，1992.

[86] 薛居正. 旧五代史[M]. 北京：中华书局，1976.

[87] 杨亿. 武夷新集[M]//纪昀，永瑢，等. 文渊阁四库全书. 影印本. 台北：台湾商务印书馆，1986.

[88] 叶梦得. 石林燕语[M]. 北京：中华书局，1984.

[89] 叶适. 习学记言序目[M]. 北京：中华书局，1977.

[90] 司义祖. 宋大诏令集[M]. 北京：中华书局，1962.

[91] 尹洙. 河南先生文集[M]//纪昀，永瑢，等. 文渊阁四库全书. 影印本. 台北：台湾商务印书馆，1986.

[92] 余靖. 武溪集[M]//纪昀，永瑢，等. 文渊阁四库全书. 影印本. 台北：台湾商务印书馆，1986.

[93] 张邦基. 墨庄漫录[M]. 北京：中华书局，2002.

[94] 张方平. 乐全集[M]//纪昀，永瑢，等. 文渊阁四库全书. 影印本. 台北：台湾商务印书馆，1986.

[95] 张耒. 张耒集[M]. 北京：中华书局，1990.

[96] 张商英. 素书[M]//中国兵书集成编委会. 中国兵书集成：第7册. 北京：解放军出版社，1992.

[97] 张载. 张载集[M]. 北京：中华书局，2010.

[98] 赵汝愚. 宋朝诸臣奏议[M]. 上海：上海古籍出版社，1999.

[99] 周辉. 青波杂志校注[M]. 刘永翔，校注. 北京：中华书局，1994.

[100] 惠洪，朱弁，吴沆. 冷斋夜话·风月堂诗话·环溪诗话[M]. 北京：中华书局，1988.

[101] 朱彧. 萍洲可谈[M]. 北京：中华书局，2007.

[102] 庄绰. 鸡肋编[M]. 北京：中华书局，1983.

[103] 魏征. 隋书[M]. 北京：中华书局，1973.

[104] 刘昫. 旧唐书[M]. 北京：中华书局，1975.

[105] 马端临. 文献通考[M]. 北京：中华书局，1986.

[106] 欧阳玄. 圭斋文集[M]//纪昀，永瑢，等. 文渊阁四库全书. 影印本. 台北：台湾商务印书馆，1986.

[107] 脱脱，等. 辽史[M]. 北京：中华书局，1974.

[108] 脱脱，等. 宋史[M]. 北京：中华书局，1977.

[109] 丁传靖. 宋人轶事汇编[M]. 北京：中华书局，1981.

[110] 上海古籍出版社编辑部. 宋元笔记小说大观[M]. 上海：上海古籍出版社，2001.

[111] 四川大学古籍研究所. 宋集珍本丛刊[M]. 北京：线装书局，2004.

[112] 中国兵书集成编委会. 中国兵书集成[M]. 北京：解放军出版社，1992.

[113] 朱熹. 朱子全书[M]. 上海：上海古籍出版社，2002.

[114] 朱易安，傅璇琮，等. 全宋笔记：第一编[M]. 郑州：大象出版社，2003.

（二）论著类

[1] 克劳塞维茨. 战争论[M]. 中国人民解放军军事科学院，译. 北京：解放军出版社，2012.

[2] 巴菲尔德. 危险的边疆——游牧帝国与中国[M]. 袁剑，译. 南京：江苏人民出版社，2011.

[3] 哈特. 战略论[M]. 钮先钟，译. 上海：上海人民出版社，2010.

[4] 卡尔. 历史是什么[M]. 陈恒，译. 北京：商务印书馆，2008.

[5] 中央编译局. 马克思恩格斯选集[M]. 北京：人民出版社，1995.

[6] 曾瑞龙. 北宋种氏将门之形成[M]. 香港：中华书局有限公司，2010.

[7] 曾瑞龙. 经略幽燕：宋辽军事灾难的战略分析[M]. 香港：香港中文大学出版社，2003.

[8] 曾瑞龙. 拓边西北：北宋中后期对夏战争研究[M]. 香港：中华书局有限公司，2006.

[9] 陈峰. 北宋武将群体及相关问题研究[M]. 北京：中华书局，2004.

[10] 陈峰. 宋代军政研究[M]. 北京：中国社会科学出版社，2010.

[11] 陈峰. 武士的悲哀：北宋崇文抑武现象透析[M]. 西安：陕西人民出版社，2000.

[12] 陈振. 宋史[M]. 上海：上海人民出版社，2003.

[13] 陈植锷. 北宋文化史述论[M]. 北京：中国社会科学出版社，1992.

[14] 程光裕. 宋太宗对辽战争考[M]. 台北：台湾商务印书馆，1972.

[15] 邓广铭. 北宋政治改革家王安石[M]. 北京：生活·读书·新知三联书店，2007.

[16] 邓广铭. 邓广铭治史丛稿[M]. 北京：北京大学出版社，2010.

[17] 邓小南. 祖宗之法：北宋前期政治述略[M]. 北京：生活·读书·新知三联书店，2006年.

[18] 宫玉振. 中国战略文化解析[M]. 北京：军事科学出版社，2002.

[19] 何冠环. 北宋武将研究[M]. 香港：中华书局有限公司，2003.

[20] 黄迎旭. 马克思恩格斯军事思想新论[M]. 北京：解放军出版社，2011.

[21] 贾玉英. 唐宋时期中央政治制度变迁史[M]. 北京：人民出版社，2012.

[22] 姜国柱. 中国军事思想通史：宋元卷[M]. 北京：中国社会科学出版社，2006.

[23] 军事科学院. 中国军事百科全书：中国历代军事思想[M]. 北京：军事科学出版社，1993.

［24］军事科学院. 中国军事通史［M］. 北京：军事科学出版社，1998.
［25］雷海宗. 中国文化与中国的兵［M］. 北京：商务印书馆，2001.
［26］李炳彦. 兵家权谋［M］. 北京：解放军出版社，1983.
［27］李华瑞. 宋夏关系史［M］. 北京：中国人民大学出版社，2010.
［28］李蔚. 简明西夏史［M］. 北京：人民出版社，1997.
［29］刘庆等. 中国宋辽金夏军事史［M］. 北京：中华书局，1983.
［30］罗家祥. 朋党之争与北宋政治［M］. 武汉：华中师范大学出版社，2002.
［31］罗家祥. 宋代政治与文化论稿［M］. 香港：香港华夏文化艺术出版社，2008.
［32］漆侠. 漆侠全集［M］. 保定：河北大学出版社，2009.
［33］谭其骧. 中国历史地图集［M］. 北京：地图出版社，1982.
［34］陶晋生. 宋辽关系史研究［M］. 北京：中华书局，2008.
［35］王国维. 人间词话新注［M］. 滕咸惠，校注. 北京：北京出版集团，2014.
［36］王曾瑜. 宋朝军制初探［M］. 增订本. 北京：中华书局，2011.
［37］王瑞明. 宋儒风采［M］. 长沙：岳麓书社，1997.
［38］王瑞明. 中国古代史考论［M］. 香港：香港华夏文化艺术出版社，2007.
［39］王天顺. 西夏战史［M］. 银川：宁夏人民出版社，1993.
［40］王晓波. 宋辽战争论考［M］. 成都：四川大学出版社，2011.
［41］魏鸿. 宋代孙子兵学研究［M］. 北京：军事科学出版社，2011.
［42］吴天墀. 西夏史稿［M］. 桂林：广西师范大学出版社，2010.
［43］谢祥皓. 中国兵学［M］. 济南：山东人民出版社，1998.
［44］张家驹. 张家驹史学文存［M］. 上海：上海人民出版社，2010.
［45］张岂之. 侯外庐著作与思想研究［M］. 长春：长春出版社，2016.
［46］张希清，等. 10—13世纪中国文化的碰撞与整合［M］. 上海：上海人民出版社，2006.
［47］张希清，等. 澶渊之盟新论［M］. 上海：上海人民出版社，2007.
［48］张云勋. 中国历代军事哲学概论［M］. 成都：西南交通大学出版社，2012.
［49］赵国华. 中国兵学史［M］. 福州：福建人民出版社，2004.
［50］郑文翰. 军事科学概论［M］. 北京：军事科学出版社，1994.
［51］朱瑞熙，张其凡，等. 中国政治制度通史：宋代［M］. 北京：人民出版社，1996.
［52］黄宽重. 中国历史上武人地位的转变：以宋代为例［M］//南宋军政与文献探索. 台北：新文丰出版公司，1990.
［53］吕卓民. 宋夏陕北战争与北宋的筑城［M］//西北大学西北历史研究室编. 西北历史研究. 西安：三秦出版社，1989.

（三）论文类

［1］约翰思顿. 暴力亦非暴力——对《孙子兵法》"不战而屈人之兵"思想的再思考［J］. 国际政治研究，1992（1）.

［2］罗文. 北宋文臣统兵的真相［C］//漆侠. 宋史研究论文集. 保定：河北大学出版社，2000.

[3] 周莲弟. 富弼与北宋的御夏政策 [J]. 西北史地，1999（2）.

[4] 蔡勇，史光辉，王自焰，曹传景. 中国古代军事思想发展渐变诠释 [J]. 军事交通学院学报，2011（2）.

[5] 陈峰. 北宋御辽战略的演变与"澶渊之盟"的产生及影响 [J]. 史学集刊，2007（3）.

[6] 陈峰. 从呼延赞事迹看宋初朝政路线的演变 [J]. 人文杂志，2009（1）.

[7] 陈峰. 宋朝开国史与士人的记忆及改造——以宋朝"崇文"气象为中心的考察 [J]. 人文杂志，2010（5）.

[8] 陈峰. 宋代主流意识支配下的战争观 [J]. 历史研究，2009（2）.

[9] 程民生. 北宋募兵制的特征及期矛盾 [J]. 中州学刊，1989（1）.

[10] 戴伟光. 北宋文士与兵学关系述略 [C] //沈松勤. 第四届宋代文学国际研讨会论文集. 杭州：浙江大学出版社，2005.

[11] 丁放. 试论宋初的"北御"之策 [J]. 历史教学，1991（3）.

[12] 杜元. 包拯的军事思想 [J]. 苏州大学学报（哲学社会科学版），1999（3）.

[13] 范学辉. "将从中御"始于宋太祖考 [J]. 安徽师范大学学报（人文社会科学版），2006（1）.

[14] 范中义. 明代兵书概论 [C]. //张中正. 第五届中国明史国际学术讨论会暨中国明史学会第三届年会论文集. 合肥：黄山书社，1993.

[15] 高锦花. 论范仲淹的边防思想 [J]. 西北民族大学学报（哲学社会科学版），2008（4）.

[16] 高润浩. 以儒统兵：儒学对传统兵学的整合 [J]. 中国军事科学，2003（1）.

[17] 宫振玉，孙寿祥. 和合价值观与中国传统兵学的文化性格 [J]. 滨州学院学报，2010（5）.

[18] 郭洪纪. 从"武经七书"看儒家对传统兵学的整合 [J]. 齐齐哈尔大学学报（哲学社会科学版），1994（4）.

[19] 郭琳. 浅述韩琦的对夏策略 [J]. 安徽师范大学学报（人文社会科学版），1999（1）.

[20] 郭学信. "以儒立国"与北宋士大夫的精神风貌 [J]. 山东师范大学学报（人文社会科学版），2001（6）.

[21] 何玉红. 宋朝边防图书与情报控制述论 [J]. 社会科学辑刊，2004（4）.

[22] 黄开军. 北宋士大夫奏议中的史论研究 [D]. 重庆：西南大学，2012.

[23] 黄朴民. 中国历代军事思想的演化大势及其特征 [J]. 浙江社会科学，1997（5）.

[24] 江天健. 宋夏战争中对于横山之争夺 [C] //北宋对西夏边防研究论集. 台北：华世出版社，1993.

[25] 雷亮，王娜. 略论战略思维的基本原则 [J]. 军事历史研究，2009（4）.

[26] 李贵录. 宋朝"右文抑武"政策下的文臣与武将的关系——以余靖与狄青关系为例 [J]. 中山大学学报（社会科学版），2002（4）.

[27] 李华瑞. 北宋朝野人士对西夏的看法 [J]. 安徽师范大学学报（人文社会科学版），1997（4）.

[28] 李华瑞．关于宋初先南后北统一方针讨论中的几个问题［J］．河北大学学报（哲学社会科学版），1997（4）．

[29] 李华瑞．论宋夏争夺西北少数民族的斗争［J］．西北民族研究，1991（2）．

[30] 李蔚．宋夏横山之争述论［J］．民族研究，1987（6）．

[31] 林平．宋代禁书研究［D］．成都：四川大学，2006．

[32] 刘春霞．李元昊"僭号"与北宋中期文人谈兵论析［J］．兰州学刊，2008（11）．

[33] 刘春霞．张方平其人及其谈兵之文［J］．船山学刊，2009（2）．

[34] 刘缙．宋代正规军军事训练初探［D］．西安：西北大学，2008．

[35] 刘明．北宋熙河之役研究［D］．武汉：华中科技大学，2008．

[36] 刘庆．"文人论兵"与宋代的兵学发展［J］．社会科学家，1994（5）．

[37] 刘庆．论中国古代兵学发展的三个阶段和三次高潮［J］．军事历史研究，1997（4）．

[38] 陆庆夫．党项的崛起与对河西的争夺［J］．敦煌研究，1998（3）．

[39] 罗炳良．北宋"强兵"政策简论［J］．北方工业大学学报，1993（2）．

[40] 吕变庭．北宋科技思想研究［D］．保定：河北大学，2006．

[41] 毛元佑．中国古代的兵书［J］．华夏文化，1994（1）．

[42] 米寿祺．绍圣开边与章楶经营天都［J］．固原师专学报，1991（4）．

[43] 钱俊岭．从浅攻到蚕食：论章楶的军事构想与实施［J］．西夏研究，2000（3）．

[44] 汪天顺．张方平西北边防思想论略［J］．青海民族学院学报，2001（2）．

[45] 王曾瑜．宋朝的文武区分和文臣统兵［J］．中州学刊，1984（2）．

[46] 王军营．北宋文人论兵与《何博士备论》诸问题研究［D］．西安：西北大学，2009．

[47] 王军营．北宋中期文人谈兵风尚基本特征初探［J］．船山学刊，2011（3）．

[48] 王明荪．宋初的反战论［C］//邓广铭，等．国际宋史研究会论文选集．1992．

[49] 王天顺，杜建录．论王安石的御夏方略［J］．中州学刊，1996（4）．

[50] 王晓薇．论张方平的政治改革主张与实践——以庆历新政前后为例的分析［J］．贵州文史丛刊，2006（1）．

[51] 王轶英．论北宋维护边防安全的法律措施——以宋辽关系为背景［J］．云南社会科学，2012（2）．

[52] 王云海．宋太宗的右文政策［J］．河南大学学报（社会科学版），1986（1）．

[53] 魏鸿．《权书》与《孙子兵法》异同探论［J］．军事历史研究，2006（2）．

[54] 魏淑霞．熙宁变法与宋夏战争［J］．西夏研究，2010（4）．

[55] 吴光耀．略论北宋主战、主和两派对西夏之政争［J］．青海师范大学学报（哲学社会科学版），1988（3）．

[56] 吴彤英．宋代乐府题边塞诗研究［D］．石家庄：河北师范大学，2008．

[57] 谢国良．中国古代军事思想概论［J］．军事历史研究，1995（1）．

[58] 谢鲁．宋代三百年间之和战问题［J］．中国公论，1939（3）．

[59] 许保林．近年来中国古代兵书述要［J］．甘肃社会科学，1987（2）．

[60] 许保林．试论《孙子兵法》以"胜"为核心的战争理论体系［J］．南开学报，

1994（6）.

［61］许保林. 中国兵书与古代军事后勤［J］. 军事历史研究，1991（2）.

［62］阎盛国. 宋代诗人笔下的孙武与《孙子兵法》［J］. 军事历史研究，2011（3）.

［63］杨新勋. 论宋儒疑经与文献学发展的关系［J］. 图书与情报，2007（5）.

［64］姚有志，陈振中. 论战略思维［J］. 军事历史研究，2003（3）.

［65］姚有志. 中国古代兵书述要［J］. 军事历史研究，1993（1）.

［66］赵欣. 全面抗战时期文人论兵的群体分析［J］. 军事历史研究，2011（2）.

［67］张保见. 论《太平寰宇记》的文献学价值与地位［J］. 四川大学学报（哲学社会科学版），2003（6）.

［68］张学玲. 北宋士大夫及士大夫政治［J］. 太原师范学院学报（社会科学版），2004（1）.

［69］张玉海. 简论宋夏平夏城之战［J］. 西夏研究，2010（4）.

［70］张玉璞. 尹洙及其论兵之文［J］. 苏州大学学报（哲学社会科学版），2000（2）.

［71］张远灵. 包拯与北宋的边防［J］. 中州学刊，2003（4）.

［72］朱盛昌. 李觏军事思想简论［J］. 江西师范大学学报（哲学社会科学版），1986（1）.

［73］祖慧. 沈括与王安石关系研究［J］. 学术月刊，2003（10）.

致　谢

在撰写和修改本书的过程中，我得到了众多老师、同学、亲友以及同事的帮助与鼓励，在此要表达深深的谢意。特别感谢西南政法大学新闻传播学院的领导、同事们，是他们给了我无尽的学习动力。如果没有他们真挚的爱和鼓励，我不可能完成本书的写作。

图书在版编目（CIP）数据

北宋主流意识支配下的文人论兵和相关问题研究/刘大明著. -- 北京：中国传媒大学出版社，2021.9
（新闻传播学丛书/李珮主编）
ISBN 978-7-5657-2363-6

Ⅰ.①北… Ⅱ.①刘… Ⅲ.①兵法-研究-中国-北宋 Ⅳ.①E892.441

中国版本图书馆CIP数据核字（2018）第181801号

新闻传播学丛书
北宋主流意识支配下的文人论兵和相关问题研究
BEISONG ZHULIU YISHI ZHIPEI XIA DE WENREN LUNBING HE XIANGGUAN WENTI YANJIU

著　　者	刘大明
责任编辑	裴向敏
特约编辑	钟晓晨
封面设计	拓美设计
责任印制	李志鹏
出版发行	中国传媒大学出版社
社　　址	北京市朝阳区定福庄东街1号　邮　编　100024
电　　话	86-10-65450532　65450528　传　真　65779405
网　　址	http://cucp.cuc.edu.cn
经　　销	全国新华书店
印　　刷	唐山玺诚印务有限公司
开　　本	787mm×1092mm　1/16
印　　张	9
字　　数	224千字
版　　次	2021年9月第1版
印　　次	2021年9月第1次印刷
书　　号	ISBN 978-7-5657-2363-6/E·2363　定　价　48.00元

本社法律顾问：北京李伟斌律师事务所　郭建平
版权所有　　翻印必究　　印装错误　　负责调换